ファミリー企業の
ガバナンス
―経済的および精神的な成功を極大化する―

GOVERNANCE
IN FAMILY
ENTERPRISES

著　アレキサンダー・ケーベル=シュミット
　　デニス・ケニョン=ルヴィネ
　　アーネスト・J・ポザ

監訳　RSM汐留パートナーズ株式会社

訳　平野秀輔・前川研吾・瀬尾安奈

東京 白桃書房 神田

GOVERNANCE IN FAMILY ENTERPRISES: MAXIMISING ECONOMIC AND
EMOTIONAL SUCCESS

By

ALEXANDER KOEBERLE-SCHMID, DENISE KENYON-ROUVINEZ &
ERNESTO J. POZA

First published in English under the title
Governance in Family Enterprises; Maximising Economic and Emotional Success
by A. Koeberle-Schmid, D. Kenyon-Rouvinez, E. Poza and INOGUCHI, edition: 1
Copyright © Palgrave Macmillan, a division of Macmillan Publishers Limited, 2014 *
This edition has been translated and published under licence from
Springer Nature Limited through Japan UNI Agency, Inc., Tokyo.
Springer Nature Limited takes no responsibility and shall not be made liable for the
accuracy of the translation.

First published in English under the title
A First Course in Bayesian Statistical Methods
by Peter D. Hoff, edition: 1

Copyright © Springer Science+Business Media, LLC 2009
This edition has been translated and published under licence from
Springer Science+Business Media, LLC, part of Springer Nature,
through Japan UNI Agency, Inc., Tokyo.
Springer Science+Business Media, LLC, part of Springer Nature takes no responsibility and
shall not be made liable for the accuracy of the translation.

訳者はしがき

　日本において2023年は、非上場会社で生じた不祥事のいくつかが報道された。そしてその原因が同族経営であることそのものにある、というようにも囁かれていた。この日本では、「同族経営」や「ファミリービジネス」という用語については、組織として風通しが悪く、その経営も一族の志向が強く反映され、一族以外の者の意見があまり通らない、等のあまりよくない印象を持つ方が比較的多いのではないだろうか。

　一方で、日本の全企業におけるファミリービジネス[1]の比率は96.9%で、上場企業だけにおいてもそれは49.3%となっており[2]、さらには企業の収益性の総合指標である総資産事業総利益率についてファミリービジネスは一般企業に対して優位性があるとされている。

　すると、企業数からもその優位性からも、企業経営についてファミリービジネスを除外して考えてはならないのであり、同族経営やファミリービジネスであることが問題であるというような認識は、誤った固定観念であると考えられる。しかし、教育や実務の現場でそれを説明するのに苦慮することも多い。その際には文献を示すことによりその理解を進めてもらうように日々工夫しているが、海外、とりわけ欧州の豊富な文献については、研究者はまだしも、そうでない方々のためにはより多くについて邦訳されることが必要である、と考えてきた。そして本書の原書 Governance in Family Enterprises はドイツにおいて2014年に刊行された重要な文献であり、その英語版について翻訳し、こうして出版できたことで、日本におけるファミリービジネス研究に微力ながら貢献できたのではないかと考えている。

　原書の著者であるAlexander Koeberle-Schmid氏、Denise Kenyon-Rouvinez氏、Ernesto J. Poza氏はいずれも多くの文献を発表し、教育経験豊かで、著名な研究者たちである。そして、原書はまさに世界におけるファミリービジネス研究の定番書ともいえる書であり、ファミリービジネスの特徴、長所・短

i

所、今後の方向性について網羅的に記述されている。さらに各章ごとにインタビュー内容も含めて実例を挙げており、まさに理論と実務が体系的に記述されている。

本書に紹介されているファミリービジネスは規模の大きなものが多く、それだけをとらえるといわゆる中小企業とは状況が異なるという意見もあろう。しかし、本書は外部から見たファミリービジネスではなく、その経営者、従業員、オーナー等のファミリー関係者が「持つべき意識」について、繰り返し記述されている。クライアントであるファミリービジネス関係者の多くから、「何故、子供がそのまま社長になってはいけないのか？　子供が社長になるのは当たり前じゃないか。」という発言を幾度となく聞いていたが、この問いに関する回答も本書には記されている。このように本書は規模の大小を問わず、ファミリービジネスに関心を持つすべての人に知見をもたらすものである。

本翻訳書の発行に際して、株式会社白桃書房　代表取締役　大矢栄一郎氏に謝意を表したい。このような機会を作っていただき、また版権についてもご尽力を頂き、このように出版できたのは全て氏のおかげである。

本書の読者がファミリービジネスについての知見を高め、それにより日本企業のさらなる健全な発展に僅かでも繋がることを祈願してやまない。

2024年5月

RSM汐留パートナーズ株式会社

平野　秀輔

前川　研吾

瀬尾　安奈

注

1. ファミリービジネス白書企画編集委員会.（2021）.『ファミリービジネス白書 2022年版―未曾有の環境変化と危機突破力』白桃書房, 13頁ではファミリービジネスを「ファミリーが同一時期あるいは異なった時点において役員または株主のうち2名以上を占める企業」と定義しており、具体的には「同一時期だけではなく時間経過の視点も踏まえ、所有において主要株主（上位10位以内）にファミリーメンバーが入っている、あるいは経営において会社法上の取締役にファミリーメンバーが入っている、を満たす企業」としている。

2.同上書, 2頁。

序　章

　近年ますます、ファミリービジネスのガバナンスに関する包括的でグローバルな書籍の必要性が明らかになってきています。ただしファミリービジネスのガバナンスについて、ファミリーとビジネスの両方の側面について網羅した、そして、優れて正確な方策をファミリーに提供するための研究は不足しているといえるでしょう。

　私たちが『ファミリー企業のガバナンス―経済的および精神的な成功を極大化する(*Governance in Family Enterprises―Maximizing Economic and Emotional Success*)』を出版する目的は、ファミリー企業におけるガバナンスの一般的かつ包括的な見解を提供することです。本書は非常に「実践的」であり、ファミリーオーナーに、ファミリー企業のガバナンスに関する用語の定義や文脈の情報を提供するだけでなく、ファミリーとファミリー事業体の両方が繁栄し、経済的・精神的な価値を向上させるために必要な具体的なツールやアイデアを提供します。

　これこそが、ファミリー・ビジネス・ガバナンスの目標なのです。

　本書を手に取ったあなたは、ビジネスを営むファミリーの一員として、創業者の子供のうち誰がCEOにふさわしいかについて悩んでいるのではないでしょうか。または、一個人の手にあまりにも多くの権力があり、ファミリー企業の中に正式な意思決定プロセスがないことに不安を感じているかもしれません。あるいは、あなたはファミリー以外の経営者でファミリーの文化を理解しようとしてされているかもしれません。本書は、成功したファミリー企業からの経験と研究によって蓄積された知見をもとに、ファミリー企業におけるガバナンスについて理解を深め、どのようにアプローチしていくかについての指針を示すものです。

　私たちは、2010年、2012年、2013年と、ドイツ語で出版された同様の本の執筆に携わりました。関係者の皆様には非常に温かく受け入れていただきました。そして、同時に私たち3人は、国際的な出版物の必要性を感じていました。ドイツの出版社であるエリック・シュミット社の同意とパルグレイブ・マクミラン社の支

援により、私たちは原著の内容を利用し、世界中の読者に向けて『ファミリー企業のガバナンス（Governance in Family Enterprises）』を完成させました。本書は、北米、中南米、ヨーロッパ、中東、アジアにおけるファミリー企業の最新ケーススタディを含む、まったく新しい内容となっています。

　すべてのテーマについて深く掘り下げることができなかったこともあり、もどかしさを感じることもありましたが、私たちは日々さまざまなファミリーと仕事をする中で、グローバルな視点がいかに必要であるかを実感しています。例えば、ファミリーオフィス、ファミリー評議会、ファミリー慈善事業、ビジネスボードなどのトピックについてより深く知りたいファミリーは、これらの専門トピックについて書かれた書籍をご覧になってください。

　本書の執筆にあたり、たくさんのファミリーからご協力をいただきました。彼らのストーリーは、ファミリー企業のガバナンスとマネジメントについてのある側面を示しています。偉大な学びは偉大な事例から得られるものであり、私たちは彼らの貢献に対して大変な恩義を感じています。また、フィリップ・ホワイトリー氏には、執筆者3人の異なる文体をうまく調整し、私たちを飽きさせない素晴らしい編集を成し遂げてくれました。

　この本の執筆に取り組むことは、私たちにとってとても楽しいことでした。私たちは、ファミリーに対する尊敬と称賛の念をここに表明したいと思います。例えとしては、ファミリービジネスの中に垣間見るその苦労と天才的な偉業、そして、ファミリービジネスが私たちの経済にもたらす雇用とその安定、などです。私たちが本書の執筆を楽しんだのと同じように、読者の皆様にも本書を楽しんでいただければ幸いです。私たちの目的は、強力なファミリー企業のガバナンスの構築を通じて、ファミリー企業が経済的・精神的な成果を最大化する方法について、深いインサイトを提供することです。

アレキサンダー・ケーベル＝シュミット
デニス・ケニョン＝ルヴィネ
アーネスト・J・ポザ

2014年1月、ドイツ、スイス、米国にて

目　次

訳者はしがき———i

序　章———iii

第1部　ファミリーとビジネスのための組織構造：ファミリービジネスのガバナンス———1

第1章　高度なファミリービジネスのガバナンスを通して成功を極大化する———3
ドイツ、ハーナウにあるヘレウス・ホールディングの会長、
ユルゲン・ヘレウス氏へのインタビュー———3
ファミリー企業は特別である———6
健全なファミリービジネスのガバナンス———9
ベストプラクティス　推奨事項———19
重要な定義———20

第2章　ファミリー企業のガバナンスに関する課題———23
米国アリゾナ州、スコッツデールにあるディスカウント・タイヤ社の会長、
ブルース・T・ハレ氏へのインタビュー———23
ファミリービジネスにおいてガバナンスは極めて重要である———27
ファミリービジネスのガバナンスについての課題———28
親、オーナー、CEO、どの立場で考えるか？———34
ファミリーによる所有と経営の同時最適化———36
ベストプラクティス　推奨事項———38

第3章　ガバナンス、構造、システムの進化———39
スペイン、バルセロナにあるグルーポ・ランドン社というファミリーオフィスの
業務執行取締役であるフリオ・カソルラ氏へのインタビュー———39
進化と持続可能性———44
効果的なガバナンスは単なる構造だけではない———45

v

長期性————47

設計による進化————50

創設者の退任、ファミリーオフィスの設立————52

ファミリー集会————53

年次総会————54

ベストプラクティス　推奨事項————55

第4章　ファミリー企業における責任あるオーナーシップ————57

ドイツ、Duisburg-Ruhrortにあるハニエル社の取締役会会長、

フランツ・M・ハニエル氏へのインタビュー————57

ドイツのMülheim an der Ruhrにあるテンゲルマン社の

カール=エリバン・W・ハウブ氏（CEO）および

クリスチャン・ハウブ氏（ファミリーの総責任者）へのインタビュー————60

ファミリー企業の責任あるオーナーとして————63

責任あるオーナーシップとは何か？————64

オーナーの権利と義務————66

責任あるオーナーの職務————68

オーナーシップの類型————69

ベストプラクティス　推奨事項————74

**第2部　ビジネスのための機関設計：
　　　　ビジネスガバナンス**————77

第5章　専門的経営者等を擁する取締役会————79

ドイツのキュンツェルザウにあるウルト・グループの諮問委員会の女性会長

ベッティーナ・ウルト氏へのインタビュー————79

ファミリー企業ごとに異なる取締役会————82

なぜ取締役会を設置するのか？————83

専門的経営者を擁する取締役会設置のための4段階モデル————85

ステップ1：専門的経営者等を擁する取締役会設置のメリット————86

ステップ2：専門的経営者等を擁する取締役会の職務————87

ステップ3：偶発的項目————92

ステップ4：評価————98

ベストプラクティス　推奨事項————103

第6章　CEOとその承継————105

オランダ、ハーグのコーダイド社の最高業務執行責任者/取締役であるアンリ・

ヴァン・イーゲン氏と、オランダのアムステルダムのヴァン・イーゲン・グループの元
非ファミリー取締役ティニ・フーイマンズ氏へのインタビュー———105

最適なCEOの選定と後継者の育成———110

ファミリービジネスの経営：なぜ異なるのか？———112

ファミリーのCEO対非ファミリーのCEO：能力の選択———114

承継プロセス———119

次期CEOの育成———119

既存の枠にとらわれない考え：別のリーダーシップのパターンの検討———123

ベストプラクティス　推奨事項———125

第7章　管理手法と統制システムの利点———127

インド、チェンナイのムルガッパ・グループの会長、
A・ベラヤン氏へのインタビュー———127

統制手段および統制システム———132

統制———133

外部監査———134

内部監査———135

リスクマネジメント———137

コンプライアンス———141

報告書———142

ベストプラクティス　推奨事項———145

第3部　ファミリーのための組織構造：
ファミリーガバナンス———147

第8章　ファミリー評議会および最高ファミリー責任者———149

プエルトリコのグルーポ・フェレ・ランジェル社の会長、
マリア・ルイザ・フェレ・ランジェル氏へのインタビュー———149

ファミリー評議会によるファミリーガバナンスへの貢献———153

戦略的機関としてのファミリー評議会———155

オーナーシップとファミリーの方針決定———157

ファミリーの原動力———159

対立解決とファミリー評議会———160

最高ファミリー責任者———162

取締役会とファミリー評議会の境界線———162

ベストプラクティス　推奨事項———165

vii

第9章　ファミリー慈善活動とファミリー慈善財団———167

フィリピンのナレッジ・チャンネル財団のリナ・ロペス・バウティスタ氏への
インタビュー———167

ファミリーの慈善活動がもたらすもの———172

慈善活動———172

効果的な慈善活動を行うために必要な仕組みと組織———178

慈善活動に関わる人々———181

ベストプラクティス　推奨事項———185

第10章　ファミリーオフィス、ファミリーの富と財産管理———187

ピトケアン社（米国）のダーク・ユンゲ氏とサンドエア社（英国）の
アレックス・スコット氏へのインタビュー———187

ファミリーオフィス———192

富についての理解と富がもたらす影響———193

財産管理———195

ファミリーオフィス———196

ファミリーオフィスの組織構築と運営———197

次世代の責任ある財産管理者の育成———200

ベストプラクティス　推奨事項———202

第4部　ガバナンス構造の文書化：ファミリー憲章———205

第11章　ガバナンス・コードを活用したガバナンスの構築———207

ドイツのギュータースローにあるミーレ社の代表取締役
ラインハルト・ツィンカーン氏へのインタビュー———207

ファミリー企業のためのガバナンス・コードとは？———210

ファミリー企業のガバナンス・コードの目標と機能———211

ファミリー企業コードの質的要件———214

ファミリー企業におけるガバナンスの発展———217

ベストプラクティス　推奨事項———219

ドイツのファミリー企業向けガバナンス・コード———219

第12章　オーナー一族のためのファミリー憲章：手続きと文書化———229

エジプトのカイロにあるマック・インベストメンツ社、
ダニア・ペッシャー氏へのインタビュー———229

ファミリー憲章はなぜ必要か？———233

viii

ファミリー憲章の限界————235

ファミリー企業におけるファミリー憲章————236

ファミリー憲章の作成————237

ベストプラクティス　推奨事項————243

ファミリー憲章の例————244

第13章　ファミリービジネスガバナンスの将来————251

ベルギーのベカルト社、ベカルトAKファミリー評議会の理事、

ソフィー・ラメラント氏へのインタビュー————251

ファミリービジネスの今後の課題————256

進化するガバナンス————258

寛大さ：変わることのない資質————263

著者について————265

訳者について————268

第1部

ファミリーとビジネスのための組織構造：ファミリービジネスのガバナンス

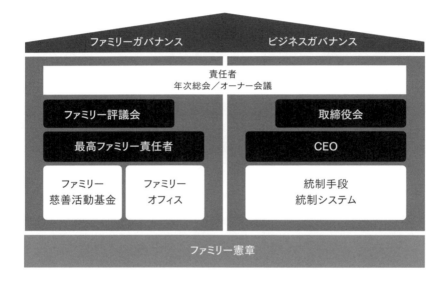

この図は、読者が本書を理解していくために、ファミリービジネスガバナンスモデルの1例を示しています。

本書においては、原文がFamily businessと記載しているものを「ファミリービジネス」、family enterprisesとしているものを「ファミリー企業」、family firmとしているものを「ファミリー事業体」、family companyとしているものを「ファミリー会社」、とそれぞれ訳している。

第1章

高度なファミリービジネスのガバナンスを通じて成功を極大化する

「同族所有のビジネスであっても、ある程度、上場企業のガバナンスに合わせる必要があります。」

ドイツ、ハーナウにあるヘレウス・ホールディングの会長、ユルゲン・ヘレウス氏へのインタビュー

ヘレウス・ホールディングの取締役会長ユルゲン・ヘレウス氏は、リーダーシップ、コントロール、ファミリー構造等の最も重要なポイントに関しどのように実効性を確保しているかについて説明しています。ヘレウス社は、ドイツのフランクフルト近郊のハーナウに拠点を置く、貴金属およびテクノロジーに関する事業をグローバルに展開する企業グループです。同社では160年以上にわたって同族所有が続いています。1万2,200人以上の従業員を擁し、2012年には製品売上高42億ユーロ、貴金属取引売上高160億ユーロを計上しています。

アレキサンダー・ケーベル＝シュミット──ヘレウス博士、ファミリービジネスにおけるガバナンスは、上場企業のガバナンスとは異なります。その最も大きな違いは何ですか？
ユルゲン・ヘレウス氏──最も重要な違いは、やはりその時間的要素です。上場企業の経営者や株主にとっては、四半期ごとの数字が最も重要であるのに対し、ファミリービジネスのオーナーは通常、何世代にもわたって計画を立てます。こ

3

のような基本的な考え方の違いは、ファミリービジネスに対するガバナンスの要件とその編成に大きな影響を与えます。

一定規模に達したファミリー企業には、独自のガバナンスを持つ必要があります。これは貴社においてどの程度当てはまるでしょうか?

ヘレウス一族では2006年に初めてファミリーガバナンス・コードを制定し、それに基づいて、2011年6月にヘレウス・ファミリー・コードを採用しました。それは株主ファミリーの行動規範としての機能を持ち、すべての株主の共通基盤を形成すると共に、すべての若い株主や新規株主に基本的な知識を提供するものです。

取締役会はガバナンスシステムの中で重要な機関であると思いますが、貴社において取締役会はどのような位置づけでしょうか?

私たちのモットーである「ヘレウス社における優れたガバナンス」に基づき、取締役会には、上場企業と同様に専門的なメンバーを配置することが重要だと考えています。また、オーナーは当社の取締役会において積極的な役割を果たし、会社に対する大きな責任を負わなければならないと考えています。そのためには、取締役候補者の適性や資格、オーナーとしての委任・受任態勢など、さまざまな基準をクリアしなければなりません。つまり、私たちは非常に高いハードルを設定しています。

貴社には約200名の株主がいます。その結果、一部の株主は会社への愛着が薄れ、また、異質性が高まってくると思います。このような場合、どのように対応していかれますか?

私たちの配当性向は当社の価値観に対応したものであり、「控えめ」という言葉が最もふさわしいものになります。したがって、株主の皆様と会社との結びつきは金銭的なものよりも精神的なものとなっています。株主には会社とその成長についてかなりの利害関係があります。そこで年1回の株主総会に加え、若手株主総会、ファミリーウィークエンド、エデュケーションデーなどの特別な活動を行っています。

4 第1部 ファミリーとビジネスのための組織構造:ファミリービジネスのガバナンス

株主が脱退を希望した場合にはどのように対応しますか?

当社の株価としての上限価格は毎年決定されます。この価格は株主総会で発表されます。株主が株式の売却を希望する場合は、ファミリー内から買い手を選ぶか、そうでない場合は株式を入札することができます。既存株主が株式を購入できない場合には、当社の資産管理をしている持株会社が株式を購入することになります。

経営陣の中にファミリーメンバーを入れたいと考えています。その場合、ファミリービジネスの経営者として適切な資質を有していることを、どのように確認しますか?

ファミリーの会社においては役職に就く前に、ファミリーメンバーは他の企業で実績を積む必要があります。その上で、グループ管理職から2つ下のレベルの役職に応募することができます。そして株主による選任委員会が、そのファミリーメンバーが性格や経験の面で会社に適しているかどうかを判断します。そこでは、会社を統率する能力だけではなく、ファミリーとのコミュニケーション能力も求められます。

管理職の特定のポジションに対して、ファミリー内に複数の候補者がいる場合にはどうしますか?

社内に複数の候補者がいる場合よりも、1名のファミリーメンバーだけが候補者となっている場合の方が明らかに簡単です。複数の候補者がいる場合にはコンフリクトを避けるために、それらのファミリーメンバーを経営陣に加えることを認めない方が良いのかもしれません。これまでのところ、そのような状況はありませんが。

重大な危機に瀕したとき、ファミリー企業は経営者に頼る必要があります。私たちは長年にわたって数多くの危機を乗り越えてきたファミリービジネスを見てきました。ファミリー企業は危機的状況に対して上手に対処できるのでしょうか?

危機を克服するための重要な前提条件は、十分な資金の流動性、健全な資本基盤、グローバルに競争力のある広範な事業ポートフォリオ、そして自社独自のガバナンスです。ヘレウス社を代表して言えば、私たちは国際的に事業展開

する一族が所有するグループとして、将来の危機に対処するための最も重要な要件を満たしていると確信しています。

ガバナンスをさらに発展させたいと考えている企業家ファミリーに対し、どのようなアドバイスをされますか?

ファミリーが所有するビジネスであっても、ある程度上場企業のガバナンスに合わせる必要があります。つまりドイツのコーポレート・ガバナンス・コードで規定されている規則のうち意義のあるものを遵守する必要があります。しかし、それらの規則の中にはファミリービジネスにとっては意味をなさないものもあると思います。例えば、退任した代表取締役は、監査役会のメンバーとなる前に、2年の空白期間を設ける必要はありません。彼がファミリーメンバーである場合、結局のところ、彼自身または彼のファミリーの財産のためにも、同レベルの経営水準を維持するために、彼を監査役会に直ちに参加させても問題はないと考えるからです。

│ファミリー企業は特別である│

あるファミリーでは3人の兄弟が共同で事業を運営しており、[1] 強力なチームを形成し、彼らは役割分担をしています。1人目は財務、管理、人事業務を担当し、2人目はインターネット企業を経営し、3人目は製造関連を担当しています。現在の状況は明確ですが、次の世代になると3人の兄弟の子供である6人のいとこたちがビジネスの役割を担うことになります。その際、兄弟たちはガバナンスに関し、次のような疑問を持ちます。

- ・子供たち全員が均等に株式を継承するのか?
- ・6人のいとこの誰か次世代の経営者になるのか?
- ・争いが起きた場合はどうするのか?
- ・オーナーとしての役割を果たすため、子供たちにどのような準備をさせておくべきなのか?
- ・いとこ同士の結束力を強めるためにはどうしたらいいか?

別の例をあげてみましょう。ある起業家は、2度の結婚で5人の子供がいます。彼は3年後に経営から引退する予定です。最初の結婚で生まれた娘と、2回目の結婚で生まれた息子が、会社の経営に関与することに興味を持っています。会社の規模としては、代表取締役とオーナーの2人がいれば十分です。35歳の娘は、すでにファミリー企業以外で経験を積んでおり、1年以内に代表取締役としてスタートしたいと考えています。23歳の息子はちょうど大学を卒業したばかりです。父親は次のようなガバナンス上の疑問を持っています。

- 株は両方の子供に渡すべきか、そして渡すならいつがよいのか？
- 自分に株式以外に十分な資産がない場合、株式を取得しない子供たちにはどのように補償を用意すれば良いのか？
- 異母兄弟間で争いが起きた場合にはどうなるか？
- 社外取締役を迎え入れて取締役会を組成する必要があるか？どんな承継プランを持つべきなのか？

　3番目の例として、大きな可能性を秘めた技術開発に成功した機械工学の会社を経営しているファミリーを取り上げます。創業者は強気の計画を持っており、今後5年間で売上高を1億5,000万ユーロから5億ユーロに引き上げることを目指しています。フランスでの事業拡大と、米国、インド、中国での子会社設立のために、外部の少数株主が同社に出資しています。このファミリー企業に関連するガバナンス上の問題は次のとおりです。

- 経営管理体制にどのような変化が予想されるか？
- 新しい投資家は取締役会でどのような役割を果たすべきか？
- 誤った意思決定を防ぐには、どのような管理体制が適切か？
- すべての子会社の従業員が、法的規則やコンプライアンス基準を遵守するためにはどうすればよいか？

　これらの3つの企業は、1つまたは複数のファミリーの支配下にあり、会社支配の意図や世代交代に直面しているという共通の特徴を有しています。[2] しかし、

これら3つのファミリー企業は、所有権や経営構造、事業について集中型か多角化型か、さらには規模、企業文化、ファミリー以外の株主の存否等で違いがあります。[3]

ファミリー企業はファミリー企業間だけでなく、他のタイプの企業との違いもあります。例えば、上場企業では、企業の所有権は分散し、不特定多数の株主はいつでも株式を売買することができます。また、ファミリー企業は、国が運営する組織、プライベート・エクイティが保有する組織、協同組合などとも異なります。

ファミリー企業は、長期的な戦略的志向、少ない情報開示義務、経営陣の長期継続性といった特徴を持つ、ユニークかつ特別なカテゴリーの企業です。これらの特徴には、競争上の優位性をもたらすものもありますが、一方で、ファミリー企業は家族間の対立によりビジネスが崩壊するといった大きなリスクにも直面しています。本書では、このような問題に直面している企業を支援するために、ファミリー会社のガバナンスにアプローチするための実践的な手法を示しています。以下では、ファミリー会社が享受する主要なメリットと関連付けて、関係するリスク要素をいくつか取り上げます。

- ファミリーの価値観は、競争優位性をもたらすが、ファミリーメンバー間の継続的な対立はこれを損ねる。
- ファミリー経営者はそれほど管理されなくとも事業に献身的に従事するが、その能力や資格は他の経営者より低かったり、自分の利益のために行動したりする場合には、より多くの監督を必要とする場合がある。
- ファミリーメンバーの多くは長期的な視点を持っているが、短期的な配当の最大化を望んでいるメンバーがいる場合がある。
- ファミリー企業は持続可能なビジネスモデルを求めるが、そこにはビジネスのライフサイクルに伴うリスクがある。

ファミリー企業の中には、大きな成功を収め、何世代にわたってその価値を高めていくことができるものもあれば、内輪もめや危機により失敗してしまうものもあります。失敗してしまうファミリー企業においては、経営課題に適切に対処していない、あるいは共通のビジョンやミッションが無いことにより、健全な戦略

や適切なガバナンス構造を有していない、さらにはファミリーメンバーの役割が各々のメンバーによって明確に定義され組み込まれていない、などの原因があります。

次章以降では、ファミリーとビジネスの両方のガバナンスのさまざまな側面について、単に構造だけでなく価値観や行動指針、原則などの問題についても取り上げます。

| 健全なファミリービジネスのガバナンス |

実証分析によると、最適に設計された経営、管理および家族構造が確立されている場合に、ファミリー企業はより成功することが示されています。[4] それにもかかわらず、多くのファミリー企業はガバナンスを軽視しています。2010年に発表された報告書では、ガバナンスが不十分なファミリー企業の数が驚くほど多いことが指摘されています。[5] このようなガバナンスの軽視は、ファミリー企業を大きなリスクにさらすことになります。ガバナンスが不十分と考えられる例は次の通りです。

- 事業に従事するファミリーメンバーに必要とされる能力が明らかになっていない。
- 取締役会の権限が明確に定義されていない。
- 機会とリスクに関する管理体制がない。
- ファミリー企業から離脱することに関するルールがない。
- ファミリーと非ファミリー株主との交流に関するルールがない。
- ファミリーの結束力が弱い。
- ファミリーと会社の対立を管理する仕組みがない。

企業のガバナンスが議論されるようになったのはかなり前のことにもかかわらず、ファミリー企業がガバナンスに十分な配慮をしていないことは驚くべきことです。1996年には、クレイグ・アロノフとジョン・ウォードが*Family Business Governance*を出版され、[6] これを機に、ファミリー企業のガバナンスに関する

専門的な議論が体系化されていきました。1996年から2003年の間に、学術誌に掲載されたファミリービジネスに関する論文のうち、ファミリー企業のガバナンスに関するものは約10%に過ぎませんでしたが、今日では約20%にまで増加しています。[7] ファミリー企業のガバナンスモデルは、*Family Business Governance - Successful Management of Family Enterprises*で初めて包括的に提示されました。[8]

　ファミリー事業体がガバナンスに注目するようになったのは、国際的なファミリー企業に関する12のガバナンスコードが出されたことがきっかけです。世界で最初にファミリー企業のための公式コードを発表したのはドイツで、2004年のことでした。[9] その結果、ドイツのファミリービジネスのオーナーの約60%がこのコードを知っており、うち90%が良いガバナンスがファミリービジネスのパフォーマンスに影響を与えると考えています。[10]

　優れたファミリービジネスのガバナンスの目的は、経済的価値と心の豊かさ[11]を持続的に向上させる基盤を築くことにあります。ファミリービジネスのオーナーは、「豊かな懐と温かい心」を求めています。アーンスト・アンド・ヤングが発表した調査では、ファミリー企業の価値は、約70%が経済的価値で残りの約30%の精神的価値で構成されるとしています。[12] しかし、懸念として、ファミリー間において紛争が生じるとまず精神的価値が低下し、それが巡り巡って経済的価値をも低下させる可能性があるとされています。ただし、健全なファミリービジネスのガバナンスがあれば、経済的価値と精神的価値の両方を維持することができます。

経済的価値と精神的価値

　経済的価値が高いこととは、売上高の増加、業績の向上、企業価値の向上、配当金の増加などで示されます。精神的価値は「ファミリー・パテックス（パテックスはドイツのファミリービジネスであるヘンケル社が製造している貼付薬のブランドである）」と呼ばれています。ファミリービジネスのオーナーには、ビジネス関係者が会社へのコミットを生み出すのは、配当ではなく精神であると言う人もいます。個々のファミリーメンバーは、対立のないオーナー一族に属していることを誇りに思います。そこで精神的価値が高いことを示す指標は以下の通りです。[13]

- ファミリーのオーナーは共通の価値観や目標を持っており、それが世代を超えて受け継がれていること。
- ファミリー特有の伝統および儀式がすべてのファミリーのオーナーによって実行されていること。
- ファミリーのオーナーが強い学習意欲を持っていること。
- ファミリーの共同活動への参加がファミリービジネスのオーナー全員の喜びとなっていること。
- ファミリーのオーナー達が助け合っていること。
- ファミリー企業に対するオーナーたちの権利と義務の境界が明確に定義されていること。

ファミリービジネスのガバナンス体制[14]

　有効なガバナンスは経済的価値と精神的価値の両方を高めるものです。ファミリー企業はそれぞれが異なるため、各企業が独自のガバナンスを確立する必要があり、それはファミリー憲章に適切にまとめられています。そのための仕組みがファミリービジネスガバナンスモデルです（図表1.1）。ファミリー企業のガバナンスは2つの重なる要素から構成されています：

- ビジネスガバナンス、会社内部の経営と統制の適切な構造の確立する。
- ファミリーガバナンス、ファミリーの管理とファミリーメンバー間の結束を確立する。

　優れたビジネスガバナンスは、企業の経営と統制に関する透明性及び説明責任を向上させることによって経済的価値を高めます。

　これにより、オーナー、取締役会、経営者の職務を通じて、持続的な成功がもたらされます。また、リスク、コントロール、コンプライアンスを網羅したマネジメントシステムにより、経営者は会社全体のモニタリングを確実に行うことができます。さらに、監査役と内部監査機能はそれをサポートする役割を担います。加えて倫理規定、賠償責任に関する規制、適切な報酬制度も重要なガバナンスの

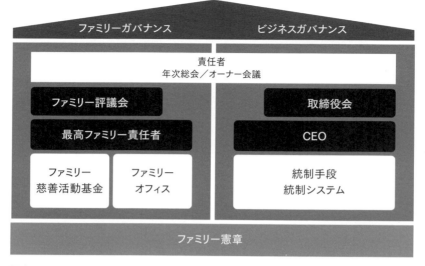

図表1.1 ファミリーガバナンスモデル（アレキサンダー・ケーベル＝シュミット、ピーター・ウィット、ハンス＝ユルゲン・ファリオン、ブレンド・グロッテルによるモデルの適応）

手段です。

　適切に編成された優れたファミリーガバナンスは、オーナー一族の結束を強め、ファミリーの会社への関与を高め、さらには感情的な対立が生じる可能性を低減することで、オーナーの会社に対する精神的価値を高めることができます。そのためには、ファミリー評議会とファミリーの総責任者（最高ファミリー責任者とも呼ばれる）が、ファミリーの活動を組織化したり、ファミリー・イントラネットを導入したり、対立が生じた場合に第一の連絡窓口になる、などの重要な役割を担います。また、ファミリー慈善財団とファミリーオフィスは、精神的価値を高め、オーナー一族を組織化することに重要な役割を果たします。

　また、ファミリーバンク、ファミリー集会、ファミリー本拠地、ファミリーの歴史書、紛争処理の手順、ファミリーメンバー相互間と社会に対するルール、次世代が将来のCEOや取締役になるために準備すべきファミリー育成プログラム、などの制定も考えられます。ただし、すべてのファミリー企業が、これらすべてのファミリーガバナンスの手段を必要とするわけではありません。

オーナーシップの構造	経営の構造
単一オーナー ・オーナーシップの承継計画 ・取締役会	**オーナーが経営** ・経営の承継 ・取締役会 ・リスクコントロールと法令遵守体制
兄弟姉妹のパートナーシップ ・年次総会 ・オーナーシップの承継計画 ・紛争の管理	**ファミリーが経営** ・経営の承継 ・取締役会 ・リスクコントロールと法令遵守体制
従兄弟のコンソーシアム ・年次総会 ・紛争の管理 ・ファミリー最高責任者 ・ファミリー会議／集会 ・ファミリー教育プログラム ・ファミリー慈善財団 ・ファミリーオフィス	**ファミリーが監視** ・経営の承継 ・取締役会 ・ファミリー評議会 ・リスクコントロールと法令遵守体制

図表1.2 さまざまなタイプのファミリービジネスのためのファミリーガバナンス・ソリューション
に関する各段階の定義

　ファミリービジネスガバナンスのそれぞれの要素がどのように構成されるかは、ファミリー企業ごとの状況とその課題によって異なります（第2章参照）。例えば、そのビジネスが単一のオーナーによって所有されているのか、兄弟姉妹のパートナーシップや従兄弟のコンソーシアムによって所有されているのか、によっても異なります。さらに、オーナーだけによって経営されているのか、一部のオーナーによって経営されているのか、またはオーナーは経営せず、単に監督するだけなのかによっても異なります。加えて、事業規模や文化、ファミリー以外の株主の有無、によっても異なります。上記のような分類とさまざまな要因から、ファミリービジネスのガバナンスにはさまざまな観点からの検討が必要となります。図表1.2は、ファミリービジネスガバナンスのさまざまな要素がどのように関連性を持つかを示しています。ここで重要な点は、ファミリービジネスのガバナンスは、各々のファミリーやビジネスの状況に合わせて、各ファミリー企業が個別に策定する必要があるということです。

　ファミリービジネスの健全なガバナンスは、ファミリーの価値観と目標、そしてファ

ミリービジネスに関するオーナーの強い意思決定にかかっています。ファミリーの価値観の中で重要なものとしては、寛容、尊敬しあう、誠実、相互責任などがあげられます。オーナー一族はビジネスに対する価値観もしっかりと定めておかなければなりません。それは、革新的なマーケットリーダーになる、自己資本比率を40％以上に保つ、組織的な成長を優先する、などの戦略を含んだ原則を定めるためにも役立ちます。ファミリーは、会社に何を求めているのか（例えば責任あるオーナーシップや利益の再投資など）、また、会社から何を得たいか（公正なプロセス、魅力あるビジネスモデル、配当）を決定する必要があります。

責任あるオーナーシップと公正なプロセス

ファミリービジネスのガバナンスにおける重要な原則は、「責任あるオーナーシップ」[15] と「公正なプロセス」[16] です。「責任あるオーナーシップ」は、ファミリーの価値観、スチュワードシップ、誠実性を持ったオーナーシップ、持続的な資本、の4つの基本から構成されています（完全な定義については第4章を参照）。実際には、責任あるオーナーシップは、以下のような特徴を持っています。[17]

- ・ 長期的に所有するオーナーとして行動する。
- ・ ファミリー企業を長期的に存続させたいと考えている。
- ・ 会社と自分自身を同一視している。
- ・ ファミリーとビジネスの関係を維持している。
- ・ 会社の現状をよく知っている。
- ・ 自分の知識を次の世代に伝えたいと思っている。
- ・ ファミリーと会社の両方の成功を願っている。

「公正なプロセス」[18] には、3つの側面があります。第1に、事案ごとの取り決めやルールがあることです。これらはガバナンスシステムの中で設定され、ファミリー憲章や定款に文書化されることにより、承継、利益配分、退職のためのルールもカバーします。ルールは、慎重に策定され、必要に応じて変更可能で、ファミリービジネスの目標と価値観に合致したものでなければなりません。そのルー

ルは、全てのオーナーに周知させ、受け入れられる必要があります。第2に、ルールの遵守が取締役会などの正規の機関によって、保証されることです。これにより、非業務執行・非ファミリーの取締役会メンバーは、ファミリーからの候補者が、新しいCEOとして合意された要件を満たしているかどうかを客観的に判断することもできます。第3として、関係するすべてのファミリーメンバーが決定された内容を受け入れられるようにするために、すべてのルールの透明性を確保する必要があります。つまり「公正なプロセス」とは、意思決定が明確で正式に承認されたルールに従って行われることにより、感情的な対立が生じないことを意味します。

ビジネス優先か、ファミリー優先か？

文化や出身国は、ファミリービジネスのガバナンスに大きな影響を与えます。西洋の文化はよりビジネス志向であり、東洋の文化はよりファミリー志向の傾向があります。[19] 西洋諸国では会社で働くファミリーメンバーが少ないのに対し、東洋諸国ではより多くのファミリーメンバー（時には全員）が会社で働くことがあります。ビジネス優先かファミリー優先かを示す、対になる言葉として以下の例があげられます。

- 実力主義　vs　専制
- 最も有能なリーダーシップ　vs　個人の育ち
- オーナーシップの権利　vs　ファミリーメンバーの平等
- 効率的　vs　効果的
- 個人の責任　vs　集団の責任
- 説明責任　vs　守り
- 結果　vs　プロセス
- 公式　vs　非公式
- 法的な契約　vs　道義的なコミットメント
- 統制されている　vs　自由にしている
- 断固たるリーダーシップ　vs　参加型体制

- 利益　vs　楽しみ
- 外部からの高い信頼　vs　低い信頼
- 独立性　vs　安全性

　ファミリーは、ファミリーとビジネスの両方のガバナンスについて、ファミリーの利益とビジネスの利益のどちらを重視するかを決定しなければなりません。「ファミリー第一主義」のビジネスでは、CEOはファミリーの一員であることが一般的であり、ファミリーメンバーは人数の制限なく会社で働くことができ、役員報酬と配当金はファミリーのニーズに応じて決定されます。「ビジネス第一主義」の場合には、CEOの地位は最も有能な人物が務めることが一般的ですが、ファミリーメンバーの一人だけが会社で働くとすれば、CEOとして会社経営に従事することが多いようです。この場合に役員報酬は市場ベースで決定され、配当金は会社が利益を上げている場合にのみ支払われます。

　会社の方向性にかかわらず、ファミリーは常に「責任あるオーナーシップ」と「公正なプロセス」の2つの原則を考慮する必要があります。これは企業文化がファミリー第一主義の傾向が強い場合に特に重要であり、さもなければ対立が容易に発生してしまい、ファミリーがビジネスを破綻させてしまうことにもなりかねません。

注

　1. 本章は以下の論文および書籍ならびにその中で言及された文献をもとに作成。
　Koeberle-Schmid, A., Fahrion, H.-J., & Witt, P.(eds.)(2012), *Family Business Governance - Erfolgreiche Führüng von Familienunternehmen*, 2nd edn., Berlin: Erich Schmidt; Koeberle-Schmid, A., & Grottel, B.(eds.)(2013), *Familienunternehmen erfolgreich führen*, Berlin: Erich Schmidt; Koeberle-Schmid, A., Schween, K., & May, P.(2011), "Governance Kodex für Familienunternehmen in der Praxis - Ergebnisse einer Studie über Familienverfassungen," *Betriebs-Berater* 41, pp. 2499-2506; Koeberle-Schmid, A., & May, P.(2011),"Governance in Familienunternehmen - Führung und Kontrolle situationsadaquat regeln," *Zeitschrift Risk, Fraud & Compliance* 2, pp. 54-61; May, P.(2012), *Erfolgsmodell Familienunternehmen*, Hamburg: Murmann.
　2. Chua, J., Chrisman, J., & Sharma, P.(1999), "Defining the family business by behavior," in *Entrepreneurship Theory and Practice* 23/4, pp. 19-39; May, P.(2009), "Familienunternehmen erfolgreich führen - Von der Inhaber-Strategie zur Unternehmens Strategie," *Zeitschrift fur Betriebswirtschaft Special Issue* 2, pp. 113-

126.

3. May, P., & Koeberle-Schmid, A.(2011), "Die drei Dimensionen eines Familienunternehmens: Teil I," *Betriebswirtschaftliche Forschung und Praxis* 6, pp. 656-672; May, P., & Koeberle Schmid, A.(2012), "Die drei Dimensionen eines Familienunternehmens: Teil II," *Betriebswirtschaftliche Forschung und Praxis* 1, pp. 52-72.

4. Björnberg, A.(2010), "The critical pathway between the family business and the next generation: lessons in emotional ownership," *Family Firm Institute Practitioner* 6, p. 5.

5. Sharma, P.(2004), "An overview of the field of family business studies: Current status and directions for the future," *Family Business Review* 17, pp. 1-36; Chrisman, J., Chua, J., & Sharma, P.(2005), 'Trends and directions in the development of a strategic Management theory of the family firm," *Entrepreneurship Theory and Practice* 29, pp. 555-575; Debicki, B., Matherne, C., Kellermanns, F., & Chrisman, J.(2009), "Family business research in the new millennium: An overview of the who, the where, the what and the why," *Family Business Review* 22, pp. 151-166; Sharma, P., Chrisman, J ., & Gersick, K.(2012), "25 years of Family Business Review: Reflections on the past and perspectives for the future," *Family Business Review* 25, pp. 5-15.

6. Aronoff, C., & Ward, J.(1996), *Family Business Governance: Maximizing Family and Business Potential*, 3rd edn., Marietta, GA: Family Business Publishers.

7. Sharma, P., Chrisman, J., & Gersick, K.(2012), "25 years of Family Business Review: Reflections on the past and perspectives for the future," *Family Business Review* 25, pp. 5-15.

8. Koeberle-Schmid, A., Fahrion, H.-J., & Witt, P.(2012), *Family Business Governance -Erfolgreiche Führung van Familienunternehmen*, 2nd edn., Berlin: Erich Schmidt.

9. Koeberle-Schmid, A., Schween, K., & May, P.(2011), "Governance Kodex für Familienunternehmen in der Praxis - Ergebnisse einer Studie über Familienverfassungen," *Betriebs-Berater* 41, pp. 2499-2506; May, P., Koeberle-Schmid, A., & Schnitzhofer. W.(2011), "Gutes Management sichern : Ein Kodex für Familienunternehmen," *Compliance - Praxis* 3, pp. 10-13; May, P., & Koeberle-Schmid, A.(2011), "Auf die Inhaber kommt es an," *Der Aufsichtsrat* 6, p. 81; Koeberle-Schmid, A., & May, P.(2011), "Governance in Familienunternehmen - Führung und Kontrolle situationsadäquat regeln," *Zeitschrift Risk, Fraud & Compliance* 2, pp. 54-61; May, P., & Koeberle-Schmid, A.(2011), "Governance Kodex als Leitlinie fur die verantwortungsvolle Führung von Familien unternehmen," *Der Betrieb* 9, pp. 485-491.

10. Hack, A.(2009), "Governance Kodex für Familienunternehmen," *UnternehmberBrief* 3, p. 7.

11. Hack, A.(2009), "Sind Familienunternehmen anders? Eine kritische Bestandsaufnahme des aktuellen Forschungsstands," *Zeitschrift für Betriebswirtschaft Special Issue* 2, pp. 1-29; Björnberg, A., & Nicholson, N.(2008), *Emotional Ownership - The Critical Pathway Between the Next Generation and the*

Family Firm, London: Institute for Family Business; Zellweger, T., & Astrachan, J. (2008), "On the emotional value of owning a firm," *Family Business Review* 21, pp. 347-363; Zellweger. T., & Sieger. P.(2009), *Emotional Value - Der emotionale Wert, ein Unternehmen zu besitzen*, St. Gallen: Ernst & Young.

12. Zellweger. T., & Sieger. P.(2009), *Emotional Value - Der emotionale Wert, ein Unternehmen zu besitzen*, St. Gallen: Ernst & Young.

13. Björnberg, A., & Nicholson, N.(2008), *Emotional Ownership - The Critical Pathway Between the Next Generation and the Family Firm*, London: Institute for Family Business; Zellweger. T., & Sieger. P.(2009), *Emotional Value - Der emotianale Wert, ein Unternehmen zu besitzen*, St. Gallen: Ernst & Young.

14. Koeberle-Schmid, A., Fahrion, H.-J., & Witt, P.(2012), *Family Business Governance - Erfolgreiche Führung van Familienunternehmen*, 2nd edn., Berlin: Erich Schmidt; Aronoff, C., & Ward, J.(1996), *Family Business Governance: Maximizing Family and Business Potential*, 3rd edn., Marietta: Family Business Publishers; Koeberle-Schmid, A.(2008), *Family Business Governance*, Wiesbaden: Gabler; Koeberle-Schmid, A., & May, P.(2011), "Governance in Familienunternehmen," *Zeitschrift Risk, Fraud & Compliance* 2, S. 54-61.

15. Lambrecht, J., & Lievens, J.(2009), *Responsible Ownership of the Family Business*, Brussels - Kortrijk: FBNet Belgium; Aronoff, C., & Ward, J.(2002), *Family Business Ownership - How to be an Effective Shareholder*, Marietta: Family Enterprise Publishers.

16. Heyden, V.d.L., Blondel, C., & Carlock, R.(2005), "Fair process: striving for justice in family businesses," *Family Business Review* 18, pp. 1-21.

17. Lambrecht, J., & Lievens, J.(2009), *Responsible Ownership of the Family Business*, Brussels-Kortrijk: FBNet Belgium; Koeberle-Schmid, A., & May, P.(2011), "Governance in Familienunternehmen," *Zeitschrift Risk, Fraud & Compliance* 2, pp. 54-61.

18. Heyden, V.d.L., Blondel, C., & Carlock, R.(2005), "Fair process: striving for justice in family businesses," *Family Business Review* 18, pp. 1-21.

19. Kenyon-Rouvinez, D., & Ward, J.(2005), *Family Business Key Issues*, Basingstoke: Palgrave.

20. 訳者注：ファミリービジネスとは、European Commissionによれば、以下のように定義されている。

1　意思決定権の過半数が創業者、買収者である個人あるいはその配偶者・子・直系卑属で所有されていること。

2　意思決定権の過半数は直接所有でも間接所有でも構わない。

3　最低でも一人のファミリー又は親族の代表者が正式に会社のガバナンスに関与していること。

4　上場会社の場合には、意思決定権の25％以上が創業者、買収者である個人あるいはその関係者で所有されていること。

(https://single-market-economy.ec.europa.eu/smes/supporting-entrepreneurship/family-business_en)

この定義によれば、上場会社であってもファミリービジネスの範囲に入るものがあるため、本文中に「上場会社」と比較している場合には、そこにおけるファミリービジネスは非上場を前提としていると考えていただきたい。

ベストプラクティス
推奨事項

1 オーナー一族は強固で健全なガバナンスシステムを導入する必要があります。

2 適切なファミリービジネスのガバナンスを構築するためには、オーナーファミリーはそれぞれの課題を考慮する必要があります（第2章）。

3 オーナーファミリーは強力なガバナンスが経済的価値と同様に精神的価値の構築にも役立つことを知るでしょう。

4 オーナー一族は、会社を経営するにあたっては、ビジネスのためにもファミリーのためにも、適切な戦略、経営体制、ルールが必要であると考えるべきです。

5 オーナーファミリーは、オーナーシップ、ファミリー、経営体制、また、会社の規模やファミリー以外のオーナーがいる場合などに応じて、ファミリービジネスのガバナンスを個別に構築していく必要があります。

6 オーナー一族が、ファミリービジネスのガバナンスを設計する際には、「公正なプロセス」と「責任あるオーナーシップ」の原則を参考にするとよいでしょう。

7 すべての企業は、その主要な企業文化の中でビジネスとファミリーのどちらかを重視する傾向がありますが、ガバナンスの観点においては、ビジネスには「ビジネス第一主義」の方向に、ファミリーには「ファミリー第一主義」の原則を推奨すべきです。

8 オーナー一族には、ファミリービジネスのガバナンスをファミリー憲章として文書化することが推奨されます。

9 オーナー一族は、ファミリービジネスのガバナンスを定期的に見直し、ファミリーやビジネスに変化が生じた場合には、さらに改善していく必要があります。

重要な定義

年次総会：取締役会の選任、年次決算の承認、利益配分の決定など、重要な決定を行う年の一度のオーナーの会議。国によっては、オーナーズミーティングや株主総会とも呼ばれる。

取締役会：業務執行役員と非業務執行役員で構成される会社の統治機関。非業務執行役員は業務執行役員に対して助言や監視を行う。国によっては、取締役会は明確な監視業務を担う非業務執行役員のみで構成される場合があり、その場合は監査委員会と呼ばれる。取締役会に正式な意思決定権限がない、あるいはほとんどない場合は、諮問委員会と呼ばれることが多い。

ビジネスガバナンス：ファミリービジネスにおける経営管理の構造的組織であり、ファミリーによるオーナーシップの長期的な成功と継続性を確保することを目的とする。

最高経営責任者（CEO）：企業の経営トップ。企業戦略の立案と実行に加えて、ビジネスガバナンスやファミリービジネス文化の導入、スリムな組織編成の実行、会社の方針がファミリーの目標や価値観と合致していることを確認する責任を負う。

最高ファミリー責任者（またはファミリーマネージャー）：ファミリーガバナンスの問題に主たる責任を持つ者。ファミリー評議会の議長または会長の役割を果たし、ファミリーメンバーの結束を維持する役目を果たす。また、ファミリー間の仲介者、まとめ役、およびコミュニケーションのパイプ役として行動する。ファミリーの結束力を高め、ファミリー活動を組織する責任を持つ。

最高投資責任者（CIO）：ファミリーオフィスにおけるすべての投資を担当する者。ファミリーオフィスがファミリーの金融投資を管理することを唯一の目的としている場合には CIO はファミリーオフィスの責任者となる。ただし、ファミリーオフィスの役割がより大きくなると、通常は最高経営責任者（CEO）がこの役割を果たす。

コンフリクトマネジメント：紛争が生じた場合の問題を解決するための手続き。

ファミリー活動：ファミリーウィークエンド、子供の日、ファミリー会議など、オーナー一族の結束力とコミットメントを高めるための共同活動。

ファミリーバンク：特定の条件下でファミリーメンバーに対し資金援助を行う方法であり、ファミリーメンバー個人の起業を支援することもできる。

ファミリー憲章：ファミリーとビジネスとの関係を明確にし、企業の戦略と構造を定義した文書。ミッション、ビジョン、オーナーのビジネスモデルに関する重要事項、ガバナンス、ファミリーメンバーに適用されるルールなど、が通常文書化される。ファミリー憲章と同じ意味で使用される他の用語としては、ファミリー協定（family protocol）、ファミリー規則（family code）、ファミリーチャーター（family charter）、世代契約（generation contract）などがある。

ファミリー評議会：ファミリーとオーナーシップに関する事項に焦点を当てたガバナン

ス機関。ファミリー評議会は定期的なファミリー会議の開催を制度化したものである。この形式の最大の利点は、会議が必要ないと思われる場合でも、定期的に会議を開催するための規律あるアプローチができることである。ファミリー評議会は、主にコミュニケーションを促進し、ファミリー間の対立を解決するための安全な場を提供し、責任あるオーナーシップ、ファミリーの動向、財務的問題、慈善活動の課題について、次世代のファミリーメンバーの教育をも支援する。

ファミリー本拠地：ファミリーが特別な機会のために集まる歴史的な場所。

ファミリー教育：エデュケーションデー、開発プログラム、セミナーなど、ビジネスオーナーに責任あるオーナーシップの意識を持たせるための活動。

ファミリービジネス[20]：次の世代に引き継ぐことを目的とした主としてファミリーが所有する企業。

ファミリーガバナンス：ファミリー内の結束とビジネスへの帰属意識を高め、その結果としてファミリーの連帯感を高めることを目的としたファミリーオーナーの組織。

ファミリーの歴史書：ファミリーの歴史についての包括的な本であり、できれば多くの写真を含み、ジャーナリスティックな方法で書かれているもの。

ファミリー会議またはファミリーの日：オーナーやその他のファミリーメンバーが集う会議で、ファミリーとビジネスに関する問題について話し合う場。年次総会や楽しいアクティビティと組み合わされて行われることが多い。

ファミリーオフィス：ファミリーの財産を管理する人、窓口、または法人のこと。通常はファミリーの財産に関連した法的お

よび財務的なアドバイスをファミリーメンバーに提供する。

ファミリーオーナー：オーナーファミリー家出身の会社オーナー。

ファミリー慈善財団：ファミリーの慈善基金、または、ファミリーの公益信託であり、ファミリーの慈善活動を組織し、資金を提供する機関。個人または特定の世代のために設定されることもあれば、永続的な事業体として設定されることもある。

執行（運営）委員会：会社を経営する幹部の集まり。業務執行取締役集団のことである。

オーナーファミリー：企業を所有しているファミリーのこと。オーナーファミリーとそれ以外のファミリーの境界を定義する必要があり、通常は、オーナーとそのパートナー、そしてその子供たちで構成されている。

オーナーたち：会社の株主、パートナー、または有限責任パートナー。

リスク、統制、およびコンプライアンス管理：企業内のプロセスをコントロールするための仕組み（内部統制）。リスクを監視し、従業員が法律、規則、規制を確実に遵守するために役立つ。

訳者注：日本の会社法に規定されている株式会社の機関設計を整理して示すと以下のようになる。[1]

（1）株式会社には、株主総会と取締役を置かなければならない。[2]

（2）公開会社、監査役会設置会社、監査等委員会設置会社、指名委員会等設置会社には取締役会を置かなければならない。

（3）取締役会設置会社は、原則として監査役もしくは監査役会、監査等委員会、指名委員会等のいずれかを置かなければならない。

（4）監査役もしくは監査役会、監査等委員会、指名委員会等は、いずれかにしか置くことができない。[3]

（5）監査等委員会設置会社もしくは指名委員会等設置会社でない大会社で公開会社である場合には、監査役会を置かなければならない。

（6）監査等委員会設置会社、指名委員会等設置会社、大会社には会計監査人を置かなければならない。

（7）会計監査人設置会社には、監査役もしくは監査役会、監査等委員会、指名委員会等のいずれかを置かなければならない。

（8）全ての会社は、会計参与を置くことができる。

　これらを表にすると以下のようになり、「三委員会」とは指名委員会等であり、指名委員会・監査委員会・報酬委員会から構成される。

		大会社		大会社以外
		会計監査人（強制）設置会社	会計監査人（任意）設置会社	会計監査人非設置
公開会社	取締役会設置会社	①取締役会＋三委員会＋会計監査人 ②取締役会＋監査等委員＋会計監査人 ③取締役会＋監査役会＋会計監査人	⑨取締役会＋三委員会＋会計監査人 ⑩取締役会＋監査等委員＋会計監査人 ⑪取締役会＋監査役会＋会計監査人 ⑫取締役会＋監査役＋会計監査人	⑬取締役会＋監査役会 ⑭取締役会＋監査役
非公開会社（株式譲渡制限会社）	取締役会設置会社（選択）	④取締役会＋三委員会＋会計監査人 ⑤取締役会＋監査等委員＋会計監査人 ⑥取締役会＋監査役会＋会計監査人 ⑦取締役会＋監査役＋会計監査人	同左	⑮取締役会＋監査役会 ⑯取締役会＋監査役 ⑰取締役会＋会計参与※
	取締役会非設置会社	⑧取締役＋監査役＋会計監査人	同左	⑱取締役＋監査役 ⑲取締役

※会計参与は取締役と共同して計算書類を作成する機関で、公認会計士または税理士の資格を有する個人または法人でなければならない。

1 竹内明世.（2022），「株式会社の機関設計と株主総会」福原紀彦〔編著〕『現代企業法のエッセンス』文真堂, 93 〜 95頁の記述を参考とし、訳者が加筆した。

2 会社法第295条第1項、326条第1項。

3 会社法第327条第4項、6項。

第2章

ファミリー企業の
ガバナンスに関する課題

「私たちの文化は（1）正直であること、（2）一生懸命に働くこと、（3）楽しむこと、（4）感謝すること、そして最後に（5）社会に役立つこと、という価値観を大切にしています。」

米国アリゾナ州、スコッツデールにあるディスカウント・タイヤ社の会長、ブルース・T・ハレ氏へのインタビュー

ブルース・T・ハレ氏は、年間売上高40億ドル、米国内856店舗、従業員数1万5,000人を擁する米国のタイヤ小売企業ディスカウント・タイヤ社の会長です。1960年にミシガン州アナーバーに会社を設立し、1970年代に米国西部の州に大きな成長機会があることを知り、アリゾナ州スコッツデールに本社を移転しました。ハレ氏は熱心な慈善活動家であり、そして何千人もの従業員それぞれに対して、人としての成長と財産を増やす、というアメリカンドリームを実現する機会を与えていくユニークな企業文化の構築者でもあります。

アーネスト・J・ポザ──ディスカウント・タイヤ社は、責任ある成長を理念に掲げ、驚異的な成功を収め、現在も年率9.9%の成長を続けています。「責任ある成長」とはどのような意味でしょうか？

ブルース・T・ハレ氏──そうですね、当社は全店舗を直営で運営しており、フラン

23

チャイズは行っておりません。また、856店舗の不動産は借りるより所有した方が良いと考えています。このビジネスモデルには大変な資金がかかります。直営店１店舗あたりの建築・設備・在庫に要する投資は約300万ドルが必要となり、年間100店舗の新規出店（当社の経営能力と従業員の能力から容易に対応可能なもの）には3億ドルの投資が必要となります。しかし当社は金融機関等からの独立性を維持するために負債比率を低く抑えたいと考えていることから、年間出店数は40〜50に抑えており、年間投資を1億2,000万ドル程度にとどめています。急成長を追い求めるのではなく、責任をもって堅実に成長することを目指しています。

驚異的な成功を収めた要因は他にありますか？

私たちのユニークな文化が大きく寄与していると思います。それは私たち独自の価値観に基づくものであり、私の中では12歳の時にはすでに根付いていました。しかしその多くは目に見えるものではありません。私たちの文化は、次のような価値観を重要視しています。

（1）正直であること、（2）一生懸命に働くこと、（3）楽しむこと、（4）感謝すること、そして最後に（5）社会に役立つことです。

この価値観について話すことは簡単ですが、全国856店舗でこれを実践することはかなり大変です。最初の数店舗は私が自ら手本を示して実行しました。その後、そのような資質を持ち、あるいはこのような世界観をより良いことであるとして求めている人たちを選定し、彼らを訓練しました。20年に渡り私は今もなお、すべての店舗を訪れ従業員とその家族に会っています。そこにおいて手本となるのは店長であり、その結果として価値観に忠実な何千人もの賛同者が得られています。そして20万ドルまでの店舗利益に対しては10％、店舗利益が20万ドルを超えた場合には店舗利益の20％を各店長に対して配分します（すなわち、店舗利益が21万ドルの場合、基本給である6万〜7万ドルに加えて、ボーナス4万2,000ドルを支給します）。この結果、店舗の従業員は、業界水準よりも多くの給与を受け取っています。そして、当社は内部昇進制を採用しているため、店舗従業員は、私たちが新しい店舗を作り続ける中で、既に多くの店長達が手に

しているチャンスを得ようとしています。すなわち、彼らも多額のボーナスと小規模企業のオーナーのような財産を得ることが可能となっています。

　また、私たちは他のタイヤ販売会社との差別化を図るべく、新たな方針をもって会社をスタートしました。私たちの競争相手は主にタイヤメーカーでした。彼らは小売店を所有したり、フランチャイズを運営したりしていましたが、小売店でのタイヤの販売やサービス提供よりも、製造に力を入れていました。そのため、彼らの店舗は月曜日から金曜日までしか営業していませんでした。私たちは土曜日に店を開き、そこが週で一番売上高が多く上がる日になりました。私たちは設立当時から、お客様にとってこれまでとはまったく異なる、満足度の高いタイヤ購入機会を提供してきました。なお、日曜日は、従業員が家族と一緒に過ごせるように休んでいます。

あなたの2代目が経営に関与し取締役会のメンバーとなっており、3代目はすでに大学に通い始めている今、ディスカウント・タイヤ社におけるファミリービジネスのガバナンスには、どのような課題があるとお考えですか？

　私にとって特に難しかった2つの課題であった、「手放すこと」と「承継」に焦点を当てて話します。創業者がこれらを達成するのが難しいと感じることは珍しくありませんが、私にとっては、自分の好きなこと、得意なこと、過去50年間続けてきたことを制御することの方が大変でした。私は会社から65歳や70歳でお払い箱にされたくはなかったのです。

　辞めたらそのあと何をしようか？私はテニスをしていますが、もう試合に勝った後でネットを飛び越えて喜ぶようなことはできません。私にとって手放すのが辛かったのは権力や栄光ではなく、働くことそのものでした。

　この手放したくない気持ちが、長い間、後継者育成の妨げになっていました。私は6本のタイヤで事業を始め、家族を養うこと以外には何の計画もありませんでしたが、この15年間に私はより多くのことを他の人に任せるようになりました。そして幸運にも、価値観の合う素晴らしい店舗従業員に出会えたように、優れた経営者やプランナー、将来性のある次世代のメンバー、外部の協力者を見つけることができるようになりました。現在の社長は、私の二番目の妻との息子ですが（最初の妻は癌で亡くなりました）、彼は人をマネジメントする力、分析力、そ

して戦略性を兼ね備えており、とても信頼できます。現在の最高経営責任者（CEO）は非ファミリーの主要メンバーからなる組織であるAnn Arbor storesの一員であり、最高財務責任者（CFO）は当社と取引のある銀行出身者です。そして、トップチームのメンバー全員のおかげで、私はハレ家の継続性という夢を実現するためには、私個人の支配権を手放す必要があるということを理解するようになりました。

遺産相続計画の一環としてしっかりした信託を設定し、その中で、あなたが不在であってもファミリービジネスやファミリーの財産関係を管理するためのルールを定めていますね。にもかかわらず、最近でもなぜガバナンスシステムの取り組みに多くの時間と労力を費やしているのでしょうか？

確かに、信託はファミリー受託者と受益者に分配金を提供し、彼らが自分の人生でやりたいことをできるようにします。しかし、私は彼らに、責任ある大人として、責任ある受託者として、そして真に責任あるオーナーとしてファミリービジネスの継続に関与してもらいたいと思っています。そこで、私たちは資金やルールに加えて、ファミリー評議会を設置し、ファミリー企業における第2世代、第3世代のファミリーメンバーに対して、ディスカウント・タイヤ社がこれまで成功してきた理由、遺産とファミリーの価値観、受託者の役割と取締役を務めるファミリーメンバーの役割などについて、教育活動を始めました。また、数年前よりファミリー評議会にてファミリー憲章の文書化を始め、すでにファミリーからの従業員雇用その他のポリシーを承認しており、これがファミリーの何世代にもわたるディスカウント・タイヤ社との関係を築いていく指針となることを期待しています。

ファミリービジネスのガバナンスについて、他にどのような取り組みが役立っていますか？

数年前から、私たちは第2世代、第3世代の両方のメンバーを慈善活動に参加させ始めました。現在、第2世代、第3世代のメンバーは、それぞれが最も関心のある活動を支援するための独自の基金を持っています。しかし、彼らはまた、ハレ・ファミリー財団のより大きな慈善活動についての議論にも参加しています。

四半期ごとに行われる経営陣との意見交換会には、ファミリーメンバーも参加しています。その中には、実際の経営についての詳細な議論も多く含まれています。

そのため、私たちは四半期ごとの決算レビューを行うための「ファミリー委員会」というミーティングを開催し始めたところです。将来的には、非ファミリーの方々にもファミリー委員会に参加していただくことを目指しています。このテーマについては、6月のファミリー評議会で議論する予定です。また、私たちは自分たちのファミリーオフィスを持つことも検討し始めており、その際にはファミリーオフィスにどのようなサービスや機能を求めるかについても具体的に話し合う予定です。

　ガバナンスシステムの多くは、ファミリー評議会で発案されています。私は、オーナー教育、財務の透明性、私たちの信仰心、そしてこれらのガバナンスの仕組み（取締役会、ファミリー評議会、ファミリー憲章、そしてファミリーオフィス）によって、2代目、3代目が責任あるオーナーになり、責任ある遺産の管理者として成長していくことを願っています。信託だけではそれを期待することはできません。

｜ファミリービジネスにおいてガバナンスは極めて重要である｜

　第1章では、ファミリービジネスのガバナンスとは何か、なぜそれがこのように複雑なテーマなのか、を説明しました。ここでは、なぜファミリー企業においてガバナンスが根本的に重要であるのかを説明し、いくつかの典型的な課題を検討しながら、持続性の追求について議論してみましょう。すぐにおわかりになるように、非常に多くの論点のうちいずれか1つでも生じると、ファミリービジネスにとってそれは困難な課題となる可能性があります。いずれの場合も、その課題は、ファミリー事業体において、ファミリー、オーナーシップ、経営者との関係を調整するための構造や手段が不十分であるか存在しないことを反映しています。これらの課題は予測可能であっても広範囲にわたり、それぞれ個々の企業に合わせて必要な解決策を考えて採用しなければなりません。これらの課題とジレンマの解決には、現職CEOによる積極的なリーダーシップが必要となることが多くあります。ここからはCEOをはじめとするファミリーや事業の関係者が、これらの課題に適切な対処をするためのいくつかの取り組みやステップを述べていきます。

　有効なガバナンスのあるべき姿は、伝統的なファミリーの行動原理にしばられることのないオーナーや経営者によって行われるもので、そこにおける意思決定は経済的に合理性があり、社会通念とも整合性のあるものでなければなりませ

ん。有効なガバナンスを実現することは難しいですが、継続性を求めるファミリー事業体にとっては、最重要事項といえます。それは疑いなく、ファミリー企業のリーダーにとってはその偉大さを示す最終的なテストであるといえます。

｜ファミリービジネスのガバナンスについての課題[1]｜

縁者びいき

ファミリー企業の経営者や従業員を採用する際にファミリー第一主義の姿勢をとることは、ファミリーとビジネスの関係、ファミリーと富の関係を管理する上での大きな障害となります。会社やファミリーオフィスでの人材選考プロセスが実力中心ではなく姓（家の名前）に重点が置かれている場合には、そのファミリーが、経済的なビジネス論理ではなく、ファミリーの論理が優先しているという明確なメッセージが発信されることになります。

このような優先順位付けは、オーナーやオーナー経営者が世代を超えて継続することを意図するファミリー会社が通常必要とする、よりバランスのとれたガバナンス（ファミリー＋所有＋経営）を不可能としてしまいます。このような状態が続くと、財務パフォーマンスが低下し、長期的には企業やファミリー財産の価値が棄損されることになります。

専門性の不足

縁者びいきがないとしても、ファミリー事業体においては、成功したビジネスモデルを創業者の世代を越えて変化させたり、委任したり、制度化することができずに苦境に陥ることがあります。

それぞれの専門家は、さまざまな能力と技能を持ち合わせているだけでなく、採用すべき戦略と経営手法に関するさまざまな助言をしてくれます。そして専門家が行う業務は、企業におけるファミリーの役割をしっかり補完してくれます。ここでは、ファミリー従業員を非ファミリーの「専門職」の従業員と同じように扱うことを提案しているのではなく、非ファミリー従業員の専門的知識と能力によってファミリー従業員のプロ意識の向上や専門的知識の向上が図れることを言っている点にご留意ください。また、専門家は、経営者とそれに対する期待を再定義し、企業においてリーダーシップを発揮させるため、ファミリーの適切な役割と、経

営者の適切な役割を明らかにする指針を提示してくれることでしょう。

承継

親として、ファミリー会社のリーダーであるCEOあるいは社長として、1人の子孫を、たった1人だけを選任するということは多くの場合がそうであるように、簡単なことではありません。兄弟でのパートナーシップはうまくいかないのではないかと思うCEOである親の多くは、後継者問題を取締役会に委ねたり、次世代のファミリーメンバーをビジネスに参加させないようにしたりして、この非常に難しい決断を単独で行うことを避けています。特定の後継者を支持する説得力のある根拠があったとしても、ある1人の子孫だけを後継者として決定し、トップの仕事に就かせることは、CEO/会長/親にとって非常に難しい決断であり、感情的にも苦しいものです。

取締役会は、ファミリーメンバーをこのような重荷から解放し、後継者を決定するにあたり、その質、独立性を見極め、選任の公正性を高めることができるという独立した立場にあります。この第三者による承認は、主要な非ファミリー経営陣とファミリーメンバーの両方に対して、会社の新しいリーダーに対する納得感を大きく高めることにつながります。

ファミリーのアイデンティティや価値観の喪失

ファミリーの遺産は、数世代にわたるファミリーのビジョンによって更新される目的意識と相まって、持続可能であるファミリーとしての計画を生み出し、それを維持するのに役立ちます。しかし、これらの遺産は、数世代を経ることによってファミリーの人数が増加し、その富が大きくなるにつれて、しばしばファミリーを蝕むものとなることがあります。

ファミリービジネスの経営にあたっていたり、取締役会に参加したりしているファミリーメンバーがいる傍ら、その他のファミリーメンバーは創業者や創業家族が有していた価値観を大事に育むことによって、ファミリー全体に貢献することができます。ビジネスやファミリーオフィスでの日常的な活動に積極的に関与していないファミリーメンバーは、オーナー一族におけるお金では測れない遺産を再発見したり、次世代のメンバーをもっと関与させたり、といった重要な役割を果たすことができます。

第2章　ファミリー企業のガバナンスに関する課題　29

財産家の文化

成功した多世代にわたるファミリーにとってのもう1つの重要な課題は財産家の文化です。これは、生まれながらにして財産が有ることから、高額なものを買い、多額の消費を欲する態度とも言えます。ウォーレン・バフェットは「それぞれの子供には不自由をしないに足るお金を与えるべきだが、何もしなくてもいいほどのお金を与えるべきではない。」という名言を述べています。富や企業との関係を導く原則をリスト化し、ファミリー憲章にそれらの原則を取り入れるファミリーは、家族を積極的に統治し、ファミリーが責任を持ってビジネスに関与していくことを推進することにもなります。

ファミリー間の対立

オーナー経営者による戦略的意思決定の速さは、多くの創業企業で見られる競争上の優位性の1つです。しかし、後の世代になると、世代間もしくは分家間での企業に対するビジョンが対立したことによってファミリーが内向きになり、その結束が無力となり、縄張り争いが発生することがあります。このような場合にファミリービジネスは、より大規模で国際的で官僚的な企業に対して有していた、「迅速さ」という独自の利点を失ってしまいます。

英国の大手チョコレート・飲料メーカー、キャドバリー・シュウェップスの元会長であるエイドリアン・キャドバリー氏はこう述べています。

逆説的ではありますが、ある種の確立された、ファミリー内での経済的利益がとるに足らないものであるほど、トラブルの原因となることがあります。私はかつて、家庭菜園の農作物をめぐって、ファミリー事業体の争いに巻き込まれたことがありました。ファミリーの家、工場、耕作地がすべて同じ敷地内にあり、耕作地はその土地に住むファミリーメンバーのために耕されていました。新鮮な果物や野菜をファミリーの何人かのメンバーに分け与えるという、この明らかにコストが多い割には利益が少ないという行為に、まったく経済合理性がないことは明らかでした。しかし、従来のやり方を変えるということは、それによって利益を得ていた人々にとっては、確立された秩序への反旗としてとらえられ、そこからファミリー事業体の崩壊が始まりました。[2]

公正と平等は異なる

別のファミリー事業体の創業者でラテンアメリカのコングロマリット企業のケースでは、彼の死の際に全株式を5人の次世代メンバーに平等に配分しました。創業者である父親は、疑いもなくすべての子供たちを平等に愛していました。彼が愛する家族の中で公正は平等を意味していたため、創業者は、成功を収めたビジネスを、兄弟チームとしての役割や、家族と事業の関係を効果的に管理するための準備がまったくできていない兄弟にも配分してしまったのです。

すべての子供たちがそれぞれの将来について同じものを望んでいるわけではありません。つまり、平等は公正ではなかったのです。息子の1人は、新しいベンチャーを立ち上げたいと思っていました。承継されたファミリービジネスは、数年にわたり利益や配当が減少していたため、息子の計画は困難な状況にさらされていました。そこでは種類株式の発行、議決権の制限、そして持株の売買契約の自由さえない状況にあったので、彼は最終的に自分の持株を清算することを余儀なくされました。彼は自分の保有する株式の払い戻しを受け、新たな事業のための資金を獲得することに成功しましたが、最終的に自分の愛するファミリーから不信感を抱かれ、未亡人となった母親や4人の兄弟と絶縁関係になってしまいました。その後彼はファミリーの集まりに参加したり、連絡をとったりすることもありませんでした。それはファミリービジネスでのオーナーシップの消滅と共に、ファミリーから追放されたかのようでした。

現リーダーが権限移譲に消極的であること

ファミリーガバナンスを構築することが喫緊の課題であることは、起業家やファミリービジネスのCEOにとって、明確となっていないことが多くなっています。ただし、著者の1人が行った調査では、ガバナンス構築は統計的に大いに重要であることになっています。ファミリービジネスのCEOは、事業計画、承継計画、コミュニケーション、成長志向、就業機会、取締役会の有効性などの問題について、他のファミリービジネスの役員や非ファミリー役員よりも、ビジネスとファミリーの両方を好意的に受け止めているようです。そこで特に問題が表面化されていない場合、CEOである親は、変革の必要性を認識し、継承後のファミリービジネスとファミリーの富の関係に関する有効なガバナンスを構築できる唯一の人物かもしれません。[3]

前記のディスカウント・タイヤ社の会長であるブルース・ハレ氏のインタビューでは、彼が引退を望まなかった大きな要因は、支配や権力への欲望ではなく、彼の仕事への純然たる愛と退職への嫌悪感にあったようです。彼は、自分が安心して任せることのできる優秀な幹部を見極める力を養うことで、この問題を解決することができました。

富の希薄化

不必要な経費支出、納税、金持ち意識から生じる富の浸食に加えて、高配当および事業分割はファミリーが新たな投資を行う際には悪い影響を及ぼします。富の希薄化は、ファミリーが拠出している資本割合を減少させることから、幅広いビジネスチャンスの検討からファミリーを遠ざけてしまう可能性もあります。裕福であったファミリーでさえ、現在の消費ニーズから生じる配当水準や、ファミリー間の対立を背景として生じた事由により事業の富を分割してしまうと、何世代にもわたって蓄積され続けたファミリー資本からの利益を持続的に享受することができなくなります。

起業家文化の衰退

起業段階において創業者は、ビジネスに関するスピードと日和見的な能力が求められます。しかし、成功したファミリービジネスにおいては透明性を高めるために、早い段階で一般に公正妥当と認められた会計基準への準拠とそれに伴う事務作業を求められるようになります。併せて業界規則や政府の規制も増えていきます。会議やメモ、電子メールの数が増え、ファミリービジネスはいつしか官僚的でリスク回避型なものになっていきます。イケア社のCEOであるミカエル・オルソン氏は、最近、世界の店舗数が伸び悩んでいるのはこの現象のせいだと述べています。その責任の一部は、政府や規制機関にあるとしながらも、成熟したイケア社の中でいつしかスピード感や機動性を阻害する要因が増えてきていることについての経営責任が自分にあることを理解しています。[4] これらの複数の新たな要件が重なることで、ファミリー企業やファミリーオフィスは、起業段階では経験しなかったスピードの鈍化を経験することになるかもしれません。

さらに重要なこととしては、ファミリーメンバー自身が会社の時間やリソースを無駄にし始めている可能性があります。例えば、休日に誰が会社の飛行機や田舎の別荘を利用するのかで言い争いをしているような状況があるとします。一方

で、これらは普段、どちらもファミリー以外のスタッフが管理しています。このような場合、ファミリーというものは以前の世代のように企業にとってのリソースではなくなり、企業にとってのエージェンシーコスト（お荷物）になってしまっています。[5] そしてさらに重要な問題として、ファミリーが内向きになることで、新たな競争力を生み出すことができなくなり、絶え間なく変化するマーケットや金融情勢に柔軟に対応していく力を失ってしまう点があげられます。

透明性と監視の欠如

取締役会もプロの経営者もしっかりとした測定基準と明確なスコアカードがなければ、ファミリービジネスに付加価値をもたらすことはできません。また、オーナー自身も、財務管理に関する知識やスキルがなければ、責任ある株主として行動し、経営陣に責任を負わせることはできません。創業者がすべてを把握して頂点に君臨している起業家文化が根強い会社においては、経営者は透明性の向上を求める声に抵抗を示すことがしばしばあります。しかしながら、次世代のリーダーたちは、企業の動向をリアルタイムで把握できる指標を重視することの有効性を理解しています。透明性の欠如は、さらに後の世代のファミリーがビジネスへ関心を持たなくなる原因にもなり、それにより、ビジネスの継続性が脅かされることにもなります。

社外取締役等による監視が欠如している状態においては、ファミリー出身のCEOによる独りよがりの経営と、改革への抵抗を生み出すことにつながってしまう懸念があります。それによって自己欺瞞し、一部の株主の利益を全株主の利益よりも優先させるような行動をとることもありえます。さらにはファミリーメンバー間、または、ファミリーメンバーとその他の株主との間に（ファミリー経営でありながら株式公開されているファミリー会社の場合）、重大な対立や法的な争いを引き起こす可能性があります。

企業における利他主義

これまでの研究により、多くのファミリー企業が利他主義または親族の福利厚生に熱心であることが、顕著であるとされています。またある研究では、利他主義がファミリー企業を経済的には不合理な決断に導く、ある種の世話のやける問題の一つであると主張しています。ファミリー以外の人にとって不合理なことは、逆にファミリー企業（これには良い評判、ファミリーの利益、ファミリーの幸福感、

その他非財務的な目的の社会的感情的な利益が含まれます）との関係から最大のリターンを目指すオーナー一族にとってとても好都合である、というのは事実かもしれません。しかしながら、利他主義はコスト構造を増加させ、ファミリー企業を長期的に維持できなくなる危険性があります。

ファミリー内での統制の維持

株式公開企業は、証券市場を通じた第三者による企業支配のリスクにさらされているため、常に経営者は説明責任を負っています。つまり証券市場においては、経営幹部にすべての株主に対する説明責任を課しています。一方、ファミリーが所有するファミリー事業体では株式市場の影響を受けないため、このような規律による統制機能が働くことはありません。なお、株式を公開しているファミリービジネスであっても、実際にはファミリーのコントロールが最優先となっていることもあります。

株式を公開している企業において行われているのと同等な説明責任がない場合でも、オーナーファミリーはファミリー評議会や取締役会と協力して、ファミリー経営者と非ファミリー経営者の両方を含む経営幹部たちに、すべてのステークホルダーの利益に対する説明責任を負わせる必要があります。

ファミリーガバナンスは、ファミリービジネスとファミリーの富を長期的に維持していくために不可欠な構造です。ファミリーガバナンスは、ファミリービジネスが繁栄し、ファミリーがその結束と財務的、人的、社会的な資本を増やしていくにあたり、ファミリーメンバー、株主、専門的経営者間の関係を規律し、コントロールしていくファミリーの役割を明確にするものです。ファミリーのためにも会社のためにもこれは重要です。結局のところ、ファミリーの結束とその人的・社会的資本は、ファミリービジネスの長期的な競争優位性を強固にしているものです。持続的なファミリーの資本、評判、影響力のある知識やネットワークは、ファミリービジネスの競争上の優位性につながるユニークな経営資源であるといえます。

｜親、オーナー、CEO、どの立場で考えるか？｜

ファミリービジネスは3つのサブシステム（ファミリー、オーナーシップ、経営者）で構成され、それぞれが潜在的に異なる目標や運営方針を持つ可能性があると

いう複雑性を内包しているため、その境界線が曖昧になったり、境界線を越えてしまったりすると、その経営は影響を受けやすくなります。

縁者びいきは、おそらく境界線を越えてしまうことの最たる例であるといえます。心理学や経済学などの社会科学の研究によると、感情により、合理的な思考の裏付けがほとんどない行動が引き起こされる可能性があることが示唆されています。その結果、感情的な内容を含んだファミリーのパターンや動きは、経営管理やオーナーの投下資本に対するリターンについての正しい論理を簡単に覆してしまいます。

多くの場合、意思決定はファミリーやオーナーシップ、または経営者の配慮によって形成されており、会社の従業員やファミリーメンバー側では、その意思決定が不適切なものかもしれない、とは疑いません。それにより、経営方針の不一致や、判断を誤ることがよくあります。最も極端な例ではありますが、いまだによく見られるのが、ファミリーのルールがビジネスのルールに優先してしまう場合です。例えば、ある保険会社のカスタマーサービスマネージャーは朝7時までに出社しなければならないにもかかわらず、ファミリーの若い息子は朝10時以降に出社することがあります。彼の上司にあたる父親は、息子の遅刻が引き起こす対立や不安を避けるために、息子の遅刻を見て見ぬふりしそのままにしておくことを選ぶかもしれません。このように、恐怖心や利他主義から意見の相違を明確にしないことは、問題解決能力を低下させるだけです。そしてこのような不注意を放置しておくと、問題は長年にわたって増大していく可能性があります。ファミリービジネスの基盤がまだまだ脆弱な時期に、後継者がこのような問題をその都度明確にし、そこで解決してこなかった場合には、最終的に経営の最前線でそれを検討しなければならないことになってしまいます。

本章で取り上げたラテンアメリカのコングロマリットのケースでは、オーナー、経営者、ファミリーの境界線が曖昧であり、「公正は平等である」という誤った考えから、創業者が早く他界してしまったことにより、5人の次世代のメンバー全員に平等に株式を配分するに至りました。しかし兄弟たちは、ファミリーとオーナーシップをしっかり区別する準備がまったくできていなかったため、ビジネスの収益性だけではなくファミリーの団結を維持することができませんでした。

第2章　ファミリー企業のガバナンスに関する課題　35

ファミリーによる所有と経営の同時最適化

効果的なガバナンスは、ビジネスを行うファミリーのリーダーに、ファミリー企業独自の強みを最大限に活用する力を与えることです。そこでは、結束力の強い所有者一族と、経営状態の良いファミリー企業またはファミリーオフィスとの間の相乗効果が発揮されます。しかしながら、多くのファミリーは、ファミリーとビジネスの関係をコントロールすることができず、その結果、ビジネスと財産に悪影響を及ぼしてしまいます。ガバナンスの課題に対する解決策は、法律のような単一の規則からの要請ではなく、包括的、全体的、体系的なものでなければなりません。そこで、ファミリービジネスのオーナーは、ガバナンスの構築に関連する特定のタスクやプロジェクトに、それぞれが契約する会計士、ファミリー心理学者、信用ある弁護士を利用することがよくあります。またシステム思考を用いると、相互に関連するサブシステムを共同で最適化し、より大きなシステム（この場合はファミリービジネス）がその目標達成に向けて最も効果的で成功できるようにすることができます。この状態に到達することはニルヴァーナ（解脱の境地）に到達することに似ていることから、最初は非常に困難なことと考えがちです。しかし、本書で紹介するビジネスだけではなく、何千ものファミリービジネスが、まさにそれを達成しています。彼らは、ファミリー、個々のファミリーメンバー、株主、そしてビジネス自体の目標とニーズのバランスをとりながら、綱渡りのように見事にこれを成功させています。彼らは、章末の「ベストプラクティス　推奨事項」のセクションにリスト化された構造、システム、および文化を導入することで、これを実現しています。

ファミリー企業は、世代を超えてより大きな喜びへのコミットメントを動機づけることができます。しかし、そのためには、ファミリービジネスのガバナンスに関して現職のCEOや会長がリーダーシップを発揮し、次頁にあげる7つの推奨事項について実行していく必要があります。

ファミリー企業やファミリーオフィスの現CEO、会長、社長は、世代を超えてファミリービジネスやファミリーの富を継続させるために、効果的なガバナンス構造を構築することが必要であり、それを行わずに円滑な継承が実現できることはほとんどありません。本書の次章以降では、ファミリー企業における効果的なガバナンスの構築方法について、具体的かつ適切な推奨事項を示します。

注

1. Poza, E. (2012), *Family Governance: How Leading Families are Managing the Challenges of Wealth* の翻案。White paper published by Credit Suisse Private Banking and Thunderbird School of Global Management. June 26, 2012, Zurich, Switzerland. Poza, E., & Daugherty, M. (2014), *Family Business*, 4th edn., Mason, OH: South-Western/Cengage Learningの翻案も参照。

2. Cadbury, A. (2000), *Family Firms and Their Governance: Creating Tomorrow's Company from Today's*, London: Egon Zehnder International.

3. Poza, E., & Daugherty, M. (2014), *Family Business*, 4th edn., Mason, OH: South Western/Cengage Learning.

4. Molin, A. (2013), IKEA chief takes aim at red tape, *The Wall Street journal*, p. B3, January 23.

5. Stewart, A., & Hitt, M. (2012), "Why can't a family business be more like a nonfamily business? Modes of professionalization in family firms," *Family Business Review* 25(1), pp. 58-86.

ベストプラクティス
推奨事項

1　透明性、責任あるオーナーシップ、継続的なファミリーの結束、を促進するために、ファミリー会議または評議会を設置する。

2　取締役会は説明責任を果たし、紛争を解決し、戦略的成長を促進するものでなければならない。

3　余計な家系関係を整理し、企業コントロールを確保し、迅速性を促進するオーナーシップ構造を再編成する。

4　顧客志向、品質、生産性、技術革新を維持する強い組織文化を形成する。

5　ファミリーに蓄積された財源を適切に管理するファミリーオフィスを設置する。

6　包括的なファミリー憲章や宣言書によって公正な方針を明らかにしておく。

7　成長のための戦略的計画、主要な非ファミリー経営者の雇用とその維持などを含む堅実な経営手法を確立しておく。

第3章

ガバナンス、構造、システムの進化

「パートナーシップが機能するのは、パートナーがパートナーであり続けたいと願い、ファミリーの富を維持し、ファミリーの結束を継続することにメリットを感じ続けている時だけです。」

スペイン、バルセロナにあるグルーポ・ランドン社というファミリーオフィスの業務執行取締役であるフリオ・カソルラ氏へのインタビュー

フリオ・カソルラ氏は、スペインのバルセロナにあるガヤルド家のファミリーオフィスであるグルーポ・ランドン社で非ファミリーの業務執行取締役となっています。ガヤルド家は、製薬会社であるグルーポ・アルミラル社を設立し、上場後もファミリーによる管理を維持し、最近ではさらに大きな業界であるヘルスケア業界にも進出しています。アルミラル社の従業員数は2,700人であり、年間売上高は8億7,300万ユーロです。ガヤルド家は、アルミラル社の経営に積極的に関与するとともに、他のいくつかの企業や投資先の運営にも関与しています。

アーネスト・J・ポザ——グルーポ・ランドン社におけるファミリーとビジネスの関連性におけるガバナンスの変遷について教えてください。

フリオ・カソルラ氏——そうですね、私たちの場合は、2代目の2人の兄弟が、ファミリービジネスの継続に対する深い愛着心と強い使命感を持っていたことから始

まりました。兄弟のうちの1人は、当時はアルミラル社のCEO、もう1人は取締役会の会長であり、事業継続性という課題に深い関心を寄せ、スイスのローザンヌにある経営学のインターナショナルスクールであるIMDや、彼らがそこで知り合った世界的に有名なファミリービジネスのコンサルタントであるイヴァン・ランズバーグ氏に知識とアドバイスを求めました。バルセロナ郊外で行われた1日がかりのセミナーで、ファミリーメンバーはメンター委員会を立ち上げることを決めました。この委員会は、6人の3代目メンバーで構成され、全員が従兄弟です。この委員会は、ガヤルド家の3世代にとって学術的、職業的な発展のための手段となりました。

　2代目の兄弟2人は、ビジネスの運営と監督で忙しかったため、3代目達にはファミリービジネスのコンサルタントと協力して複数年にわたる後継者育成プログラムを構築することを提案しました。それにより3代目の6人のメンバー全員が、次世代のビジョンを描き、それぞれの役割と期待を明確にして、お互いの関係性について働きかけ始めました。

2代目の兄弟には何か悩みがありましたか?

　2人の兄弟には、いくつかの懸念事項がありました。それは「50：50のパートナーとしてお互いに協力し合いながら共に働くことを学んだが、2人のうち1人が不在になったらどうなるのか。」、「その場合には戦略的な意思決定や事業運営が止まったり、妨げられたりするのではないか。」、「突然のオーナーシップの変更は、安定した成功のための後継者育成を妨げることになってしまうのだろうか。」ということでした。

　その後、1997年に、別の製薬会社であるプロデスファーマの買収と統合をきっかけに、統合後の会社から一部の資産を分離することとなりました。そこでは単一の事業体ではなくコングロマリットやグループとなっていたため、本業以外の事業資産を切り離し、それぞれを管理するための方法を見つける必要性がありました。ガヤルド家のホルヘとアントニオの2人は、自分たちに以下のような根本的な疑問を投げかけました。「私たちは事業経営もその他の投資も同様にパートナーとして続けるべきか、それとも事業外の資産を分離し、別々に管理し始めるべきか。」この問題について、ファミリービジネスのコンサルタントであるイヴァン・

ランズバーグ氏にアドバイスを求めたところ、彼はアドバイスの代わりに彼らの子供たちに相談することを提案しました。メンター委員会で、コンサルタントと一緒に学び、取り組んできた従兄弟たちは、ファミリー財産のパートナーシップを継続するかどうかという問いに対する答えとして、断固としてYesと答えました。

　その後、兄弟は、後継者育成と承継計画を立てることを優先課題としました。やがて彼らは、自分たちだけでそれに関与するアプローチでは持続できないことに気づき、ファミリー評議会の立ち上げ、ファミリー憲章の作成、現在のファミリーオフィスの設立など、いくつかのそれに関連する分野における支援を求めました。私がグルーポ・ランドン社に入社し、ファミリーオフィスを立ち上げたのはその時で、今から約12年前でした。その後、ファミリーオフィスは上述のプロジェクトを支援し、オーナー協議会、各企業の取締役会、各事業を統合する持株会社の設立を支援するようになりました。ガバナンス体制は主にファミリー憲章に基づき、この12〜15年の間に、前向きな意見が具体的な行動へと進化していきました。ファミリー憲章は、事業継続のために2代目と3代目が初めて共同で取り組んだプロジェクトでした。いくつかの原案が作成される毎に、両世代間で多くの深い議論が行われ、最終的に2009年に最終原案が承認されました。

ファミリー憲章についてもう少し教えてください。それはスペインで言われているような標準的な「規約」とは違いますか？

　私たちのファミリー憲章は、スペインではよくあるような企業弁護士によって作成された法的文書を意味するものではありません。ファミリー憲章はファミリーメンバーによって作成され、ファミリー評議会やオーナー協議会のようなオーナーシップやファミリーの構造、経営におけるファミリーメンバーの採用に関する方針、オーナー協議会や取締役会における意思決定（3分の2の投票）、取締役会のメンバーとなるファミリーメンバーの選出のための方向性、を示すものとなります。また、ファミリー憲章は、守るべき重要なファミリーの価値観を強調し、問題やチャンスに直面した際に停滞や怠情が生じないようにするための紛争解決メカニズムの構築や、必要な時には第三者を起用することを提唱しています。

　これらは、ファミリーが体系的に意見を整理した上で合意を行うことを確約すると同時に、閉鎖的な意思決定によってビジネスを危険にさらさないことも確認し

第3章　ガバナンス、構造、システムの進化　41

た、という意味で特に重要でした。独立した第三者が取締役会での議決権の3分の1を有しているため、ファミリーは自らの意思決定をファミリー単独（ファミリーの合意をもって）だけではなく、独立した第三者の支援を得て行うことができるようにしました。ファミリー憲章には、拡大した多数の分家を有するファミリーにおいて、お互いにメリットのある行動がいかに必要であるかを明確にし、ファミリー評議会、オーナー協議会、取締役会の機能、メンバーシップ、権限等を規定しました。また、株主の資金流動性を考慮した、配当、売買に関する株主間協定の策定方針についても定められています。

グルーポ・ランドン社は、ファミリー評議会の他にオーナー協議会もありますか？

はい、オーナー協議会は、さまざまな株主間協定を推進および監督し、スペインの会社法における個人株主が（株式所有比率に基づいて）比例配分された数の取締役を任命できるという権利に取って代わるものです。そのため、パートナーシップを維持するために、グループ内の企業ごとにオーナー協議会が創設されました。オーナー協議会では株主間協定に従って運営され、多くの分家に広がっているパートナーシップの財政的、経営的資源を継続的に維持するために、個人の代表権を放棄し、広範囲にわたるファミリーの意見が集約されます。オーナー協議会は、2代目が重要であると考えていた、長期的にファミリー資本を持続可能とする考えの象徴となりました。また、パートナーシップを健全かつ対立のない状態に保つことができるよう、株式の公正な取引価格も明示し、株主間の売買を容易にするための仕組みも整備しました。

2人の兄弟は、引き続きグループの経営とガバナンスに積極的に取り組み、定期的に「シニアミーティング」を開催しています。そこで彼らは、監督機能とファミリー経営のリーダーシップを発揮し続け、ファミリーの結束に影響を与える重要な課題についていつも話し合っています。彼らにはパートナーシップが機能するのは、パートナーがパートナーであり続けたいと願い、ファミリーの資本を維持し、ファミリーの結束を継続することにメリットを感じ続けている時だけである、という共通の信念があり、次の世代も同様に、今後のファミリーとビジネスの関係性におけるガバナンスにおいて、このファミリー憲章を利用することを期待しています。

ファミリー評議会についてさらに詳しく議論しましょう。現在まで大変長く運用されていて、もう15年ほどになりますよね。その間、ファミリー評議会はどのように進化してきたのでしょうか?

　ファミリー評議会は、昔も今も、ファミリーやビジネスのリーダーたちが審議し、活動するための基盤となっています。ファミリー評議会にて、ファミリー憲章が作成され、オーナー協議会が設置されました。ファミリー評議会は、効果的なガバナンスを推進するために導入された最も初期の機関の1つであり、時間の経過と共に大きく進化してきました。第3世代の委員会として始まったファミリー協議会は、その後は第2世代も参加するようになりました。ファミリー憲章を起草して承認された後は、定期的に会合を開くようになり、ファミリーオフィスの業務執行取締役である私のサポートと共に、ビジネスに積極的ではないファミリーメンバーを教育し、ファミリーの問題について話し合い、ファミリーの絆と結束を促進し、構造的なインフラ（取締役会とオーナー協議会）を発展させることを促進する役割を果たすようになりました。ガバナンス構築プロセスの8年目からこの2年間、ファミリー評議会は3人の独立取締役（大手保険会社の会長、著名なビジネススクールの学部長、そして私）に幹部会議へ出席してもらうことにしました。その間に、ファミリー評議会は、持株会社全体のファミリー委員会へと発展しました。ファミリービジネスコンサルタントとして、あなた（アーネスト・J・ポザ）が、私たちの取締役会へ提案してくださったように、今日の標準的な進め方は、会議の前半で、ファミリーメンバーがそれぞれファミリーとオーナーとして単独で集まり、会議の後半は幹部会議として、ファミリーの課題について議論し、合意形成を図るという予定で行われています。このようにして、ファミリーは自分の仕事をしつつ、持株会社の取締役会、ファミリー評議会/ファミリー委員会の仕事に関わる準備をします。グループを構成する個々の企業には、独立取締役を有するそれぞれの取締役会があり、数人のファミリーメンバーがこれらの各取締役会にも参加しています。

カソルラさん、最後に何かコメントはありますか?

　当社のアプローチは、ファミリービジネスガバナンスに対する非常に包括的なアプローチであり、10年以上の歳月をかけて、進化してきました。その進化の中で、ビジネス上の問題に対してファミリーが過度に干渉したり、不適切な影響

を与えたりすること、がないようにするため、戦略的な審議、意思決定機関、そしてその組織や構造に関するポリシー（コンピューターにおけるハードウェアとソフトウェアの関係に類似）を作成しました。ファミリー、株主、事業を運営する経営者は、それぞれの立場から継続的な成功を目指していますが、皆、第3世代への移行を成功させるため、パートナーであるオーナー一族の富の最大化のために努めています。これは、ファミリーの社会情緒的な幸福のために、そしてファミリーに蓄積された持続的な資本や長期志向の優位性を維持するために、ファミリー財産の保持を目的とした終わりのない継続的なプロセスであるといえます。

｜進化と持続可能性｜

　米国における平均的な企業の寿命は約10年になり、以前と比較して短くなってきています。このことは、継続性に重きを置くファミリービジネスにおいて、より一層、計画的かつ体系的な考え方を持って行動をしていかなければならないことを意味しています。ヨーロッパやラテンアメリカのビジネスリーダーたちは、著者との対話の中で、それぞれの国で社会的不安が大幅に増加しており、企業の長期的な持続可能性が脅かされていることを認めています。

　製品ライフサイクルの短縮化、グローバルな競争激化、サプライチェーンの激変、不安定な資本市場、既存の価値概念を覆す新技術、そして企業経営者の短期的思考が、長期的な持続可能性という目標の達成を阻害しています。後継者への承継と事業継続性という目標は普遍的なものではありませんが、それでも多くのファミリーにとっては意義のある目標であり、多くの場合において、ファミリー企業の本質として特徴づけられています。

　世代を超えて継続し、さらに繁栄していくという多くのファミリー企業の目標を達成するためには、自分たちは常に進化していくのだという姿勢が非常に重要となります。揺るぎないガバナンス構造を作っていくことは、この課題に対処するリーダーシップにとって必要不可欠な要素でありますが、それは時間の経過と共により難しくなるものでもあります。一方で今日において長期間にわたる持続可能性が達成されているのは、主にファミリーがオーナーシップを持ち、ファミリーによって管理されている企業が多くなっています。例えば、米国マサチューセッツ州の

ノーウェルにあるジルジャン・シンバルズ社は、約400年の歴史を持つ会社です。1623年にイスタンブールで設立され、現在では世界最大のシンバルメーカーとなっています。また米国オハイオ州のカントンに拠点を置く特殊鋼とベアリングの会社であるティムケン・カンパニー社は、ドイツから米国に来た移民により設立され、1899年の設立から110年以上経った今もなお、その業界で世界的な強豪企業として君臨し続けています。現在の会長であるティム・ティムケンは、製品の技術革新と、彼の高祖父にまで遡る首尾一貫した価値観が、ティムケン・カンパニー社の長期的持続の原動力になっていると主張しています。ファミリー企業が世代を超えて進化し続けるために、ファミリーがビジネス上で取り組むべき最も重要なことは何でしょうか。過去20年にわたるファミリー企業に関する調査と25年以上にわたるファミリー会社へのコンサルティングに基づき、著者はファミリービジネス経営の効果的なガバナンスに大きく貢献する3つの要因を発見しました。それらは以下の通りです。

| 効果的なガバナンスは単なる構造だけではない |

効果的なガバナンス（EG）＝透明性（T）×ガバナンス構造（GS）×原則・方針（P）あるいは、EG＝T×GS×P＞＞0であること。

ガバナンスは、一般的には取締役会の他に、オーナーシップ構造（ファミリービジネスの場合はファミリー評議会）などのいくつかの組織によって構成されると考えられています。しかし、第1章で述べたように、ガバナンスは単なる構造ではなく、システムであり、全体的なアプローチです。このガバナンスの公式では、ガバナンスが効果的に機能し、長期的な事業継続に貢献するためには、3つの基本的かつ相互に関連する要素が必要であることを示しています。つまり、透明性とコミュニケーション（戦略的および財務的なもの）、ガバナンス構造（取締役会や、オーナーシップ組織/信託、ファミリー評議会など）、原則・方針（多くの場合、ファミリー憲章、株主間協定、会社の定款等に含まれている）のすべてが必要となります。ガバナンスが効果的であるためには、これら3つの構成要素が十分に盛り込まれていることが重要で、効果的なガバナンス係数（EG）

第3章 ガバナンス、構造、システムの進化　45

がゼロよりも大幅に大きくなる必要があります。

　ガバナンスの公式は乗法的関数です。つまり、個々の構成要素や独立変数のいずれかが欠けているか、ほとんど存在しない場合には、ガバナンスの効果がゼロに近づいてしまいます。効果的なガバナンスがゼロまたはゼロに近い低い値の状態では、世代を超えたファミリー事業体の持続可能性や継続性に対して、ガバナンスが貢献をすることはないでしょう。したがって、CEOや会長などによるリーダーシップのイニシアティブにより、3つの構成要素すべてが整っていることが不可欠です。以下、3つの構成要素を順番に見ていきます。

　透明性を確保するためには、戦略的計画、財務諸表、財務分析、全体的な資産・財産情報を、タイムリーかつ明確に、そして検証可能な形で、株主にわかりやすく伝えることが必要です。これは、会社の社歴が長いほど、またオーナーの数が多いほど、特に重要になります。このような透明性は、株主による積極的かつ責任あるオーナーシップを可能にするために、オーナーシップ・フォーラム（株主総会やファミリー評議会など；第8章参照）でのコミュニケーションや株主教育によって生み出されます。

　ガバナンス構造はファミリーが世界中で、その富に向かってレジリエンスを保ちながら行動する際に機能する機関や管理組織のことです。これには、ファミリー評議会、株主総会、取締役会（事業会社および持株会社レベルにおける）、そして後世代では、ファミリーメンバーに提供される投資からファミリーメンバーへのコンシェルジュサービスまでを管理するファミリーオフィスまで必要となります。

　世代を超えて事業を展開している有力なファミリーが作成したファミリー憲章や株主間協定には、しばしば以下のような原則・方針が盛り込まれています。

1. 雇用と経営参加に関する方針

　これらは、ファミリーメンバーが会社の1従業員となるための要件を詳しく説明しています。さらに、これらの方針は、ファミリーメンバーがその経営者となるのに十分な資格があると認定されるために必要とされる基準を定義しています。また、取締役会やファミリー評議会の長を務めるファミリーメンバーが満たさなければならない条件を定めている場合も多いです。

2. 配当、分配、再投資に関する方針

　ファミリー憲章では、会社への投資から得られる株主のリターンに関する株主

への報酬を定義することがあります。これらは、ファミリー憲章の一部として、あるいは、別個の契約として、経営陣に対する株主の要望を整理するための積極的なアプローチを表しています。中には、新製品の発売や企業買収などの特別な状況に直面した場合に柔軟に対応できるようにしながら、配分割合に関するガイドライン（例えば、年間利益の20％を配当やボーナスの形で分配するなど）を設定しているファミリーもあります。

3．各種統治機関の使命、義務、調整に関する方針

4．株式の売買権、拒否権、議決権、支配構造などを規定した株主間協定および信託契約

効果的なガバナンス構造を確立するための実践的な手段については、後の章にて詳しく説明します。しかし、繰り返しになりますが、ファミリー企業の発展における根本的な課題に対する解決策を見つけるためには、体系的なアプローチが必要だということです。そのためには、透明性、ガバナンス構造、原則・方針の3つの分野すべてにおける取り組みが必要です。

｜長期性｜

第1世代の起業家精神にあふれたファミリービジネスは、通常、単一の事業体で構成されており、その中にすべての財源が含まれています。その財源を監督する責任が、コントローラー、最高財務責任者、または創業オーナーにあることは明らかです。後の世代になって、財産が他の事業や他の資産に内容を変えるような場合には、ファミリー事業体は財産管理とそれをサポートするために必要な情報システムを別個の事業体として備えることが多くなります。

ファミリー事業体の株主が長期的なコミットメントを維持するためには、経営陣が管理するS&P 500、FTSE100/250、日経、またはDAXに上場している会社の株主よりも、さらに透明性が高く、プロフェッショナルな扱いを受けなければなりません。そうすることで、持続的なファミリー資本と責任ある株主による思いやりのある監督から、真に差別化された競争戦略がもたらされます。これによりファミリービジネスは際立った競争戦略を展開することができます。

ファミリーは、信頼の文化を育むために継続的な投資をしなければなりません。

第3章　ガバナンス、構造、システムの進化　47

例えば、親族のビジネスや業績に対する評価を、親族個人が心から信頼することは、家族の力関係によって難しい場合があります。また、非公開であるファミリー会社の株式は流動性が低く、市場性がないため、多くの場合、株式の売却によって対立を解決することが困難となっています。ファミリー事業体が長期にわたって効果的なリーダーシップを発揮し続けるためには、信頼し合う文化が重要です。上場企業であってもファミリーが管理している事業体であれば、ファミリーの動向は戦略的行動に大きな影響を与える可能性があります。自動車業界全体が不安定な状況にあった、少なくとも米国では政府への緊急援助が要請されていた2008年における、フォード家のフォード・モーター社の長期的な成功と持続可能性に対する取り組みを考えてみましょう。フォード家はむしろ、彼らが大切にしてきた独立性の原則を維持することを主張し、経営陣に公的資金の注入ではなく民間の資金調達先を探すように要請しました。経営陣は、2008年の金融危機の影響が本格化する以前のタイミングで、その資金の必要性が顕在化する前に、銀行との間で数百万ドルの信用枠の獲得交渉に成功しました。

　起業家やファミリービジネスのオーナーは、財産管理の観点で、企業という1つのカゴの中に多くの卵を入れておく傾向があります。これは、過去50年以上にわたって財産管理に広く影響を与えてきた投資理論とされる現代ポートフォリオ理論が示唆するリスク低減アプローチとは対照的です。それゆえ、ファミリー株主は、株式を幅広く取引している一般的な株主よりも、会社の資本に対して大きな影響を与えるようになっています。そして、この場合に、彼らが経営に関与していないなど「内情に通じている状態」ではない場合、ファミリービジネスが特定のファミリー株主へ依存していることはリスクを高めます。通常大人は、理解も信頼もしていない人や物に対して盲目的に依存することを避ける傾向にあります。しかし、ファミリービジネスの株主は、非常に価値は高いが分散されていない資産への依存に対して何ができるでしょうか。

　その責任を果たそうとしているファミリー株主は、会社とその競争力について数字の意味を理解できなければなりません。財務に関するリテラシーは、企業経営に積極的な株主だけでなく、すべての株主にとって不可欠なものです。それができなければ、ファミリービジネスの株主は、ヘッジファンドのマネージャーや株式市場における投資家と同じように、無関心で短期的な行動をとったり、気

まぐれになったり、貪欲になったりする可能性があります。

　個々のファミリーメンバーの時間軸や投資範囲も非常に重要です。事業に積極的に参加していないファミリー株主は、経営や新しい戦略や投資に伴うタイムサイクルをほとんど理解していないことから、会社の効果的な運営に支障をきたす可能性があります。彼らは、勤勉さと持続的な資本の役割を考えながら、オーナーと経営者が連携することの利点、つまり暗黙のうちに守られてきた優れた創業時の起業家文化を衰退させてしまう可能性があります。

　また、一部のファミリーメンバーが、高い経済的リターンや短期間での利益を求める圧力をかけた場合には、その結果としてファミリーの結束が損なわれ、さらにはファミリーの意志やビジョンの喪失につながってしまう可能性もあります。ファミリーオーナーは、経済的観点（配当、キャピタルゲイン、キャリアの機会など）と非経済的観点（目的、評判、ファミリーの結束、慈善活動の機会）の両方から見てリターンがどうなるかを理解した上で最終的な合意をする必要があります。

　このような理解がなければ、ファミリービジネスは、競争優位性の強力な源泉となるファミリー資本の持続的な蓄積という価値を失うことにもなりかねません。長期的には、先代が生み出した価値を株式の売却を通じて直ちに回収することを優先し、事業の継続を断念するファミリーメンバーもいるかもしれません。このようなファミリービジネスでは、将来的に、ウォール街、フランス証券取引所、サンティアゴ証券取引所（チリ）などで活躍するヘッジファンドや機関投資家と異なる独自の戦略プロファイルを採用することができないでしょう。

　ファミリービジネスの持続性維持のためには、第1章で述べたような進化的変化を避けることはできません。唯一のオーナーである創業者がいる第一世代のファミリービジネスは、ファミリーの支配下で存続しているものの、時が経つにつれ徐々に変化していきます。その変化が直線的で、予測可能な事象ではないとしても、おそらく兄弟のパートナーシップとなり、次にいとこのコンソーシアムとなり、最終的にはファミリーによる支配的グループに移行して、変化していきます。例えば、ファミリー会社の中には、第2世代の兄弟パートナーシップの形態から第3世代に移行する際に、ファミリーの分家の1つが他の分家の株式を買収し、単独オーナーに移行するという場合もあります。

　同様に、経営構造も創設者を中心とした起業家的な構造から、部門や課を含

第3章　ガバナンス、構造、システムの進化　49

む集中的な構造へと移行し、さらに複数のビジネスユニットを持つ、より多角化したファミリービジネス構造へ発展し、最終的には、十数社の会社やベンチャー企業、その他の保有資産の監督と投資責任を負うファミリーオフィスへと発展していくかもしれません。また、所有構造も、単独のオーナーから複数のオーナーによって管理される会社、そしてオーナーとファミリー以外の経営者によって管理される会社、そしてファミリーが監視する事業会社やその他のさまざまな資産から構成される企業へと進化していくでしょう。

| 設計による進化[1] |

進化のプロセスが成り行き任せではなくCEO、取締役会の会長、ファミリー評議会の議長によって主導されるようになると、透明性、ガバナンス構造、原則と方針という3点がリーダーのツールとなります。ファミリー（企業とファミリー財産）の進化には、4つの明確なステージがあります。各ステージには各々の課題があり、ファミリーとビジネスの関係を効果的にガバナンスするために、これらのツールを各々の形で展開します。

第1ステージでは、ファミリーの投資資金のほとんどが、高度な起業家精神を持つビジネスに費やされます。この段階では、まだ複雑な財務システムやファミリーオフィスは必要ありません。オーナーや起業家は、自分の会社の財務状況についてすべて把握できています。ファミリーメンバーへの分配金や配当金は少額またはゼロであり（事業を成長させるためにすべての資本が再投資されているため）、多くが起業家であるオーナーと事業が一体となっています。

第2ステージでは、ファミリーがビジネスを専門化し始めることが多くなります。ファミリーおよび非ファミリーの専門的経営者は、ファミリーとビジネスの関係をより効果的に管理することに大きく貢献します。専門化のベストプラクティスは、オーナーのためのパフォーマンス基準を引き上げると共に、ファミリーの行動や原動力とポジティブな組織文化の維持との間に有効な線引きを構築することです。この段階で、ビジネスと関係のない非事業用資産が、ファミリーの投資ポートフォリオに追加されることが多くなります。非事業用資産の管理は、CFO、会計士、財務顧問などからの支援を受けつつ、オーナー個人が行います。ファミリーを中

50　第1部　ファミリーとビジネスのための組織構造：ファミリービジネスのガバナンス

心とした取締役会に、弁護士や会計士などの外部の専門家を数名加え、年に4
〜6回の会合を開くこともあります。この段階でファミリー評議会を立ち上げるファ
ミリーもありますが、一般的には後継者への承継が差し迫った場合にそれを設置
します。また、過度な縁者びいきや利他主義の悪影響を防ぐために、ファミリー
憲章や、最低限の規約としてファミリー雇用方針の作成に着手するファミリーもあ
ります。

　第3ステージのファミリーでは、ファミリー財産のかなりの部分を占めるように
なった非事業用資産の管理を専門化し始めることが多くなります。非事業用資
産の規模と性質に応じて、いくつかの機能はファミリーオフィス、もしくはサービ
スプロバイダーやマルチファミリーオフィスによって実行されます。マルチファミリー
オフィス（ロックフェラーファミリーオフィスなど、創業ファミリー以外のファミリー
のニーズに対応するために設立されたファミリーオフィス）は、ファミリー財産を
支え、ファミリー、ビジネス、非事業用資産への投資、の関係を管理するのに
役立ちます。投資マネージャーやファミリーオフィスが非事業用資産を管理する際
にはより透明性が求められます。さらにはファミリーメンバー、特にファミリービ
ジネスに従事していないメンバーに対しては、ビジネスの透明性も高めることが
期待されています。第3ステージまでに、一部の事業用資産や非事業用資産は
すでに次世代に譲渡されており、もはやそれらはファミリーの持続可能な資本の
蓄積の一部分ではなくなっています。ファミリー評議会は、後継者に財産管理と
株主または受託者としての責任について教育するために開かれます。取締役会
には、独立した外部者が含まれていることが多く、取締役会に参加するファミリー
メンバーの数も制限されています。ファミリーオフィスは、オーナー一族がファミリー
評議会の議題や事業計画を作成したり、投資や資産運用をする際の支援をした
り、実際にそれを代行したりします。また、この段階では、ファミリーは慈善活
動の目標を達成するため財団を設立している場合もあり、そのようなファミリーで
は流動性と成長を目的とした資金獲得が最大の関心事となるため、ファミリー経
営者は、この段階で株式公開（IPO）をし、会社を上場させることもあります。
IPOで得た資金は、資産の分散や、次世代メンバーによる新しいベンチャーに資
金を提供するファミリーバンクおよびファミリーベンチャーキャピタル企業を設立す
るために使用されることもあります。このような世代を超えた起業プロセスを促

進・規制するために、事業計画や独立した外部者を含むベンチャー審査会を利用して、ファミリーの方針が実行されることが多いようです。

　第4ステージでは、ファミリーが元々の財産の源泉であった事業をもはや所有していない場合があります。起業家精神に富んだファミリーでは、投資の管理も専門化していることがあります。このようなファミリーにとっては、資産管理、財産の保全、賢明な財産の活用が新しいファミリービジネスとなります。

　第4ステージにおけるファミリーオフィスは、まさにファミリービジネスといえます。ファミリーオフィスは、事業、不動産、プライベートエクイティ、ベンチャーキャピタル、エンジェル投資などのポートフォリオから得られる株主へのリターンが適切であることや、投資リスクが積極的に管理されているかどうかを確認することにも関与します。ここでも透明性は重要で必要不可欠なものとなります。複数の事業体ごとの役員会や持株会社の役員会は四半期ごとに開催され、またファミリー評議会とファミリー集会（ファミリー集会に関する議論については後述）はファミリービジネスの舵取りのため開催されます。また、株式の売買やオーナーシップの異動についてはさまざまな株主間協定により規制され、必要に応じてさまざまな事業のためのオーナー協議会（本章の冒頭のインタビューでフリオ・カソルラ氏が述べた通り）が開催されます。

｜創設者の退任、ファミリーオフィスの設立｜

　今日、第2世代（およびそれ以降の世代）のファミリー事業体が、オーナーとしての義務と責任を果たすべく、企業の株主を支援するためにファミリーオフィスを創設するケースが増えてきています。提供されるサービスは会社によって異なりますが、一般的にファミリーオフィスは、ファミリーの共同投資、慈善活動、プライベートエクイティやベンチャーキャピタルへの投資、株主への税務や法律上のアドバイス、税務申告書の作成、株主の代理としての必要な法的書類の提出、株主教育、ファミリー評議会、株主会議、ファミリー集会の開催計画と実行、共有資産や不動産の管理などを主に担当します。

　ファミリーオフィスの例としては、ロックフェラー・ルーム56（ファミリーオフィスがロックフェラー・プラザの56号室で運営されていたためにそう名付けられた）

や、世界最大の非公開企業であるカーギル社のファミリーオフィスなどがあります。同様に、多くの小規模なファミリービジネスは、独自のファミリーオフィスではなく、シェアードサービスであるマルチファミリーオフィスを利用しています。マルチファミリーオフィスは、通常、大規模なファミリービジネスのファミリーオフィスが運営するファミリーオフィス業務を外部受託する形であり、これを活用することでコストを削減することができます。彼らは規模の大きな企業を所有するファミリーに提供するサービスの料金は、中小企業を所有するファミリーに比して少額に抑えられ、通常は運用資産の1～2%程度の手数料にて提供することができます。

　ファミリーオフィスは、オーナーが会社に対して有するオーナーシップ関係から生じる責任を果たすことを支援する役割があります。それにより、ファミリーオフィスは、オーナーと会社の関係をより前向きで規律のあるものにすることができます。また、ファミリーオフィスは、ファミリービジネスの経営戦略やファミリー財産に対する意思決定をする際に、その中心に起業家精神に富んだファミリーとしてのビジネスモデルを置き、それをサポートすることもできます。これにより、世代を超えた戦略（起業家精神、ファミリービジネス、不動産およびプライベートエクイティ投資、その他の代替投資等に関する戦略も含む）が引き継がれていき、そのうちのいくつかがファミリー企業の一部となり得ることがあります。ファミリー評議会と同様に、ファミリーオフィスは、ファミリーと会社との関係を管理し、ファミリーの能力を高め、会社経営をより専門化することを可能とします。加えてそれは、オーナーとファミリーの問題や要望を、より公正かつタイムリーに処理することを可能にします（ファミリーオフィスとそのサービスについてのより包括的な議論は、第10章を参照）。

　多世代に株式が所有されているファミリービジネスがファミリーオフィスを持っていない場合は、会社の担当者がこれを行う事が通常であり、すべての株主とのコミュニケーションや株式譲渡を調整し、ファミリー株主と株主の財務および税務アドバイザリーとの間の連絡役を務めることになります。

｜ファミリー集会｜

　大規模な多世代ファミリーのメンバー全員がファミリー評議会のメンバーとして

協力できるとは限りません。というのはファミリー評議会に対してファミリーの人数が多過ぎることもあるからです。そのため、大きなファミリーはファミリー評議会と連携した運営をするために、ファミリー集会を設けることがあります。ファミリー集会は、教育、コミュニケーション、ファミリーの結束、をより強いものとするためのもう1つの手段です。そこでは少なくとも年に1回、ファミリー全員が参加する機会を作ります。ファミリー評議会は、ファミリー集会に代わって、年に2～3回開催され、年に1度の大規模なファミリー集会でその進捗状況を報告することになります。ビジネスを行っているファミリーがファミリーオフィスを設立した場合、通常、ファミリーオフィスのスタッフが年次のファミリー集会の開催計画と管理を担当します。

｜年次総会｜

年次総会は、経営状況と会社の財務実績を確認する機会となります。この会議では、ファミリーメンバーは株主としての責任を果たし、同時に会社の業績、株主資本利益率、戦略的な取り組み、配当金について報告を受けます。取締役会のメンバーはこの会議で選出されます。この他に株主は、監査役の選任、定款の変更、配当方針など、議題となる事項について投票することができます。出席できるのは株主のみであり、法律上の株式保有者ではない親戚や配偶者は出席できません。年次総会は通常、毎年定時に開催されます。ただし、重要かつ緊急の問題に対処するために、臨時総会が招集されることがあります。

ファミリーメンバーの利益のために株式が信託されている場合、この集会はしばしば受託者/受益者会議と呼ばれます。信託の規定によっては、前述の年次総会で行われる機能の一部または多くが、受託者/受益者会議にて行われます。

注

1. この章の資料の一部は、Poza, E., & Daugherty, M. (2014), *Family Business*, 4th edn., Mason, OH: South-Western/Cengage Learningから引用。

ベストプラクティス
推奨事項

1　継続性を求めるファミリービジネスが、時間の経過と共に脆弱なものにならないようにするため、現役世代は、ガバナンス構造やシステムに柔軟性を持たせる一方で、ファミリー資本という独自の資源を継続的に育成する必要があります（例えば、取締役会だけに依存するのではなく、ファミリー評議会を立ち上げたり、ファミリー憲章を作成したりするなど）。

2　会社の戦略、財務、競争上の課題、ファミリーの投下資本に対するリターンなどについては、オーナーや将来のオーナーとの間で、透明性を保ちながら十分なコミュニケーションをとることが不可欠です。各種の情報共有に先立って、これらの課題に関する株主教育（ミニ MBA のようなもの）を行い、結果として単なる規則遵守ではなく、課題に対してしっかりとした理解が得られるように配慮する必要があります。

3　ガバナンス構造は、たとえそれがガバナンス体系全体を構成していなくとも、非常に重要なものとなります。そこでは独立した外部取締役を含む取締役会を設置し、ファミリー評議会、ファミリー集会、ファミリーオフィスの利用、等を通じてメンバーすべてが関わるファミリーの機関を再構築します。世界各国の有力で積極的なファミリーは、財産やその他成長するファミリーが直面する課題に対処するためには、ファミリーオフィスの設置が最も効果的であると考えています。

4　受け継いだ財産を保全し、ファミリーと企業の関係を規制する原則と方針を策定します。英国の大手チョコレートおよび飲料メーカーであるキャドベリー・シュウェップス社の前会長であるエイドリアン・キャドベリー氏は、「ファミリー事業における、ファミリーと会社の関係をなるべく早く調整することができれば、経済的重要性と無関係に発生してしまうファミリー間の分配問題に費やす時間を減らすことができる。」と言っています。

ファミリー企業経営の専門化は、ファミリービジネスのガバナンス構築における もう 1 つの重要な構成要素です。優秀なファミリー以外の経営者を登用し、彼らの独立性（忠誠心だけでなく）に報い、そして事業の収益性をより高く成長させ続けるため、彼らの提案に耳を傾けることが必要です。ファミリーが成長するのと同じくらい速く事業が利益を生むように成長すると、ゼロサム的な力学は停止し、それによるファミリービジネスのガバナンスに対する批判はなくなります。

第4章

ファミリー企業における
責任あるオーナーシップ

「分散してしまっているファミリー株主たちも、会社に、そして創業家一族に全体統合していくことが重要です。これは、通常の活動を組織化して行っていくことでしか達成できず、それは魔法のように実現するものではありません。」

ドイツ、Duisburg-Ruhrortにあるハニエル社の取締役会会長、
フランツ・M・ハニエル氏へのインタビュー

ここでは、ハニエル社の取締役会会長であるフランツ・M・ハニエル氏が、ファミリーのアイデンティティを確立し、ファミリーメンバーをプロのオーナーへと育成する目的、について語っています。ハニエル社は、国際的に成功しているファミリー経営による多角化企業グループです。2012年には約5万6,000人の従業員を擁し、30カ国以上で263億ユーロの売上高を計上しています。ハニエル社は250年以上にわたりファミリー所有されているビジネスであり、その本社は創業以来ドイツのDuisburg-Ruhrortにあります。[1]

アレキサンダー・ケーベル=シュミット——創立から255年以上が経過したフランツ・ハニエル＆シー社ですが、現在、約650人の株主によって所有されています。このグループの特徴を教えてください。

フランツ・M・ハニエル氏——フランツ・ハニエル&シー社は最も長い歴史を持つ大規模なグループの1つであり、最も成功している起業家精神を持つファミリーであることから、このグループに属するファミリーメンバーは、その一員であることを誇りに思い、グループに強い愛着を持っています。私たちのファミリーは、メンバーが世界中に散らばっています。しかし、個々のオーナーがどこに住んでいても、私たちのファミリービジネス発祥の地であるRuhrortが重要な本拠地であると全員が感じています。

貴社のオーナーたちは非常に多くの異なる環境にあると思われます。そのような状況の中でハニエル家のアイデンティティを確立するのはとても難しいことですよね?また、それはどのように進めるのでしょうか?

　私たちは、株主総会はもちろんのこと、取締役会や諮問委員会など、ファミリーメンバー同士が顔を合わせるさまざまな機会を設けています。また、私たちが大切にしていることの1つに研修があります。例えば、ジュニアオーナー向けに1日半のミーティングを開催しています。参加者には、会社マネジメントの基礎から、会社やファミリーの中での取締役会や委員会の役割などを紹介しています。さらに、財務報告セミナーもあります。これらのセミナーの目的は、会社の業務を理解すること、何故ファミリーが特別なのかを理解すること、会社やファミリーへの愛着を持つこと、そして必要に応じて特定の専門的なテーマに関する教育機会を提供すること、などです。このような取り組みは、十分なスキルを持つ責任あるオーナー育成を目標としています。

ハニエル社において専門的で責任あるオーナーの特徴とは?

　第一に、彼らは会社とファミリーに対して既得権を有しています。第二に、彼らは礼儀正しさ、誠実さ、信頼性、責任感など、ハニエル社の美徳を具現化する象徴であるべき存在です。第三に、彼らは私生活でも仕事でも成功していること、そしてビジネスの面で先見の明があり、指針となる原則に忠実であることを示すことができる人です。第四に、彼らは、大規模なファミリーが協力し合うために、それをまとめることができる人格を有しています。

一般的な活動を組織化するためには、多くの共同作業が必要です。それをメインで担当しているスタッフはいますか?

いいえ、当社には、オーナーたちの組織化に関する業務を担当する専属スタッフはいません。オーナーたちのためのイベントは、会社の従業員によって通常業務の延長として開催されています。彼らは素晴らしい仕事をしており、高いプロ意識を持っています。

貴社のオーナーたちは、ハニエル家の一員であることを誇りに思っているという印象を受けますが、この高い精神的価値はどのように表現したら良いのでしょうか?

私たちが有する精神的価値は、製品から生じるものではなく、強いコミュニティ意識があるという事実から生じています。私たちを密接に結びつけるさらなる精神的価値は、成功している長い歴史を持つ企業家ファミリーに属しているという意識にあります。加えて、誰もがメンバーが相互に支え合うファミリーを感じており、それに自分が溶け込んでいることを認識しています。

ファミリーメンバー間でどのように連絡を取っていますか?

オーナーたちは対面で集まる数多くの方法に加えて、オンラインでお互いに連絡を取り合う機会も用意されています。私たちはハニエル社ファミリーネットと呼ばれるものを有しています。これは第一に、情報を共有するための手段となります。オーナーに会社に関する情報を提供するだけではなく、オーナーから会社に情報提供をしたり、質問をしたりすることもできます。第二に、コミュニケーションのプラットフォームを提供することで、ファミリー内の組織的なプロセスを促進し、ファミリー内のネットワークを育んでいくことを目的としています。

最後に、株主数が増えてもファミリー企業が生き残っていくための成功要因は何でしょうか?

第一に、ファミリー株主たちの意識を、会社に、そして創業家一族全体に、統合していくことが重要です。これは、通常の活動を組織化して行っていくことでしか達成でき、魔法のように実現するものではありません。第二に、価値観と役割についての明確な共通認識です。すべてのファミリーメンバーは、会社は何

を目指しているのか、ファミリーは何を目指しているのか、ファミリーや会社の中での自分の役割は何かということを意識し続けなければなりません。加えて、自分が会社から何を期待されているのか、同様に、会社に自分が何を期待しているのか、を明らかにすることが不可欠です。第三に、責任ある株主になるための、ファミリーメンバーに対する訓練が必要となります。

「事業体、ファミリー、財産」

> **ドイツのMülheim an der Ruhrにあるテンゲルマン社のカール＝エリバン・W・ハウブ氏（CEO）およびクリスチャン・ハウブ氏（ファミリーの総責任者）へのインタビュー**
>
> このインタビューでは、カール＝エリバン・W・ハウブ氏（テンゲルマン社のCEO）と彼の弟のクリスチャン・ハウブ氏（テンゲルマン社のファミリー総責任者）が、ファミリー、会社の目的や価値観、株主の権利や義務について語っています。テンゲルマン・グループはヨーロッパのマルチセクターの小売企業です。4,346店舗のネットワークと8万3,826人の従業員を擁し、2012年の売上高は110億8,000万ユーロに達しました。持株会社はドイツのMülheim an der Ruhrにありますが、1867年にその場所にてファミリービジネスが設立されています。[2]

アレキサンダー・ケーベル＝シュミット——ファミリー企業は、その目的と価値観が明確な基盤の上に成り立っている場合に、特に成功することが多いとされています。貴社では、どのような目的と価値観を持っていますか？

カール＝エリバン・W・ハウブ氏——成功した会社を次世代に引き継ぐことが、私たちの最大の目的です。たとえ、それまでにファミリーメンバーが会社の経営を担当していなかったとしても、私たちは第三者による経営を常にファミリーがコントロールしたいと考えています。また、多角化したファミリー企業となっても、私たちはファミリーの株式所有割合を100%に維持することを望んでいます。私たちが大切にしている価値観は、継続的なイノベーション、起業家的なアプローチの維持、そして従業員のパフォーマンスを重視し、彼らを尊重することです。

60　第１部　ファミリーとビジネスのための組織構造：ファミリービジネスのガバナンス

ファミリーのために定めた目的や価値観は何ですか?

クリスチャン・ハウブ氏——私たちはドイツ系アメリカ人の家族です。私たちのモットーは、「事業体、ファミリー、財産」です。事業体は、ファミリーや財産よりも優先されます。そしてファミリー内の世代間にわたる結束は特に重要であると考えています。私たちは、信頼し合い、公正に、感謝の気持ちを持ってお互いに接したいと常に思っています。

経営者であるあなたは、他のオーナーたちに何を期待していますか?

カール=エリバン・W・ハウブ氏——第一に、私は彼らがファミリー企業とファミリー自体を、全く同一視することを期待しています。特に、オーナーたちが公にファミリー企業に対して忠実であるという期待が含まれます。第二に、プロのオーナーとしてふさわしい振る舞いをし、全員が自分の能力を最大限に発揮して貢献できることを期待しています。

オーナーたちが経営陣に期待することは何でしょうか?

クリスチャン・ハウブ氏——何よりもまず、基本的に財政面での安全性が重要です。加えて、オーナーたちは定期的に配当金を受け取りますが、オーナーたちはこれを頼りにすべきではないと考えています。なぜならば、オーナーたちは、自分自身で生計を立てるべきであり、会社を頼りにして生活すべきではないからです。一方でオーナーたちは、財団の責任者、ファミリー経営者、取締役会の非常勤メンバー、常勤取締役などに就任し、ファミリー内で能力を発揮する機会も与えられています。ただし、これらはすべて、紛争を回避するために定めた一定のルールに従って行われることになります。

株主にはどのような権利と義務がありますか?

カール=エリバン・W・ハウブ氏——株主の最も重要な権利は、配当に関する権利と取締役に選任される資格を持つことです。取締役会は、会社とファミリーにとって最も重要なものです。取締役会は経営陣に助言を与え、経営のコントロールを行い、経営メンバーを任命または解任する権限を持っています。すべてのオーナーの姻族は、事業資産に関連する利益と事業用資産に関する法定相続分を

第4章 ファミリー企業における責任あるオーナーシップ　61

放棄するという合意を義務づけられます。さらに、オーナーたちは公に対して絶対的な守秘義務を遵守する義務があります。すなわち、紛争をメディアに公表するようなことがあってはなりません。

オーナーが義務に違反した場合はどうなりますか？

クリスチャン・ハウブ氏──これはファミリー経営者としての私の職務の範囲内にあります。各オーナーとファミリーメンバー全員に、彼らの権利と義務が何であるかを指摘すること、つまり、必要に応じて彼らに警告することが、私の責任であると考えています。再度の警告が必要となった場合、究極的には組織から除名処分をすることもあります。ただこの効力を発生させるためには、オーナーたちの過半数の同意が必要となりますがその際には当然のことながら、除名されるオーナーおよびそのファミリーメンバーは決議に参加できません。

少なくとも年に一度は総会を開催することが義務づけられています。総会では何について議論していますか？

カール＝エリバン・W・ハウブ氏──オーナーの数はまだかなり少ないため、正式な決定はオーナー会議で行われます。オーナー会議の所要時間は通常2時間程度です。この会議では、年次決算の承認、執行委員会の責任解除、新しい取締役会メンバーの選出、株主間契約の変更などについて検討します。ただし、将来の展開やその戦略については年次総会において意図的に議論しないことになっており、取締役会やファミリーデイの中で扱うこととしています。

あなたの考えでは、ファミリー企業が永続的に成功するための要因は何でしょうか？

カール＝エリバン・W・ハウブ氏──ファミリー企業の場合、ビジネスモデルのライフサイクルについてリスクがあります。それに対応するには、継続的なイノベーションが必要であり、それはシュンペーターの「創造的破壊」の原則でもあります。どのようなビジネスモデルも永続することはないため、世代ごとに1度や2度、新しいビジネスモデルを確立するという金字塔を打ち立てなければなりません。

クリスチャン・ハウブ氏──私は兄の最後の指摘にまったく同感です。さらに、優れたガバナンスの原則に従って整備された管理および統制の構造が、重要な成

功要因であることを付け加えたいと思います。公正で専門性を備えた規則体系がなければ、実際には紛争が次々に生じることになります。また、ファミリー経営者としての私の責任でもあるのですが、ファミリー企業の成功には、ファミリー内の結束力を守ることが不可欠です。このような背景から、兄と私は、自分たちはビジネスに対して補完的な役割を行うと同時に、明確に定義された責任を全うするチームプレーヤーであると考えています。現在、兄は会社とその資産を、私はファミリーとその資産を、それぞれ代表として管理しています。

｜ファミリー企業の責任あるオーナーとして｜

　米国人のモチベーショナル・スピーカーであり、作家であるデニス・ウェイトリーは、次のように述べています。「知恵と成熟の証となるのは、自分の決断が自分の報いと結果を引き起こす、ということを理解することである。自分の人生の責任は自分にあり、最終的な成功は自分の選択にかかっている。」[3] このようなアプローチは、多くの成功した企業家ファミリーに見受けられます。彼らは自分のビジネスとファミリーのことを深く考え、重要な決断をする前にはお互いに相談して失敗のリスクを減らし、自分の決断に責任を持ち、ビジネスに対するビジョンとコミットメントを強く持っています。彼らは、必ず起こるであろう嵐の中でビジネスとそのファミリーの舵取りを行い、目的地へと導くことに対して誇りを持っています。

　オーナーになるのは簡単だと思われがちです。しかし、責任あるファミリービジネスのオーナーになることは困難なことです。でも、それはやりがいもあることなのです。ビジネスの一部を売却しなければならない、伝統的な生産ラインをやめなければならない、ビジネスに資金が必要な場合には配当を見送る、生き残るために余剰人員を解雇するなど。これらの決断はとても難しく、厳しいものです。しかし、ファミリービジネスの驚くべき強みは、私的所有であるという事実そのものにあります。ファミリービジネスの持つ抵抗力、回復力、長期的なビジョン、長期にわたってビジネスを維持し継続させるための情熱と努力は、その高い経済的パフォーマンスを説き明かす根本的な要因となっているのです。

責任あるオーナーシップとは何か？

「責任あるオーナーシップ」とは何を意味するのでしょうか？それはファミリーの DNAに組み込まれているのでしょうか、それとも後天的に身につける必要があるのでしょうか？責任あるオーナーシップとは、ビジネスにおける究極の意思決定権である「所有権」を持つことから始まります。オーナーシップの役割と重要性は、長い間見過ごされてきました。歴史的には経営者個人およびその経営手法が、オーナー一族、メディア、ビジネススクールから多くの注目を集めてきました。その後、ビジネスにおける機関やその機能、あるいはその機能不全といったガバナンスが重視されるようになりました。会社の業績、持続性、コミットメントにおいて、オーナーシップが果たす役割に注目が集まったのは比較的最近のことです。[4] ファミリー所有のビジネスや個人経営のビジネスにおけるオーナーシップは、そうではないビジネスとはまったく異なります。ファミリービジネスでは、オーナーシップが少数の人々に集中しているため、彼らは大きな権力を持つと同時に、実際にその姿が見えることにより、彼らが行った意思決定に対する説明責任を果たすことができます。さらに、第1章で詳しく述べたように、ファミリービジネスのオーナーシップ構造は時間の経過とともに進化し、1人のオーナー経営者から、第2段階では兄弟のパートナーシップ、その後、第3段階で従兄弟のコンソーシアムへと、その数を増やしていきます。

責任あるオーナーシップのもう1つの部分は「責任」です。これには、ファミリーや他のオーナーだけでなく、ビジネス、従業員、地域社会の利益のために行動する能力を意味します。責任あるオーナーシップには次の4つの基本的なルーツがあります。

1. ファミリーの価値観：誠実さ、敬意、コミットメントなど、成功したファミリーの典型的な価値観をいいます。これらの価値観は、幼い頃から何世代にもわたって植え付けられるものです。

2. スチュワードシップ（受託責任）：長期的にビジネスの最大利益を確保すること。ファミリービジネスを所有することは、「自分」がどれだけの権力や名声、お金を得ることができるかということではなく、そのビジネスに対してコミットし、

ビジネスに貢献し、それを守るために何ができるかということです。

3. 情緒的なオーナーシップ[5]：物質的な所有権や投資を遥かに超える所有権の感覚をいいます。子供たちは家族や家などの有形財産を「自分のもの」という感覚を自然に持っていますが、これはファミリービジネスに対する理解にまで自動的に及ぶものではありません。ビジネスを所有するという情緒的な感覚は、若いうちに育まれる必要があります。それは、ファミリーのビジネスへのコミットメントと参加意識の向上につながり、企業文化や業績の向上につながります。

4. 持続的な資本[6]：これは、ファミリービジネスのオーナーが積極的に、投資に対する短期的なリターンの見通しと、ファミリーに受け継がれた財産を守るための綿密な長期的戦略のメリットとのバランスをとり、公正性を提供することを意味します。そのようなオーナーは、現在の収入が少なくても、ビジネスにより多く再投資し、その永続性と将来の価値を高める心構えができています。

教育

　オーナーになるために、特別なスキルを身に付ける必要はないという意見もあります。確かに、相続や証券取引所での購入を通じて株式は簡単に手に入るかもしれません。しかし「責任あるオーナー」になるためにはビジネスを意識し、理解し、必要な知識を身に付ける必要があります。オーナーとしての価値観や心構えは、幼い頃からファミリーとビジネスの両方に通じることにより身に付けることができます。若い世代が、ビジネス、ファミリー評議会、ファミリー財団等、を身近に感じれば感じるほど、そのビジネスに強い情熱を抱くようになる可能性が高くなります。このようなことからも、次世代がビジネスとそのガバナンスに参加することを快く迎え入れるような環境づくりは非常に有効であると考えられます。

　価値観と情緒的なオーナーシップが形成されると、責任とスチュワードシップが育まれます。責任あるオーナーシップの4つの要素は、その弾力性と持続性を確保し、ビジネスが財源を必要とするときにオーナーの資本が利用可能であること、あるいはビジネスを存続させるために必要なときにはオーナーが犠牲を払うということでもあります。

教育の一環として、オーナー一族の者に少量の株式を早期に贈与することも可能です。このような教育は、金融、ビジネス、経済学全般に関する正しい教育と組み合わせることで、オーナーシップと、それを守ることがなぜ重要なのかについて、貴重な学びの機会を与えることができます。本章で紹介したケーススタディに加え、第13章で説明する「ベカルト・アカデミー」は、責任あるオーナーを育成するための優れた教育プログラム例です。特に、オーナーは（ファミリー評議会やオーナー委員会を通じて）、財務リテラシーのレベルを上げるために適切な教育プログラムを設定することを熱心に取り組んでいます。すべてのオーナーが、貸借対照表、損益計算書、キャッシュフロー計算書などの財務諸表[7]の読み方を理解し、主要な財務比率（負債資本比率、総資産利益率（ROA）、1株当たり利益（EPS）比率など）を知っていることが重要です。これら財務上の概念に精通していることで、オーナーはビジネスで何が起こっているのかを理解し、現在と将来の価値を考え、周囲に適切な質問をすることが可能となる十分な知識を身に付けることができます。このような教育は、ファミリーオーナーが責任あるオーナーとしての責務を果たすために必要なスキルセットを習得するのに役立ちます。

メリット

責任あるオーナーシップは、ビジネスと地域社会への貢献だけではなく、ファミリーの結束を強め、ファミリー株主たちの声を1つにまとめ、ビジネスに強い方向性とリーダーシップを与えることを可能にし、その結果として、多くの場合はビジネスの業績向上につながります。

｜オーナーの権利と義務｜

オーナーには法的権利と義務があります。当たり前のことのように思えますが、特にビジネスの経営に直接関与していないファミリーのオーナーは、これらを意識していません。法的権利と義務は、管轄区域（法域）や会社の法的形態によって異なります。各国でどのようなルールが適用されるかについては、専門家に相

談したり、特定の法律を調べたりする必要がありますが、最も一般的な法的権利には以下のようなものがあります。

- 参加権：すべての株主総会に出席する権利、またはそれを代表する権利。
- 議決権：株主総会で議決権を行使し、または意見を表明する権利。投票は、種類株式に付随する権利に応じて行われることがあります。株式の中には、決議への影響度が高い優先議決権を有するものもあります（これらは優先株、A種株式と呼ばれることがあります）。
- 情報：財務情報だけでなく、開発、戦略、統制メカニズム、会社の組織構造などに関する情報を受け取る権利。これは、上場企業が年次報告書で公表している情報と似ていますが、そこまでコストをかけた精緻な情報である必要はありません。
- 報酬：ビジネスの利益分配を受ける付帯的な権利、また、解散時にビジネスの財産の分配を受ける権利。
- 取締役の選任および解任：取締役会のメンバーを選ぶ権利。
- 内規（定款）：会社の内規を承認および改正する権利。内規には、株主に対する追加的な権利や義務が含まれている場合があります。ファミリービジネスでは、特定のファミリーメンバーに優先取得権を付与することで、他のファミリーメンバーへの株式の譲渡を制限していることがよくあります。
- 監査役：外部監査人を承認する権利。

　株式会社における株主の法的義務（責任）は、各々の株式の払込金額に限定されますが、他のビジネス形態では、より高度な責任を伴い、会社のすべての債務に対して個人的に責任を負うこともあります。株主間契約では、株主は株式の譲渡や売却が可能な時期や対象を限定するなどの権利を制限することができます。また、一定数のファミリーメンバーを取締役として選任する義務などを追加する合意書を作成することもできます。株主間契約で定められた権利と義務は、契約上の拘束力を持ちます。

　責任あるオーナーは、法律上および契約上の権利と義務に加えて、ビジネスとファミリー財産の管理者として、道徳的な義務も負っています。例えば、ビジネ

スの健全性を確保すること、雇用と従業員を保護すること、可能な限りビジネスを成長させること、環境への影響を考慮すること、地域社会を守ること、などが道徳的な義務としてあげられます。道徳的な義務を果たすかどうかということによって、責任あるオーナーとそうでないオーナーかは分別できてしまいます。道徳的な義務は、ファミリーの価値観、文化的な影響、情緒的なオーナーシップから生じます。オーナーが自分のビジネスに多大な愛着があれば、当然にそれを遵守することになります。そして尊敬し合うことがファミリーの価値観であるなら、オーナーは従業員や顧客に対し敬意を持って接し、彼らの利益を優先して考えるでしょう。

　ここで特に重要なのは、一部の株主が多大な議決権を手にしている場合、その権利には義務の側面が含まれていると考えられることです。これは、上場しているかどうかにかかわらず、ファミリービジネスの場合によくあることです。例えば、ゼネラル・エレクトリック（GE）社の株式に2万USドルを投資している株主は、取締役会の選任について持株数に比例した議決権を有していますが、その株式数が全体に占める割合が少ないため、実際にはまったく影響力を持っていません。しかし、ファミリービジネスの場合、個人、ファミリーの分家、あるいはファミリー自身が資本の大部分を保有していることから、多大な影響力を持つことができます。したがって、例えばビジネスを保護するという義務に対して忠実であるためには、取締役を選出する権利があるだけでなく、取締役がビジネスの長期的な利益のために最善の行動をとらない場合には、その者を（ファミリーであろうとなかろうと）解任する義務があります。

｜ 責任あるオーナーの職務 ｜

　責任あるオーナーが、ビジネスの強化と保護を図り、従業員と地域社会を守るためにできることはたくさんあります。これらには次のようなものがあります。

・ **明確な長期ビジョンを提示すること。** ファミリービジネスと非ファミリービジネスの違いについて質問されたとき、とある日本人のファミリービジネス経営者は「非常にシンプルで、我々にとっての四半期は25年です。」と答えました。

- ビジネスにおける価値観と倫理観を明確化し、伝達し、浸透させること。
- ビジネスの長期的な発展、健全性、法令遵守を可能にする業績とリスクをふまえた全体的な目標を設定すること。
- 自社の経営が長期的な目標と設定した価値観に沿っているかどうかを評価するために事業のパフォーマンスの概要を把握し、モニタリングすること。
- 取締役会や経営陣に責任を委ね、重大な問題や不正が発見されない限り、彼らの行動や意思決定に干渉しないこと。
- ファミリーの調和と結束を求めること。特に、ビジネスに従事したり、ガバナンス構造で主要な役割を果たしたりしているオーナーと、そうでないオーナーとの間で調和を図ること。
- 透明性を確保し、尊敬しあい、信頼性が保たれている環境を実現すること。
- 情緒的な基盤を確立し、それを増大すること。
- 次世代を迎え入れるための施策を策定すること。
- 財務リテラシーを含む、関連する教育プログラムを設定し、それに参加すること。
- 経済状況が悪化する中でもオーナーシップを維持すること。

　ファミリーオーナーは常に目標の設定と見直しを行い、オーナー委員会や株主委員会、あるいはファミリー評議会を通じて、自らが上記の業務を行っています。そして、その機能と所有方針についてはファミリー憲章に定められています。
　ファミリービジネスの強みは責任あるオーナーシップから生まれるものです。それは苦境から立ち直る力と長期的なビジョンを育む力を提供するものであり、さらにはビジネスの維持、保護、成長のためにはかけがえのないものといえます。

｜オーナーシップの類型｜

　すべてのオーナーが責任あるオーナーになれる可能性がある一方で、すべてのオーナーがビジネスに平等に関与できるわけではなく、また、関与したいと思うわけでもありません。アロノフ氏とウォード氏[8] は、標準となるオーナーを分類し、多くのファミリーメンバーが自分自身を認識できるようにしました。この分類は、

以下にあげる6つのカテゴリーで構成されています。

1. 経営オーナーは、日常的にビジネス、ファミリーオフィス、またはファミリー財団の経営に積極的に関わっています。
2. ファミリーをガバナンスするオーナーは、取締役会やその一部の委員会、ファミリー評議会、ファミリーオフィス委員会、ファミリー財団委員会の機能を監視し、それらの委員を務めています。ファミリーをガバナンスするオーナーは、経営オーナーとしてではなく、例えば、オンブズマンとして経営に関わることがあります。
3. 関与オーナー（1.2のカテゴリーよりもビジネスやガバナンスから離れている）は、経営が直面する問題に注意を払い、事業戦略を理解し、企業文化を促進していきます。
4. 誇り高きオーナーは、ビジネスに関与せず、戦略やガバナンスを理解していない可能性もありますが、強い情緒的なオーナーシップを有しています。
5. 受動的オーナーは、ビジネスの利益を共有し、配当を受け取ることに満足しますが、情緒的なオーナーシップレベルは低いか中立的であり、ビジネスに対しての責任は負いません。
6. 投資家オーナーは、業績の観点からビジネスに投資し、その結果に基づいて株式の保有を継続したり、株式を売却したり、とういう行動をとるので、ビジネスに対する情緒的なオーナーシップを持っていません。

　これらの6つのカテゴリーのうち、最初の4つのオーナーは、トレーニングプログラムを受けることにより、責任あるオーナーになれる可能性があります。後半の2つのオーナーは単なる株主です。彼らは責任を他人に委ねており、彼らを責任あるオーナーにするには、かなりの労力が必要になるでしょう。

　ファミリーメンバーは、自分がこれらのカテゴリーのどれに当てはまるかを定期的に確認するとよいでしょう。そのような確認は、例えば、その時点で経営オーナーになることに興味を持つ人が次世代に存在しない場合には、より多くのファミリーオーナーが「受動的オーナー」および「投資家オーナー」のカテゴリーに属することになってしまい、情緒的なオーナーシップが低下し、事業売却の可能性が

高くなることを示しています。

間接的オーナーシップ

　ビジネスは必ずしもファミリーが直接所有しているとは限りません。ファミリービジネスの株式は信託や財団（ドイツではStiftung、オランダではStichtingなど）によって保有されていることも多くなっています。これは主にビジネスを保護し、大規模なオーナーグループの意向に反して、あるいは、ビジネス自体の利益に反して、個々のファミリーメンバーが株式の売却を決定することができないようにするために行われます。また、このことにより税負担の最適化を図れる場合もあります。[9]これらの事業体は、信託委員会または財団委員会によって管理されています。内規（定款）、委員会の自主規則、または法律により、オーナーをこれらの委員会への参加から除外したり、その数を制限したりすることができます。

　このような間接的オーナーシップモデルは、ファミリーにとって漠然とした抽象的なものになってしまうと、厄介なことになります。すなわち、彼らはビジネスを経営することはできても直接には所有していないので、ビジネスに関する重要な問題に関して議決権を行使することができません。その結果、情緒的なオーナーシップの感覚の低下や、意欲とモチベーションを無くしてしまうことさえあります。このような潜在的悪影響が生じていないかをモニタリングし、必要に応じてバランスのとれた対策を講じることが重要です。

　信託/財団モデルのいくつかのマイナス面を克服するために、一部のファミリーは、議決権のある株式を信託または財団が保有し、議決権のない株式をファミリーが保有するというハイブリッドな解決策を考案しました。また、上場企業の場合は、ファミリーメンバー間の意見やオーナーシップの統一性を確保するために、一定数の株式は財団が保有し、残りの株式はファミリーメンバーが直接保有し、それ以外の部分を証券取引所で売買できるようにしています。このような解決策により、ある個人オーナーがビジネス利益の最大化に反する重大な決定を下すことができないことになり、ビジネスを保護しながら、直接的なオーナーシップとのコミットメントが可能となる一方で、オーナーに資金が必要な場合には株式を売却することもできます。

共有オーナーシップ

ビジネスがファミリーの資力を超える規模で成長するためには、新たな資本が必要となることがあります。例えば、あるファミリー分家が撤退を希望した場合には、ビジネスの長期的な存続を妨げないために、その部分の資本を補充する必要があるかもしれません。さらに事業の売却や、借入による資金調達ができない場合、においてファミリーは、新たな資本を得るために2つの大きな選択肢を通常は有しています。1つ目は、個人投資家、または個人投資家の小さなグループを見つけて、彼らと共同出資を行うことです。この場合は、非公開企業のままとなります。2つ目は、ビジネスの規模が十分に大きい場合で、株式を公開（IPO）する準備を行うことです。

どちらの選択肢も、資本を開放して所有権を共有するといった決定がもたらすプラスとマイナスの影響を、ファミリーが事前に十分に認識し、その結果としてマイナス面を十分に償える計画が立てられれば、それはビジネスにとって有益で建設的なものになります。[10] マイナスの影響としては、（a）たとえ資本の一部が取引されるだけであっても、ファミリーのコントロールが受け入れられない程喪失する可能性があること、（b）市場や個人投資家が長期的な安定性よりも短期的な収益を優先したいと考えた場合には戦略やビジョンの転換の可能性があること、などがあげられます。プラスの影響としては、（a）オーナーとビジネスの資金力が高まる、（b）その結果、少なくとも短期的にはビジネスのパフォーマンスが向上する可能性がある、（c）ファミリーの家系を整理し、よりコミットしているファミリーオーナーにオーナーシップを集中させ、ファミリーの結束を強化する機会となる、などがあげられます。

注

1. このインタビューはすでに以下の書籍に掲載されていて、英文に翻訳されている。

Führung von Familienunternehmen (Leading the Family Enterprise) by Alexander Koeberle-Schmid and Bernd Grottel.

2. このインタビューも下記の書籍に掲載されていて、英文に翻訳されている。

Führung von Familienunternehmen (Leading the Family Enterprise) by Alexander Koeberle-Schmid and Bernd Grottel.

3. Waitley, D.E., American motivational speaker and writer.

4. Aronoff. C.E., & Ward, J.L. (2002), *Family Business Ownership：How to be an Effective Shareholder*, Basingstoke：Palgrave Macmillan.

5. Björnberg, Å., Nicholson, N. (2008), *Emotional Ownership - The Critical Pathway Between the Next Generation and the Family Firm*, London：Institute for Family Business (IFB).

6. De Visscher, F., Aronoff, C.E., & Ward, J.L. (2010), *Financing Transitions： Managing Capital and Liquidity in the Family Business*, Family Business Leadership Series no. 7, 2nd edn., Basingstoke：Palgrave Macmillan.

7. Schwarz, N.E. (2004), *Family Business by the Numbers：How Financial Statements Impact Your Business*, Family Business Leadership Series, Basingstoke： Palgrave Macmillan.

8. Aronoff, C.E., & Ward, J.L. (2002), "Six kinds of owners," in *Family Business Ownership：How to be an Effective Shareholder*, Basingstoke, Palgrave Macmillan, pp. 7-9.

9. 訳者注：株主などの保有や承継にかかわる税制は国によって大きく異なることに留意されたい。

10. Kenyon-Rouvinez, D. (2011), "The Aftermath of an IPO - What families in Business Ought to Know Before they go Public," *Tharawat Magazine*, 9, January, pp.60-65.

ベストプラクティス
推奨事項

1　責任あるオーナーになることは簡単ではありません。報酬が得られる一方で、勇気を持って難しい決断を下し、時には犠牲になることも必要です。オーナーシップは、ファミリービジネスの中心となるものです。

2　責任あるオーナーシップには以下の 4 つのルーツがあります。
　　a. ファミリーの価値観
　　b. スチュワードシップ（受託責任）
　　c. 情緒的なオーナーシップ
　　d. 持続的な資本

3　生まれながらにして「責任あるオーナー」である人はほとんどいませんが、適切な価値観、態度、仕組み、教育システムが整備されていれば、誰でも責任あるオーナーになることができます。

4　責任あるオーナーシップの利点は、ファミリーの結束力の向上、方向性とリーダーシップの強化、そしてビジネス業績の向上です。

5　すべてのオーナーには法的権利があります。その一方で責任あるオーナーは、ビジネスとファミリーの財産を守り、従業員や雇用、環境の利益を尊重するなどの道徳的な義務も認識しています。

6　責任あるオーナーシップは、ビジネスの明確なビジョンと目的を設定し、透明性と信頼性の高い環境を実現し、次世代のオーナーとなる人を迎え入れて教育します。

7　責任あるオーナーは、不利な経済状況下でもオーナーシップを維持する可能性が高く、起業家精神にあふれたファミリーであることにコミットしています。

8 オーナーは、その関与の度合いに応じて6つのカテゴリーに分類されます。これらのカテゴリー内でのそれぞれのファミリーの進化は、実施すべき対策や開始すべき教育プログラムを作成する際に重要な指標となります。

9 オーナーシップを信託や財団に移してビジネスを保護したり、税負担の軽減を図ったりすることがあります。ただし、情緒的なオーナーシップが低下する可能性があるため、これを回避するための是正措置や教育プログラムを実施する必要があります。

10 個人投資家や株式市場に株式を公開することは、ビジネスにとってもファミリーにとってもプラスになることがあります。ただし、ファミリーメンバーがプラス面だけでなくマイナスの影響もよく理解し、変化の影響を予測して、それに対応できる準備ができている場合に限ります。

第2部

ビジネスのための機関設計：
ビジネスガバナンス

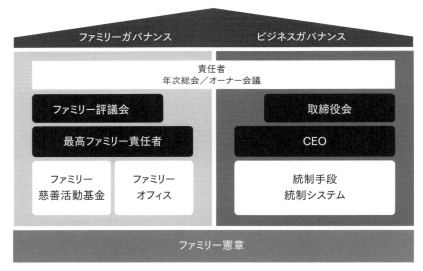

この図は、第2部がビジネスガバナンスを重視し、読者が理解を進めるために役立ちます。

第5章

専門的経営者等を擁する取締役会[1,2,3]

「取締役会に適切な人員が配置されていることは、戦略の策定とビジネスモデルの更なる発展において、大変有意義なことになります。」

**ドイツのキュンツェルザウにあるウルト・グループの諮問委員会の女性会長
ベッティーナ・ウルト氏へのインタビュー**

ウルト・グループには、取締役会と同様の権限を有する諮問委員会があります。諮問委員会の会長であるベッティーナ・ウルト氏は、ウルト・グループにおける諮問委員会の役割について説明しています。ウルトは、1945年にアドルフ・ウルトによって設立されたファミリービジネスで、そのグループは、本業である組立・締め具材料の取引において世界的なマーケットリーダーとなっています。現在、80カ国以上に400社以上の会社があり、6万5,000人以上の従業員が働いています。ウルト・グループの2012年の総売上高は、99.8億ユーロでした。[4]

アレキサンダー・ケーベル゠シュミット——ウルトさん、あなたは年次報告書のガバナンスレポートの中で、ファミリービジネスにおいてガバナンスを非常に重要視していると述べています。なぜガバナンスがそれほど重要なのでしょうか？

ベッティーナ・ウルト氏——第一に、ビジネスのガバナンスと透明性の高い意思決定

79

は、常に私たちの企業理念に不可欠な要素である事実を、企業の枠を越えて示したいと考えています。第二に、ウルト・グループは、伝統的なファミリー企業を超える規模に達しています。それにより、ウルト・グループ内には、一般的な上場企業と同様の執行機関とファミリーのガバナンスに必要な機関という、二重の意思決定システムを設置しています。

取締役会や諮問委員会は、ガバナンスの中心的な立場を担っています。なぜファミリービジネスにはこのような組織が必要なのでしょうか?

会社の規模やそのファミリー企業の事業分野にもよりますが、諮問委員会を設置することが望ましいと思います。諮問委員会に適切な人材が配置されていれば、戦略の策定とビジネスモデルの更なる発展において、大変有意義なことになります。ファミリーメンバーは監査人、税務コンサルタント、弁護士のように、専門教育を受けてはいないことが多いため、諮問委員会は、さまざまな種類の専門領域を持った専門家で構成されていることが重要と考えます。こういった専門家は、ファミリーメンバーが経営の意思決定を行う際の支援をしてくれることになるでしょう。

諮問委員会は具体的にどのような業務を担当しているのでしょうか?

ウルト・グループの諮問委員会メンバーは、当社の最重要規則である定款で規定されている内容に基づき、上場企業と同等の監督と助言を行う、という責任を負っています。もちろん、諮問委員会のメンバーはその権限を使ってウルト・グループとその経営陣をサポートする必要があります。

グループの経営陣と諮問委員会の会長であるあなたとの連携は、どのようなものでしょうか?

私たちの歴史上、ファミリー、特に父と私は、当然に経営陣と密に連携して仕事をしています。ウルト・グループのような企業では、諮問委員会のメンバーが年に3回程度しか会社の問題に関与しないということでは、まったく不十分となります。

諮問委員会は、ファミリーメンバーがウルト・グループに対する影響力を維持したり、制限したりするための特別なメカニズムを有していますか?

ウルト・グループの定款には、諮問委員会およびウルト・グループのファミリー信託の監督委員会の選出規定があり、そのメンバーのうち一定数はファミリーによって任命されます。この仕組みの目的は、ファミリーの利益とウルト・グループの経営陣の利益とのバランスをとることにあります。さらに、経営陣がファミリーメンバーに会社の現状や事業の動向について報告するファミリー評議会があります。

貴社には監査委員会があります。諮問委員会のメンバーが監査委員会にも所属していますが、監査委員会のメンバーは具体的にどのような仕事を担当していますか?

監査委員会は、監査役、財務経験のある弁護士、私の3人で構成されています。私たちは財務諸表だけではなく、コンプライアンスに対する監査も行っています。

貴社では諮問委員会の有効性をどのように評価していますか?

諮問委員会の有効性の評価は隔年で行われます。評価はアンケートと総合的な評価セッションによって行われます。諮問委員会のメンバーではない中立の第三者が、評価セッションでの評価内容、評価に対する査定、および調整を担当します。この評価は諮問委員会の機能改善を目的としています。

有効性評価の結果はどうでしたか、また、それに対してどのように取り組まれましたか?

私たちは報告書の編集や諮問委員会の構成を通して、いくつかの学びを得ることができました。また、諮問委員会のメンバーが戦略的な問題により深く関与した結果として、リスク管理などの特定のモニタリング領域に関する情報をもっと多く得たい、と思っていることもわかりました。私は諮問委員会の会長として、これらを考慮し、チームとともに適切な解決策を考えていきたいと思います。

危機的状況において、諮問委員会はどのような役割を果たしますか?

そのような状況にある場合、諮問委員会は、その知識と信念の限りを尽くして、ファミリーとビジネスのために役に立てるよう努めるでしょう。そこにおける万能

な救済策はありませんが、諮問委員会のメンバー全員が、それぞれの経験と知識を結集して、会社が危機に陥らないようにできるだけの支援をします。

ファミリー企業ごとに異なる取締役会

例1

ファミリー企業であるA社では、創業者が単独で所有していました。[5] ある日彼は飛行機事故で亡くなりましたが、当時彼の2人の息子はビジネスには関わっていませんでした。幸いなことに、会社を存続させるために重要な役割を果たす取締役会があり、非業務執行役員が困難な後継者承継問題の解決に協力してくれました。彼の死後、それぞれの息子が50％ずつ株式を保有することになり、両者とも次のCEOになるという野心を持っていましたが、経営に対する考え方が異なっていたことから、外部からの支援が必要となりました。そこで、非業務執行役員は、2人の兄弟を含んで構成されるエグゼクティブチームの設立を推進しました。この会社では、特に兄弟間で意見が対立した場合などにおいて社外取締役の存在が重要な助けとなっています。非業務執行役員の主な役割は、2人の兄弟の意見を聞き、両者を仲裁し、助言することとされています。ただし、2人は常勤取締役となっており、当然にオーナーでもあり、最終的な意思決定権限を持っていることから、両者が合意すれば非業務執行役員を解雇することもできるため、非業務執行役員は彼らをモニタリングするということには積極的ではありません。

例2

50人のファミリーメンバーを有し、大規模に多角化経営をしているファミリー企業であるB社は、ファミリーメンバーは会社で働いてはいけない、と判断しました。この会社では非業務執行役員であるファミリーメンバーのみで取締役会を構成しています。CEOは非ファミリーメンバーであり、会長はファミリーメンバーです。取締役会は、経営陣がオーナーの関心にそって行動するように、戦略的なビジネス上の意思決定に対して強く権限を行使します。非業務執行役員は、大規模な投資や売却、合併や買収、融資実行、予算等について、経営トップとしての意思決定を行います。

例3

　C社では、9人の従兄弟からなるファミリーメンバーの1人がCEOを務めており、彼は販売とマーケティングの責任者でもあります。また非ファミリーの最高財務責任者（CFO）と最高執行責任者（COO）がいます。取締役会には5人の非業務執行メンバーがいますが、そのうち2人はファミリー出身です。会長は他社でCEOを務めている非ファミリーメンバーです。取締役会がこのような構成をとっているのは、ファミリー出身のCEOが会社を運営することで、他のファミリーオーナーとの利害調整機能を確保するためです。一方で、会長を非ファミリーメンバーとすることにより、ファミリー間で対立するリスクが軽減されています。非業務執行役員の役割は、リーダーシップの質を確保し、執行レベルでの人事決定を行うことです。これを実現するために、取締役会はファミリー出身のCEOが権力を乱用しないように、その意思決定と業務を監視しています。

　これら3つの例は、ファミリー企業のガバナンスのあり方が多様であることを示しています。[6] 1人のオーナーに権限が集中しているファミリー企業は、複数の会社を所有し経営陣が非ファミリーメンバーのみで構成されているファミリー企業とは異なるタイプの取締役会を必要とします。取締役会のタイプに関して影響を与えるもう1つの重要な要素は、会社の現況です。例えば、上場しているかどうか、どの法的管轄区域にあるかなどです。

｜なぜ取締役会を設置するのか？｜

　すべてのファミリー企業が取締役会を設置しているわけではなく、また、必要としているわけでもありません。ビジネスを所有するファミリーが取締役会の設置を選択できる場合には、取締役会が彼らの課題に対処し、ビジネスを専門的に進めるのに役立つかどうかを見極める必要があります。ここでは、取締役会を設けることに対する一般的な反対意見をいくつかあげ、そしてそれに反論する理由を説明します。

・「企業が取締役会を設置することのメリットは何もない。」
　　取締役会は後継者育成のプロセスにおいて特に有用です。なぜなら、非

ファミリーの非業務執行役員は、次のCEOについての決定を専門的かつ客観的な立場からアプローチすることができるからです（第6章参照）。取締役会は、経営陣のモチベーションを高め、奮起させ、より深い議論と考察の場を作り出すことができます。取締役会は、顧客、サプライヤー、銀行等に対し説明責任を果たすことができます。

・「自分たちの問題を外部の人に知られたくない。」

　非業務執行役員である非ファミリーメンバーは、対立している状況において調停者としての役割を果たすことができます。事業に従事していない取締役は、ファミリーメンバーであるかどうかに関係なく、経営者が見落としていた問題を発見することがあります。

・「取締役会は意思決定のプロセスを遅らせる。」

　CEOが非業務執行役員の前で提案をしなければならないとしたら、その意思決定した影響について、前もってより深く考えておかなければなりません。これにより、意思決定のプロセスは遅くなりますが、より深く考え、リスクをより的確に識別し、誤った判断を防ぐことができます。

・「設置した取締役会は廃止できないという懸念がある。」

　取締役会のメンバーが務める契約上の期間は例えば「3年」と短くても構いません。[7] そして、オーナー全員が同意すれば、いつでも投票で取締役を解任することができます。つまり取締役会の設置は可逆的なプロセスであり、オーナーは取締役会の廃止を選択することができます。

・「支配力を失いたくない。」

　取締役会は主に諮問機関として機能し、経営陣が提案したものも含めて、アイデアについて議論し、検証し、異議を唱える場でもあります。また取締役会の存在は、次のCEOまたは代表取締役社長を選任しなければならないような緊急時にも役立ちます。

　このような反論や懸念があるにもかかわらず、ほとんどのファミリー企業は取締役会を設置しています。[8] オーナーは自分たちの権利の一部（多くの場合は役員をモニタリングする権利）を取締役会に委譲しています。会社規模の拡大、複雑性の増加、ファミリーオーナー数の増加、5年から10年以内にリーダーシッ

プの承継がある場合、ファミリー以外のオーナーがいる場合、会社に従事するオーナーとそれ以外は単なる株主である場合、などにビジネスを所有する多くのファミリーオーナーが取締役会を設置します。取締役会が設置されると、ほとんどのオーナーはその運営に満足します。それは、取締役会が適切に構成されていれば、会社の専門的な経営に役立つからです。[9]

専門的経営者を擁する取締役会設置のための4段階モデル

取締役会における経営管理の機能が遂行できるように運営されるためには、その業務と構成を状況に応じて更新させていく必要があります。ファミリー企業は多様であるため、すべての企業に等しく適用できる推奨事項はありません。しかしながら、一般的な原則として適用される1つの推奨事項があります。それは、CEOの地位と会長の地位を分けて、適切な牽制と調和を計る必要がある、ということです。

図表5.1は、取締役会を設置するための4段階モデルを示しています。[10] オー

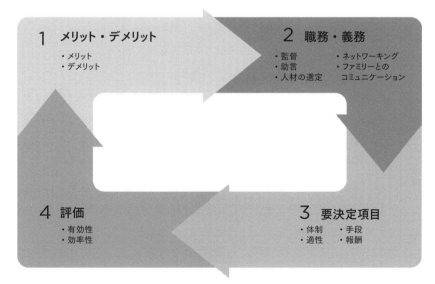

図表5.1 ファミリービジネス、特に非業務執行役員を含む専門的経営者等を擁する取締役会設置のための4段階モデル（アレキサンダー・ケーベル=シュミット、ヨアキム・グロス、アルノ・レーマン=トルクミットによるモデルの翻訳）

ナーには採用すべき特定の人材について考える前に、取締役会を設置するメリット、業務、義務、資格について考え始めることを推奨します。

このモデルの最初のステップは、取締役会を設置するメリットについて定義することです。第二のステップは、期待するメリットを生み出すために必要な職務と義務を定義することです。これらには、監督、助言、人材の選定、ネットワークの形成、ファミリーとのコミュニケーションが含まれます。第三のステップは、個々の状況に関連して、取締役会決議項目について調整することです。取締役会の構成に関しては、取締役会の規模、各メンバーの任期、会議の回数、構成（ファミリー、非ファミリー、会長）などを規定する必要があります。また、取締役会全体および各メンバーの適性についても決定する必要があります。責任、報告、選択プロセス、委員会に関する取り決めを確立し、その上で取締役会のメンバーの報酬を決める必要があります。4番目のステップは評価プロセスです。要約すると、4つのステップは次の通りです。

- 取締役会はどのようなメリットを生み出すべきか？
- 取締役会の具体的な職務は何か？
- 取締役会決議項目はどのように設定すべきか？
- 取締役会の有効性と効率性はどのように高められるか？

すでに取締役会を設置しているオーナー一族も、このモデルを利用することで、そのパフォーマンスを向上させることができます。これは、状況の変化に応じて、取締役会の体制や権限を調整することを意味します。重要な状況の変化の例としては、新市場、新製品、事業規模の拡大、ファミリーメンバー数の増加、または経営陣の構成の変更（例えば、非ファミリーのCEO採用）などが含まれます。つまりファミリーやビジネスに変化があった場合には、取締役会の役割や構成も変更する必要があります。

| ステップ1：専門的経営者等を擁する取締役会設置のメリット |

取締役会を設置する前に、オーナーは、取締役会が会社とファミリーにもたら

あるべき取締役会	あってはならない取締役会
・包括的な専門知識を持って経営をサポートする ・意思決定の質を高める ・代表取締役の自己規律、説明責任、責任を強化する ・目標の実現と規則・価値観の遵守を徹底する ・オーナーとのコミュニケーションを確保する ・対立状況が生じた場合には調停をする ・承継プロセスを支援する	・日常業務へ介入する ・1人の人間に支配された集団思考を強める ・膨大なレポートを作成する ・複雑な構造を作り上げる ・批判的で論争を引き起こすような議論を避ける ・個々のオーナーの利益のために意見する

図表5.2 ファミリービジネスにおける取締役会設置のメリットとデメリット（アレキサンダー・ケーベル＝シュミット、ヨアキム・グロス、およびアルノ・レーマン＝トルクミットによる概要の翻訳）

すメリットを検討する必要があります。[11] その答えは、ファミリー企業のタイプによって大きく異なります。いくつかの潜在的に考えうるメリットは図表5.2に示しています（あるべき取締役会）。

　さらに、それはオーナー一族が、取締役会がすべきではないこと、を明確に定めておくとよいでしょう。これには法律上の問題も考慮する必要があります。取締役会の権限の範囲は、オーナー一族から非業務執行役員メンバーや代表取締役（そしてファミリー企業の場合にはファミリー以外の外部株主）に明確に伝えられることが重要です。取締役会の権限範囲はファミリー企業のタイプによっても異なりますが、取締役会がすべきでない、いくつかの例についても図5.2に示しました（あってはならない取締役会）。

ステップ2：専門的経営者等を擁する取締役会の職務

　取締役会の職務および義務は、監督、助言、人材の選定、ネットワーキング、ファミリーとのコミュニケーション、の5つのカテゴリーに分けて、最優先の事項を定めておくとよいでしょう（図表5.3を参照）。[12] 次のステップとして、オーナーファミリーは、各々の義務の具体的な要件や職務をより詳細に説明する必要があります。また、それがその国における会社法に準拠しているかどうかについても確認する必要があります。

第5章　専門的経営者等を擁する取締役会　87

	会社	社会／ファミリー
業務 戦略	監督	ネットワーキング
戦略 業務	助言	**ファミリーとの コミュニケーション** ファミリーの意見を取り入れる ファミリーとのコミュニケーション ファミリーの結束力を高める
選別 報酬 解雇	人材の選定	

図表5.3 ファミリー企業の取締役会、特に非業務執行役員が行う可能性のある業務

監督

　取締役会は、経営者がオーナーの意向に沿った行動をしているかどうかを監督します。ファミリー企業において頻出する問題としては、経営者でもあるオーナーが、会社に対して実質的に貢献できる期間が過ぎても、さらに経営者としての自らの地位を維持しようとすることです。[13] また、ファミリーオーナーがビジネスに参加している場合には、例えば会社契約の庭師、会社所有の航空機などを個人的な理由で流用することがよくあります。[14] 多くの場合において取締役会は他のオーナーたちよりビジネスに関する多くの情報を持っており、会社のことをよく理解し、より早く経営成績を知っているものです。

　取締役会においてモニタリング（監視）が業務化され、それを戦略の決定についても及ぶようにすると、ビジネスにおいて生じるさまざまな問題を軽減することできます。[15] 業務化されたモニタリングとは、事業における財務およびリスクの状況を事後的に管理することです。これには、外部監査人や内部監査人から重要な情報を得ることも含まれます。ファミリー企業は、リスク管理、内部統制システム、コンプライアンス管理のプロセスを導入する必要があります（第7章を参照）。このような仕組みは、例えばリスク基準値に違反しているかどうか、不

正が発生しているかどうかに関する情報を提供できるものでなければなりません。そうすることで、取締役会は遅滞なくそれらに対応することが可能となります。

　戦略の決定に関するモニタリングは、経営陣があまり賢明ではない意思決定をしてしまうのを未然に防ぐことにも役立ちます。戦略的な意思決定を行うにあたっては、事前に綿密で幅広い議論が行われるべきで、取締役会の承認を必要とする主要な取引をリストアップしておくことが、それへの備えとして役立ちます。取締役会では、非業務執行役員が過半数を占めるようにすべきです。リストアップされるべき取締役会要承認取引としては、戦略的計画、目標、予算、投資と売却、M&A、銀行やその他金融機関とのすべての金融契約の承認、等が多いと考えられます。さらにファミリーメンバーが会社で働いている場合やビジネス上の関係を有する場合には、取締役会で会社と彼らのすべての主要な契約について承認する必要があります。

助言

　取締役会が存在することで、業務執行取締役は、自分の疑問や不安、課題について、非業務執行取締役と戦略的なレベルで話し合うことができます。これは、単独オーナーの場合のように、取締役会に業務執行取締役が1人しかいない場合には、特に貴重な機会となります。ここで行われる議論は、経営者が自らの意思決定を振り返る場となり、より多くの情報に基づいた戦略的意思決定を可能とするだけではなく、事業ポジショニングの改善にもつながります。[16] このような場では、新しいアイデアが生まれることが多く、事業戦略についてより深く検討するようになります。[17] しかしながら、取締役会メンバーは、常にオーナー一族の価値観と目標の範囲内で助言を行う必要があります。さらに戦略的な助言に加えて、非業務執行取締役メンバーは、会計や法律の専門知識、新市場の開拓など、事業に不足している技術的・手続的な事項について、それぞれの専門分野からサポートすることもあり得ます。

人材の選定

　取締役会の最も重要な職務の1つは、会社幹部の発掘、任命、報酬の決定、解任に関するものです。[18] 業務執行役員について不正行為が発覚した場合や、その不適切な行動によって会社が業績不振となった場合に、取締役会がその役員を解任する権限を持っていなければ、モニタリング機能は実効性のないものとなってしまいます。役員の選定は、通常はオーナーとの緊密な連携のもとに行われるべきです。[19] ビジネスに関与しているファミリーメンバーは、通常他のファミリーオーナーと同様の利害関係を有していますが、彼らが非ファミリーの役員と同等の能力を有している場合は、彼らの意見を優先すべきです。ただし、特にファミリーメンバーの登用が検討されている場合は、積極的に非業務執行取締役（場合によっては、非ファミリーの非業務執行取締役のみ）が選考過程に関与すべきで、そこにおいては以下のような点を留意しなければなりません。[20]

- 非業務執行取締役メンバーは、将来のCEOポストのプロフィール（必要な人物像）を作成する必要があります。加えて、取締役会は、候補者が他の会社での実務経験を有していたことが必要かどうかも決める必要があります。これは、特にファミリーメンバーの場合に、彼らに他の会社でどのくらいの期間を働き、そしてどのような経験を積むべきなのかということを示すことになります。
- 非業務執行取締役は、候補者に対して、支払う報酬と中途で契約を解除する場合の要件を明確にする必要があります。これには目標が達成されなかった場合や、競合他社と比較して成果を上げられていない場合などにどのような処遇となるかということも含みます。
- ファミリーメンバーが役職に対して応募し、取締役会の承認を得て採用となった場合は、そのメンバーが将来のCEOになれるような育成計画を作成する必要があります（第6章を参照）。
- 非業務執行取締役は採用したファミリーメンバーの育成段階において、定期的にフィードバックをする必要があります。取締役会メンバーは、メンターまたはコーチとして機能します。

・ CEO候補者は、取締役会によって決められた育成段階終了時に所定以上の結果を収めた場合、長期契約を獲得するか、次期CEOに昇進する可能性があります。目標が達成されなかった場合、その候補者は将来のCEOになることができないと判断され、会社を辞めるか、同じポジションで働き続けることになります。

　取締役会の最も難しい仕事は経営者を解任することです。代表取締役が設定された目標を達成していないと取締役会が認めた場合には直ちにそれを行うべきです。ただし、その人物がファミリーメンバーの場合には、解任は特に難しくなります。例えば、父が会長で息子がCEOである場合の判断は非常に難しくなります。そのような場合、非ファミリーの非業務執行取締役が委員会を設置し、ファミリーメンバーのCEOを解任する権限を持っていることが重要です。このように個人の解任に関わる決定をするためには、ファミリーか否かに関係なく、取締役会、特に会長がそれに対して十分な権限を持っている必要があります。

ネットワーキング

　非業務執行取締役会メンバーは、彼らの人脈を通して、ビジネスチャンスを創出することができます。[21] つまり会社は、より多くの情報、より広範なネットワーク、そして場合によっては政府機関へのアクセスを得ることができます。このようなネットワーキングにより、リソースへのアクセスとリスクの低減といった2つのビジネス上のメリットがもたらされます。しかしながら、すべてのネットワークがプラスの効果をもたらすわけではありません。例えば、取締役会のネットワークに銀行が含まれている場合、信用状態の改善につながるメリットがある一方で、企業が業績不振となると、銀行は過敏に反応し融資を早期に回収する可能性があるため、銀行への依存度が高まる可能性があります。このようなことから、取締役会の構成員には自社が取引している銀行のメンバーを入れないことをお勧めします。

第 5 章　専門的経営者等を擁する取締役会　91

ファミリーとのコミュニケーション

取締役会は、多くの場合、オーナー一族と会社との間のコミュニケーションを維持する役割を担っています。[22] これは、多数のオーナーが存在する場合には特に重要な役割です。取締役会は、決定事項をオーナー一族に伝え、さらにその決定に関しての詳しい情報や、会社の財務的、戦略的ポジションに関する情報を提供します。取締役会の義務は、ファミリーオーナーに対して、適切な情報を、整然と、淀みなく伝えることです。

また、取締役会は意思決定の際にオーナーの意見を考慮する必要があり、取締役会メンバーは、オーナーの考えを経営陣に伝える必要があります。例えば、財務の安定性、収益性、成長性、リスク選好度、多角化などについて、オーナーの会社に対する期待を明確にし、取締役会はこれを経営陣に伝え、経営陣はそれを念頭に置いた上で意思決定を行う必要があります。

ある取締役会メンバーが、ファミリーに関連する特定の業務を引き受けることがあります。例えば、ファミリーのソーシャルウィークエンド（親睦を深める週末活動）、ファミリー集会、オーナーが専門職としてのオーナーになることについて学ぶ場であるファミリーセミナー、などのファミリー活動の企画です。このようなファミリー内の活動は、ファミリーの結束力を高め、ファミリーのビジネスへの関心を強化することができます。取締役のこのような役割は、ファミリー企業において、ますます期待が高まっています。

｜ステップ3：偶発的項目｜

取締役会設置のメリットと担当業務について議論する場合に、オーナーファミリーは取締役会、特に非業務執行役員に対して明確にすべき偶発的項目について検討しておくことが必要となります。[23] ただ、これはファミリービジネスのタイプによっても異なります。このセクションでは、専門的経営者等を擁する取締役会設置のための4つの条件となる要素、すなわち、体制、適性、手段、報酬について定義します（図表5.4参照）。

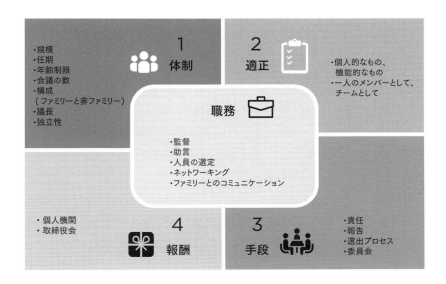

図表5.4 ファミリー企業の取締役会、特に非業務執行取締役についての要決定項目

体制

　取締役会の規模は、法律の定め、職務内容、事業の複雑さ、ファミリー代表の存否、ファミリー内での対立の可能性などによって異なります。チームが大きくなればなるほど、議論も複雑になるため、取締役会の規模もそれに対応したものでなければなりません。取締役会のメンバーは、業務執行者が1人、非業務執行者が2人の計3人が最小規模となります。最大でも7～9人でなければなりません。非業務執行者は常に過半数以上である必要があります。

　非業務執行取締役の任期は、会社のニーズに応じて取締役会の構成を常に調整する必要性があること念頭に置いて定めるべきです。任期としては3年[24]を推奨します。それは3年という期間ならば事業環境の変化に柔軟な対応ができる可能性があるからです。また、取締役の選任のたびに、執行している業務に支障が生ずるのを避けるため、任期は重任方式にすることが推奨されます。ただし、非業務執行役員の累積在任期間を長くしすぎないようにすることも必要です。例えば、最長期間は12年、と設定するなどです。また、取締役の在任期間が長くなりすぎないように、年齢制限を設けることもできます。経験上、非業務執行役

第5章　専門的経営者等を擁する取締役会　93

員の年齢制限は70歳から75歳が適当であるとされています。これは、ファミリーおよび非ファミリー両方の取締役会メンバーに適用されるべきでしょう。

　取締役会の目的は、会社に関連する問題を議論し、意思決定を行い、紛争を解決することです。通常、取締役会は年に2回から6回程度開催されますが、危機的な状況下では、より多くの開催が必要となります。現況の把握、財務諸表の承認、戦略の決定、予算の承認といった主要な問題を取り上げるためには、取締役会を少なくとも年に4回は開催する必要があります。また、業務執行役員は彼らだけによる会議も開催します。

　取締役としての任命を行う際に、特に非業務執行メンバーの場合、オーナーはその利害関係について確認する必要があります。[25] ある取締役が個人的、財務的、商業的に重要な利害関係がある場合には非業務執行取締役としての独立性が低下してしまうため、取締役会全体が、影響力をもって意思決定を行うための十分な権限を持たない会議体へと機能低下してしまうリスクがあります。それゆえ、会社で契約している会計士、税理士、銀行の従業者、弁護士、友人、ビジネスパートナーなど、一部の人々のグループは、取締役会メンバーから除外されるべきです。

　ただし、取締役会の非業務執行役員側にはファミリーメンバーが存在する必要があります。彼らは通常すべてのファミリーオーナーの代表として行動し、ファミリーの価値観や目標を代表することができます。[26] ファミリーオーナーにとっては、自分自身のお金であるので、非ファミリー経営者の行動を監督したいという強いインセンティブがあります。もし、非ファミリーの業務執行取締役しかいない場合は、非業務執行取締側はファミリーメンバーを中心に構成されるべきです。ファミリーの業務執行取締役がいる場合は、ファミリー間における対立の潜在的な原因を減らすために、より多くの非ファミリーの非業務執行取締役を置くべきです。取締役会のファミリーメンバーは、会社とファミリーとのコミュニケーションを推進する業務を担当することができます。ただし、取締役会にファミリーメンバーが多くなってしまうと、年次総会が形骸化してしまう可能性があることから、ファミリーメンバーはあまり増やすべきではありません。

　ここでファミリービジネスの会長は重要な役割を担っています。会長は取締役会の業務を指揮し、経営陣とオーナーの両方から最初に相談を受ける人物です。

優れたガバナンスのためには、十分なチェックおよびビジネスとファミリーのバランスの確保が重要であり、会長はCEO以外の人物が務めるべきです。会長とCEOは協力関係にあり、両者は密接に連絡を取り合います。取締役会全体の構成を規定するにあたり、原則としてCEOがファミリーメンバーである場合には会長は非ファミリーメンバーであるべきであり、その逆もまた然りです。なお、「集団思考」の問題が発生し他の非業務執行取締役メンバーが発言しなくなってしまうことがないよう、会長は支配的であってはなりません。会長はオープンな議論を促す雰囲気を作るべきです。

適性

次に決定しておくべきことは、非業務執行取締役会メンバーの適性で、個々のメンバーが会社にとって役立つ特定のスキルがあることが重要です。[27] 具体的にどのような特定のスキルが必要かは、ファミリーやビジネスの状況、非業務執行取締役の職務内容によって異なりますが、一般的に取締役会のメンバーは、会社の製品、市場、顧客、競合他社に関する知識を持っている必要があります。特に、会社の戦略、イノベーション、財務に関する問題意識は重要と考えられ、その他では、投資、会計、リスク管理、内部統制システム、コンプライアンス管理に関する知識も不可欠です。

非業務執行取締役会メンバーも、個人としての適性を有しているべきです。そして、ファミリーやファミリー企業の変遷を深く理解しており、企業をマネジメントした経験も必要です。これに加えて、チームの一員として働く能力、コミュニケーション能力、誠実さ、信頼性、そして取締役会に対する準備や出席のための時間を確保できる十分な余裕を備えている必要があります。また、取締役会は、年齢、性別、文化的背景などについて多様性を反映すべきです。

最後に、取締役会のメンバーは高いモチベーションを有している必要があります。それぞれのメンバーから、ビジネスの未来を形作るためのわくわくするような機会が提供され、取締役としての活動過程で何かを学ぶことができるとなれば、メンバー個人も大きな刺激を受けることになるでしょう。

手続きおよび手法

しっかり整備された取締役会が、効果的かつ効率的に機能するためには、適切な手続きおよび手法が必要です。各国の法令は、取締役の責任などの重要な分野を対象としており、当然これらについては詳細に理解しておく必要があります。また、適切な役員保険に加入することでリスクを軽減することができます。

さらに、ファミリーオーナーが定義しておく必要がある3つの重要な手続きおよび手法があります。それは、報告の仕組み、取締役の選出プロセス、必要に応じた特別委員会の設置です。これらの4段階モデルで必要な手続きを、定款やその他内部規則に盛り込むことも有効です。

取締役会のメンバーがその職務を遂行できるように情報を提供するためには、適切な報告システムが必要です。取締役会の準備として、経営者は、少なくとも会議の2週間前までに、議題に関連する情報を体系化して提供する必要があります。つまり、議題ごとの説明資料のすべてに体系立てられた情報を入れておく必要があります。さらに、取締役会メンバーが毎月、月次報告書のサマリーを受け取ることができれば、非常に有益です。その報告書に、グラフや緑や赤などのカラーを用いたイメージ図など、目を引くビジュアルな要素を取り入れることは、メンバーが現在の状況を素早く把握するのに役立ちます。取締役会は四半期ごとに、貸借対照表、損益計算書、キャッシュ・フロー計算書、リスク管理報告書を受け取る必要があります。さらに取締役会は、不正行為を調査する必要があると判断した場合、特別調査を行ったり、関連部署からの報告を要求したりすることになります。特に不正行為や重要な注文のキャンセルなど、会社にマイナスの影響を与え、会社の経営状態を不安定にするような特定の事象が発生した場合、業務執行取締役は直ちに非業務執行取締役に報告する義務があります。

取締役の選任プロセスは非常に重要です。非業務執行取締役の選任方法には、3つの方法があります。

（1）特定のオーナーが取締役会メンバーになる（取締役会への入会権）

（2）特定のオーナーがその取締役を任命する権限を持つ（つまり、一部のオーナーが選出手続きなしに取締役を選任できる資格、取締役の任命権）

（3）年次総会での投票による選出

があります。入会権および任命権は、主にファミリーが分家単位で組織されている場合や、前CEOでファミリーオーナーであった者の子供が新たなCEOになっている場合に、前のCEOが取締役会として留任を望んでいる場合に利用されます。投票による選出は、議決権所有者の多数決によるものであり、会長、CEO、その他のファミリーオーナーが、事前選考に基づき最終候補者リストを作成します。その準備には、取締役会の現況と会社が必要とする能力の分析が含まれ、その結果をふまえて候補者の調査報告書が作成されます。それには、非業務執行取締役会メンバーをファミリー以外から選出する必要があるかどうかや、独立性と多様性（年齢、性別、文化的背景、ファミリー分家の代表者など）の観点も加味される必要があります。この調査報告書をもとに、指定された取締役会メンバーまたはオーナーは、候補者の審査を開始し、その後、候補者はオーナーに提示され、次のオーナー会議で投票により取締役として選出されます。この選任方法を用いる場合には各オーナーが候補者を推薦する権利を有するべきです。

　特にCEOが取締役会会長を兼務している場合には委員会方式の導入が有効となります。[28] 委員会はそれぞれの意思決定を専門的に行う機関で、それには監査委員会、指名委員会、特別な問題のために設置される諮問委員会などがあります。特定の期間に設置される臨時委員会は、例えば、大規模な投資や買収プロジェクトが計画されている場合に役立ちます。なお委員会には対立を仲裁する役割もあります。

　監査委員会と指名委員会は、非業務執行役員のみで構成されるべきです。それ以外の委員会では、取締役会の業務執行役員1人が、非業務執行役員メンバーとともに委員会を構成することで、経営陣の意思決定プロセスに役立つ情報提供が行えることになります。すべての委員会は、会社を支援するために、それぞれのメンバーが有する知識を最大限に活用する必要があります。

報酬およびその他の費用

　取締役会を維持するためのコストは、大きく5つのカテゴリーに分類されます。

（1）初期設置に関する費用、（2）取締役の報酬と経費、（3）取締役会への調査報告書の作成費用、（4）経営陣やその他の従業員の取締役会への参加費用、（5）役員賠償保険の保険料、です。

　非業務執行取締役の報酬は、会社の規模、取締役会の開催回数、会社の複雑さ、取締役会の職務内容によって異なります。例えば、ドイツでは、非業務執行取締役の報酬は平均で年間約1万7,000ユーロです。[29] 年間で売上高が1,000万ユーロ未満のファミリー企業では年間約4,000ユーロ、売上高5,000万ユーロから1億2,500万ユーロの企業では年間約1万1,500ユーロ、売上高5億ユーロ以上の企業では年間約4万ユーロとなっています。[30] 会長の報酬は50～100％増しとなります。非業務執行取締役には多くのことが期待されることから、十分な報酬を支払う必要があると一般的には考えられます。

｜ステップ4：評価｜

　各チームは、定期的な評価を通じて、何が達成され、何がうまく達成されなかったかを自問する必要があります。[31] 適切な取締役会評価を行うためには、次の5つの観点から取り組むことが有用です。

- ・ 誰が評価されるのか？
- ・ 評価の内容は何か？
- ・ 誰のために評価を行うのか？
- ・ 誰によって評価が行われるのか？
- ・ 評価はどのような体系をもって実施されるか？

　取締役会の評価は、ファミリー企業のタイプによって異なりますが、多くのファミリー企業は、図表5.5に示すような評価デザインを採用しています。評価の内容は、ここで紹介した専門的経営者等を擁する取締役会のためのモデルに基づき、職務に関するパフォーマンス、組織内でのパフォーマンス、能力に関するパフォーマンス、手法に関するパフォーマンス、および報酬の適切性に基づきます。通常、取締役会全体の評価は、アンケートに回答してもらい、それを外部の評

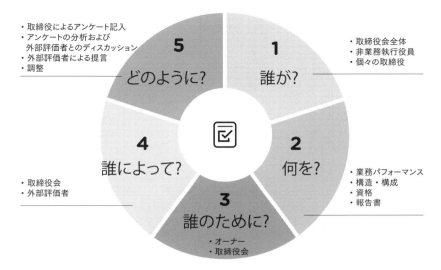

図表5.5 取締役会の評価

価者が分析し、その結果を取締役だけでなくオーナーにも開示し、両者間で協議します。

取締役会の評価結果は、期待された取締役会のメリットについての見直しにもつながります（4段階モデルのステップ1、図表5.1）。これにより、経営陣が会社とオーナーの利益にとって最善の意思決定を行うことを推進することができ、継続的な改善を常に行う、専門的経営者等を擁する取締役会の運営方法が完成します。

注

1. 訳者注：日本の会社法における機関設計については22頁を参照のこと。
2. 訳者注：「専門的経営者」とは、経営管理の職能を遂行することを専門の職業とする者をいう。資本を出資している経営者は「所有経営者」ともいわれる。原文は"Professional Board of Directors"であるが、非常勤者についても考慮して「専門的経営者等」とした。
3. Alexander Koeberle-Schmid kindly thanks Joachim Groß, Arno Lehmann-Tolkmitt, and Rainer Lorz, as well as his colleague board members, for their support in the development of the knowledge about professional boards and their support in the development of the four steps board model for family enterprises.
4. このインタビューはすでに以下の書籍に掲載されていて、英文に翻訳されている。
Führung von Familienunternehmen (Leading the Family Enterprise) by Alexander Koeberle-Schmid and Bernd Grottel, published by Erich Schmid, Germany.

5. 本章では、以下の論文とその中で言及された文献をもとに解説。Koeberle-Schmid, A. (2008), *Family Business Governance: Aufsichtsgremium und Familienrepräsentanz*, Wiesbaden: Gabler; Koeberle-Schmid, A., Brockhoff, K., & Witt, P. (2009), "Performanceimplikationen von Aufsichtsgremien in deutschen Familienunternehmen," *Zeitschrift für Betriebswirtschaft Special Issue* 2, pp. 83-111; Koeberle Schmid, A., Groß, J., & Lehmann-Tolkmitt, A. (2011), "Der Beirat als Garant guter Governance im Familienunternehmen," *Betriebs-Berater* 15, pp. 899-906; Koeberle-Schmid, A. (2012), "Professionelle Aufsichtsgremien: Aufgaben, Typen und Ausgestaltung," in Koeberle-Schmid, A., Fahrion, H.-J., & Witt, P. (eds.), *Family Business Governance - Erfolgreiche Führung von Familienunternehmen*, 2nd edn., Berlin: Erich Schmidt, pp. 120-154.

6. May, P. (2012), *Erfolgsmodell Familienunternehmen*, Hamburg: Murmann; May, P., & Koeberle-Schmid, A. (2011), "Die drei Dimensionen eines Familienunternehmens: Teil I," *Betriebswirtschaftliche Forschung und Praxis* 6, pp. 656-672 and May, P., & Koeberle-Schmid, A. (2012), "Die drei Dimensionen eines Familienunternehmens: Teil II," *Betriebswirtschaftliche Forschung und Praxis* 1, pp. 52-72.

7. 訳者注：日本においてこれは、会社法上の取締役としての任期（通常は2年、定款の定め等により1年〜10年）とは別に考える必要があり、オーナーと取締役候補者との個別契約としてとらえることになる。

8. Schweinsberg, K., & Laschet, C. (2010), *Haftung und Compliance in Familienunternehmen*, Bonn: INTES Akademie; Becker, W., Reker, J., & Ulrich, P. (2010), "Beiräte im Mittelstand Ergebnis einer Unternehmensbefragung," *Der Aufsichtsrat* 7, pp. 154-155.

9. Zahra, S., & Pearce, J. (1989), "Boards of directors and corporate financial performance: a review and integrative model," *Journal of Management* 15, pp. 291-334; Ward, J. (1991), *Creating Effective Boards for Private Enterprises*, San Francisco: Jossey-Bass; Aronoff, C., & Ward, J. (1996), *Family Business Governance: Maximizing Family and Business Potential*, 3rd edn., Marietta: Family Business Publishers; Forbes, D., & Milliken, F. (1999), "Cognition and corporate governance: Understanding boards of directors as strategic decision-making groups," *Academy of Management Review* 24, pp. 489-505; Mustakallio, M., Autio, E., & Zahra, S. (2002), "Relational and contractual governance in family firms: effects on strategic decision making," *Family Business Review* 15, pp. 205-222; Heuvel, J. v. d., Gils, A. v., & Voordeckers, W. (2006), "Board roles in small and medium-sized family businesses: performance and importance," *Corporate Governance: An International Review* 14, pp. 467- 485; Wiedemann, A., & Kögel, R. (2008), *Beirat und Aufsichtsrat im Familienunternehmen*, Munich: Beck; Koeberle-Schmid, A. (2008), *Family Business Governance: Aufsichtsgremium und Familienrepräsentanz*, Wiesbaden: Gabler; Koeberle-Schmid, A., Brockhoff, K., & Witt, P. (2009), "Performanceimplikationen von Aufsichtsgremien in deutschen Familienunternehmen," *Zeitschrift für Betriebswirtschaft Special Issue* 2, pp. 83-111.

10. Koeberle-Schmid, A., Groß, J., & Lehmann-Tolkmitt, A. (2011), "Der Beirat als

Garant guter Governance im Familienunternehmen," *Betriebs-Berater* 15, pp. 899-906.

11. Lehmann-Tolkmitt, A. (2008), "Zehn Empfehlungen für einen effektiven Beirat im Familienunternehmen," *Der Aufsichtsrat* 1, pp. 6-8; Koeberle-Schmid, A., Groß, J., & Lehmann-Tolkmitt, A. (2011), "Der Beirat als Garant guter Governance im Familienunternehmen," *Betriebs-Berater* 15, pp. 899-906.

12. Aronoff, C., & Ward, J. (1996), *Family Business Governance: Maximizing Family and Business Potential*, 3rd edn., Marietta: Family Business Publishers; May, P., & Sieger, G. (2000), "Der Beirat im Familienunternehmen zwischen Beratung, Kontrolle, Ausgleich und Personalfindung - Eine kritische Bestandsaufnahme," in Jeschke, D., Kirchdörfer, R., & Lorz, R. (eds.), *Planung, Finanzierung und Kontrolle im Familienunternehmen*, Munich: Beck, pp. 245-255; Huse, M. (2005), ".Accountability and creating accountability: a framework for exploring behavioural perspectives of corporate governance," *British Journal of Management* 16: pp. 565-579; Lane, S., Astrachan, J., Keyt, A., & McMillan, K. (2006), "Guidelines for family business boards of directors," *Family Business Review* 19, pp. 147-167; Koeberle-Schmid, A. (2008), *Family Business Governance:Aufsichtsgremium und Familienrepräsentanz*, Wiesbaden: Gabler; Koeberle-Schmid, A. (2008), "Aufsichtsratsaufgaben in Familienunternehmen," *Der Aufsichtsrat* 7, pp. 101-103; Kormann, H. (2009), *Beiräte in der Verantwortung*, Berlin: Springer; Garratt, B. (2010), *The Fish Rots from the Head - Developing Effective Board Directors*, 3rd edn., London: Profile Books.

13. Schulze, W., Lubatkin, M., Dino, R., & Buchholtz, A. (2001), "Agency relationships in family firms: theory and evidence," *Organization Science* 12, pp. 99-116; Schulze, W., Lubatkin, M., & Dino, R. (2003), "Exploring the agency consequences of ownership dispersion among the directors of private family firms," *Academy of Management Journal* 46, pp. 179-194.

14. Karra, N., Tracey, P., & Phillips, N.(2006), "Altruism and agency in the family firm: exploring the role of family, kinship, and ethnicity," *Entrepreneurship Theory and Practice* 30, pp. 861-877.

15. Koeberle-Schmid, A., Groß, J., & Lehmann-Tolkmitt, A. (2011), "Der Beirat als Garant guter Governance im Familienunternehmen," *Betriebs-Berater* 15, pp. 899-906.

16. . Sirmon, D., & Hitt, M. (2003), "Managing resources: linking unique resources, Management, and wealth creation in family firms," *Entrepreneurship Theory and Practice* 27, pp. 339-358.

17. Kormann, H. (2009), *Beiriite in der Verantwortung*, Berlin: Springer.

18. Ward, J. (1991), *Creating Effective Boards for Private Enterprises*, San Francisco: Jossey Bass.

19. Le Breton-Miller, I., Miller, D., & Steier, L. (2004), "Toward an integrative model of effective FOB succession," *Entrepreneurship Theory and Practice* 28, pp. 305-328.

20. Koeberle-Schmid, A., Lehmann-Tolkmitt, A., & Groß, J. (2012), "Der Nachfolge-Beirat im Familienunternehmen," *FuS* 4, pp. 135-141.

21. Arregle, J.-L., Hitt, M., Sirmon, D., & Very, P. (2007), "The development of

organizational social capital: attributes of family firms," *Journal of Management Studies* 44, pp. 73-95.

22. Lane, S., Astrachan, J., Keyt, A., & McMillan, K. (2006), "Guidelines for family business boards of directors," *Family Business Review* 19, pp. 147-167.

23. 偶発的要因については以下を参照。Ward, J. (1991), *Creating Effective Boards for Private Enterprises*, San Francisco: Jossey-Bass; Aronoff, C., & Ward, J. (1996), *Family Business Governance: Maximizing Family and Business Potential*, 3rd edn., Marietta: Family Business Publishers; Lane, S., Astrachan, J., Keyt, A., & McMillan, K. (2006), "Guidelines for family business boards of directors," *Family Business Review* 19, pp. 147-167; Wiedemann, A., & Kögel, R. (2008), *Beirat und Aufsichtsrat im Familienunternehmen*, Munich: Beck; Kormann, H. (2009), *Beiräte in der Verantwortung*, Berlin: Springer; Koeberle-Schmid, A., Groß, J ., & Lehmann-Tolkmitt, A. (2011), "Der Beirat als Garant guter Governance im Familienunternehmen," *Betriebs-Berater* 15, pp. 899-906; Garratt, B. (2010), *The Fish Rots from the Head - Developing Effective Board Directors*, 3rd edn., London: Profile Books.

24. 訳者注：日本の会社法における取締役の任期は原則2年であり、非公開会社（株式の譲渡に制限がある会社）においては定款の定めにより最長10年まで延長できる。また、監査等委員会設置会社における取締役の任期は1年である。

25. Aronoff, C., & Ward, J. (2002), "Outside directors: how they help you," in Aronoff, C., Astrachan, J., & Ward, J. (eds.), *Family Business Sourcebook: A Guide for Families Who Own Businesses and the Professionals Who Serve Them*, vol. 3, Marietta: Family Enterprise Publishers, pp. 254-255.

26. Nicholson, G., & Kiel, G. (2004), "A framework for diagnosing board effectiveness," *Corporate Governance: An International Review* 12, pp. 442-460.

27. May, P., & Sieger, G. (2000), "Der Beirat im Familienunternehmen zwischen Beratung, Kontrolle, Ausgleich und Personalfindung - Eine kritische Bestandsaufnahme," in Jeschke, D., Kirchdörfer, R., & Lorz, R. (eds.), *Planung, Finanzierung und Kontrolle im Familienunternehmen*, Munich: Beck, pp. 245-255; Lehmann-Tolkmitt, A. (2008), "Zehn Empfehlungen für einen effektiven Beirat im Familienunternehmen," *Der Aufsichtsrat* 1, pp. 6-8.

28. Pohle, K., & Werder, A. v. (2005), "Leitfaden Best Practice von Bilanzprüfungsausschüssen (Audit Committees)," *Der Betrieb* 58, pp. 237-239 .

29. Achenbach, C., May, P., Rieder. G., & Eiben, J. (2008), *Beiräte in Familienunternehmen*, Bonn: INTES Akademie.

30. 訳者注：2023年現在では、世界的な物価上昇と役員責任の増加から、より高い水準になっていると考えられる。

31. Minichilli, A., Gabrielsson, J., & Huse, M. (2007), "Board evaluations: Making a fit between the purpose and the system," *Corporate Governance: An International Review* 15, pp. 609-622.

ベストプラクティス
推奨事項

1 オーナーファミリーは、ファミリービジネスの成功と持続可能性を支えるべく、専門的経営者等を擁する取締役会の設置を検討する必要があります。その構成は、オーナーシップと経営管理構造に依存します。

2 専門的経営者等を擁する取締役会は、オーナーの目標や価値観に基づいて、経営陣の目標を策定する必要があります。

3 取締役は、モニタリング、助言、人選、ネットワーク形成、ファミリーとのコミュニケーションなどの職務を効果的かつ効率的に遂行する必要があります。

4 専門的経営者等を擁する取締役会は、経営陣が賢明でない意思決定を行わないよう、戦略、予算、企業業績について経営陣と綿密に話し合う必要があります。

5 専門的経営者等を擁する取締役会における取締役は、3人以上7人以下のメンバーで構成し、非業務執行役員が過半数を占め、CEO は会長と同一人物とせず、任期を3年間とし、年齢制限を75歳までとすることが望まれます。取締役会は少なくとも年に4回は開催することが望ましいとされています。

6 取締役会全体だけでなく、個々のメンバーも、相当の経験と関連する専門的資格を有している必要があります。

7 取締役会は、少なくとも会議の2週間前までに包括的かつ体系化された議題に関する報告を受ける必要があります。取締役会のメンバーは、会議のために十分な準備をする必要があります。

8 CEO がファミリーメンバーである場合、会長は非ファミリーメンバーであるべきであり、その逆もまた然りです。

9 取締役会はそのパフォーマンスを毎年評価される必要があります。

10 取締役会のメンバーは、そのパフォーマンスに対する高い期待に見合った十
分な報酬を受けるべきです。

第6章

CEO とその承継[1]

「350年間存続してきたということへの特別な思い入れがあります。現在、15代目が会社を経営しています。」

**オランダ、ハーグのコーダイド社の最高業務執行責任者/取締役である
アンリ・ヴァン・イーゲン氏と、オランダのアムステルダムのヴァン・イーゲン・
グループの元非ファミリー取締役ティニ・フーイマンズ氏へのインタビュー**

このインタビューでは、アンリ・ヴァン・イーゲン氏が自身のキャリアの歩みと選択について語っています。ヴァン・イーゲン社の元非ファミリー取締役であるティニ・フーイマンズ氏も参加しています。

アンリ・ヴァン・イーゲン氏は、14代目の会社経営メンバー（現在は15代目）です。ヴァン・イーゲン・グループの元最高経営責任者（CEO）であったアンリ氏は、現在は慈善団体であるコーダイドの最高業務執行責任者（COO）/取締役を務めています。彼は数多くの役員を歴任し、6カ国語を流暢に操ります。

ヴァン・イーゲン社の元非ファミリー取締役であるティニ・フーイマンズ氏にもお話を聞きました。ティニ・フーイマンズ氏は、オランダのデルフトに拠点を置くTNO社の経営メンバーであり、2004年から2007年までヴァン・イーゲン・グループの監査役を務めていました。

105

ヴァン・イーゲン・グループは、オランダに本拠を置く350年の歴史を持つファミリービジネスです。1662年に設立され、高品質の健康食品を製造する国際的な企業です。グループは、通信や貴金属など他の分野にも多角的にビジネスを展開しています。

デニス・ケニヨン゠ルヴィネ──アンリさん、あなたのキャリアパスについて教えていただけますか?

アンリ・ヴァン・イーゲン氏──私は、カナダでMBAを取得している最中に、フィンランドの製紙業界における多国籍企業で働き、そこで夏を過ごしました。数カ月後、役員の1人が、私にとってこの上ない良いポジションに配属してくれました。そしてカナダ北西部での研修を経て、日本の大阪で仕事をすることになりました。さらに、27歳の時には新しい会社を設立するために韓国に派遣されました。私たちは、地元と連携し高品質の素材を供給し、2年で会社の目標を達成しました。31歳のとき、フィンランドで外国人初の役員職としてオファーがあり、そこでは2つの工場と約4,000人の従業員を抱え、フィンランド語を学び、M&A（合併・買収）も任され、アジア、アフリカ、ヨーロッパ方面へ多くの投資を行いました。このような状況でしたので、私はオランダに戻るのを考えたこともありませんでしたが、同社はオランダにも子会社を有しており、グループから「行ってみてはどうか」と言われました。当時の私は子会社の経営や、M&Aの取り組み、事業部の管理、などをしていた関係で年に160泊もホテルに宿泊しており、家庭生活はとても哀れなものでした。私はこのままではいけないと思い、辞表を出し、退職しました。短期間、つなぎの仕事をしましたが、その後、オランダでファミリー会社の経営を任されることになりました。

**　家業に就こうと思ったきっかけは何ですか?**

アンリ・ヴァン・イーゲン氏──私はフィンランドにいたとき、実家のファミリービジネスの監査委員会に加わるように言われました。その4年後、父から「CEOとしてファミリー会社の経営に参画しないか」と言われました。私は、父の意見が強く影響している当時の状況では無理だと答えました。父と自分の性格を考えると、対立するリスクが高すぎると考えられたためです。

その間に、私はベンチャーキャピタルに売却される過程にあるファミリー会社に入社しました。その会社はかなりの規模であり、非常に収益性の高い会社でした。私はそのプロセスを手伝い、4年間在籍しました。これにより、私に対する実家のファミリービジネスからの引き合いはますます強くなりました。私はファミリーが運営するビジネスにコミットして、今後20年はその経営をしなければならないと思うと、それが嫌でした。ただ最終的には、5年後に何か他のことをしたければ無理に引き留めない、という条件で、ファミリーが運営しているビジネスへ入社することを検討することになりました。結果として、私は5年間在籍し、社内改革を行い、新しいビジネスを立ち上げました。

ファミリービジネスに入社するにあたり何か必要な条件はありましたか？

アンリ・ヴァン・イーゲン氏──私の採用に関しては、CEOが「ヴァン・イーゲン」という姓を持つ人でなければならないということ以外、特に条件はありませんでした。それは会社の内規に記載されています。

ティニさん、アンリさんが入社したとき、あなたは諮問委員会にいましたか？

ティニ・フーイマンズ氏──私は2004年から2007年まで、ヴァン・イーゲン・グループの役員を務めました。私が入社した当時は、アンリの兄であるウィレムがCEOでした。ウィレム自身は、誰かがCEOとしての活動を引き受けてくれれば、自分自身はビタミン事業にもっと集中できると考えていました。

ティニさん、アンリを採用するための正式なプロセスはありましたか？また拒否する可能性はありましたか？

ティニ・フーイマンズ氏──そうでもあったし、そうでもなかったというのが私の回答です。私たちは確かにアンリの履歴書を受け取りました。私は、自分と同じく非ファミリーである役員と、もう1人のアンリの兄弟であるマールテンと共に役員を務めていました。私たち3人は、アンリが候補者として適格であるかどうかを話し合い、客観的な検討の結果、彼は適任者であると判断しました。一方で、他に候補者はいなかった点ではファミリービジネスでの採用は非ファミリービジネスとは異なります。しかし、アンリは必要とされる以上の能力を有していたので、私たちは

満足でした。

アンリさん、ファミリービジネスへの入社条件について、何か変更しましたか?

アンリ・ヴァン・イーゲン氏──はい、私が会社経営に携わっていたときに、ガバナンスシステムの変更にも着手しました。諮問委員会では、会社経営への参画に関心のあるファミリーメンバー間で多くの競争をさせることに賛成しており、そこで私たちはいくつかの基本的ルールを決めました。その1つは、ビジネスにおいて空席になった職位に就くためには、少なくとも5年間(CEOについてはそれ以上)の社外勤務経験が必要であるということです。2つ目は、職位が空席になった場合、ビジネスへの参加に関心があるファミリーメンバー間で競争を持たせるということです。もう1つの誓約ルール、すなわち、「5 〜 10年後には希望すればその職位にとどまらずに自由に動くことができる」ということは、私の時に初めて適用された新ルールでした。それはその後の他のCEOたちにも適用されましたが、そこでの唯一の制約は、グループが自分の後継者を見つけるまでの十分な期間を置くことでした。

アンリさん、いつ、そしてなぜ、あなたはファミリービジネスを辞めようと考えたのですか?

アンリ・ヴァン・イーゲン氏──4年半後、人材スカウト会社からコーダイド社の経営に興味がないか、という打診を受け、私はそれに応じました。そして、新しいファミリーメンバーを採用するプロセスが始まりました。私たちは外部の候補者を探す場合と同じように、その役割と責任について説明を行い、ファミリー内に広く知らせたところ、多数の応募がありました。面接はすべて諮問委員会が行い、株主総会において1人の候補者を株主に対して提示し、適任と判断され満場一致で可決されました。

ビジネスの後継者、そしてCEOになることのメリットとデメリットは何ですか?

アンリ・ヴァン・イーゲン氏──それには2つの側面があります。私はファミリーメンバーたちが会社を見る目を甘く考えており、私はただ1つのビジネスを経営するだけだと思っていたのです。株主は30人と比較的多かったのですが、実は彼らは私たちの企業経営に感情的な影響を及ぼしていたのです。当初、私はファミリー

メンバーの感情的なつながりや、彼らが経営に携わることを望んでいる、あるいは当然に経営陣として迎え入れなければならないと考えている、という事実を受け入れられませんでした。その後、私はそれが重要なことであると気づき考えを改め、特に上の世代のファミリーメンバーと一緒に過ごす時間を増やしました。

一方で、新しいビジネスやアイデアを始めようと思えば、かなり自由度がありました。そして、ファミリーメンバーであれば、四半期ごとや半年ごとの業績についてはそれほど問題視せず、年度の結果に最も興味を持っていたため、プレッシャーはまったくありませんでした。それゆえ、経営管理上の負担という点では、ファミリー会社は素晴らしかったです。

幸いにも、30人の株主の中には、ファミリービジネスを売却し、換金しなければならないような経済的な事情を抱えている人はいませんでした。株主総会で「来年のあなた方の事業計画は魅力的なので、配当は必要ありませんから、それをビジネスに再投資してはどうでしょう？」と言われるのは珍しいことではなく、私の任務期間中には少なくとも2回はそのようなことがありました。それにより会社の内部留保が厚くなり、借入れをする必要がなくなりました。これは会社にとって本当にありがたいことでした。

ティニさん、非ファミリーの立場として、ヴァン・イーゲン家についてどんな印象を受けましたか？
ティニ・フーイマンズ氏──株主も含めてみんな非常に競争心があり、プロフェッショナルでした。監査委員会は年6回開催され、そのうち1回は全株主を集めて行われました。そこで私たちは、会社の方向性について、非常に激しく、強烈に議論を行うなど、株主たちは非常に深く関与していました。そこにおいて配当は問題でも関心事でもなく、会社の未来が重要視されていました。これがファミリービジネスと非ファミリービジネスの大きな違いだと思います。ヴァン・イーゲン家は、会社に深く関与し、それをとても誇りに思っています。

次世代において40〜50人もの活気に満ちた有能なメンバーがいるようですね。やはり、モチベーションと能力を育むファミリーには、何か特別なものがあるはずですが、それは何ですか？

第 6 章　CEO とその承継　109

アンリ・ヴァン・イーゲン氏──350年間も続いているものには、特別な思い入れがあるのだと思います。現在、15代目が会社を経営していますが、私たちはその歴史と共に、何度も生まれ変わってきた会社であるということを誇りに思っています。

　私たちには、明文化されていないいくつかの基本的なルールがあり、おそらくそれが会社経営にも役立っていると考えます。1つ目として、私たちのビジネスは、規模ではなく収益性を重視するものであるということ、そして、規模とは売上高ではなく従業員数であるということです。2つ目として、会社で働くすべての従業員を把握するということです。従業員は400〜500人までとなっており、それより多いと全員を覚えられないからです。中規模企業として収益性を重視するのであれば、常にニッチな市場を見つける必要があるという信念があります。3つ目として、私たちのファミリービジネスでは、常に新人が起業家精神を持ち続け、ビジネスを発展させる余地を残しておくことです。そして、失敗を受け入れ、そこから学ぶという考えを重視しています。

　私たちファミリーの価値観も、私たちのビジネスの持続性に深く影響しています。1つ目の価値観として、私たちは「自分たちの得意なことを行い、その上での努力を惜しまない」という育てられ方をしました。2つ目の価値観は「質素に暮らす」ことです。これは、物質的なものにアイデンティティを持ちたくないという私たちの宗教的背景から来るものかもしれません。3つ目の価値観は、私たちは社会に還元しなければならないということで、これは「私たちが何者であるか」という命題の主要な部分でもあります。

｜ 最適なCEOの選定と後継者の育成 ｜

　「もし生まれ変わったとしても、やはり私は実業家でいることでしょう。週末がなくて、仕事が大変なので文句も言いますが、それでもやるでしょうね」。兄弟と一緒にファミリービジネスを引き継いだサクプ・サバンジュは、そのエネルギーとイニシアチブでターキッシュ・グループ（2012年には世界で5万7,000人の従業員を抱え、146億USドルの売上規模の多角化グループ）を世界最大とされる会社の1つに成長させました。

　CEOの役割には、多くの人々が望んでいる権力と威信があるため、その部分

だけを持ちたいと思うかもしれません。しかしながら、CEOの役割には多くの責任も伴い、多大な献身、才能、リーダーシップを必要とします。このようなスキルセットは一部のファミリーに見受けられることもありますが、希少なスキルの組み合わせであるため、時にはファミリー以外から適任者を探す必要があります。

　ファミリービジネスであるということだけで、その業務には何層もの複雑さが加わるため、CEO（および他の上級管理職）の役割は、証券取引所に上場している場合[2]や、ファミリーが完全に所有しているわけではない場合など、とは大きくに異なるものになります。その理由をいくつかあげてみましょう。

- ファミリーオーナーシップの権力：ファミリービジネスでは、オーナーシップは明確に特定され、通常は比較的少数の個人に委ねられており、取締役会とCEOの活動について厳格な枠組みを必要としています。
- 取締役会の権力：多くの場合、ファミリーおよび非ファミリーのメンバーで構成され、CEOに対して大きな統制と権限を行使できます。
- 責任の増大：会社、従業員、収益性、事業継続性に対するCEOの責任は、ファミリーの意向も取り入れることから、非ファミリービジネスと比較して増大します。
- ビジネス、ファミリー、およびその歴史に対する深い情緒的な結びつきがあります。

　つまり、ファミリービジネスのCEOは自分自身のエゴを捨て去らないといけません。それは彼らの財産だけではなく、両親、兄弟、いとこたちの財産、そして子供の財産と未来、従業員や地域の経済的安定性など、すべてが彼らの手に委ねられているからです。このためファミリービジネスのCEOは、次世代のためにもより一層の注意を持ち、そして懸命にビジネスを発展させなければなりません。

　ファミリービジネスのガバナンスの観点からは、経営に関して考慮すべき事項が3つあります。それは（1）ファミリービジネスの経営が他の形態の経営とどのように異なるかを理解すること、（2）ファミリー内に後継者としての能力がある者がいるのか、そうでなければ、非ファミリーのCEOを選定する必要があるのか、を判断すること、（3）次世代のCEOや主要幹部を育成すること、です。

ファミリービジネスの経営：なぜ異なるのか？

ファミリービジネスのCEOが行う業務の一般的な枠組みは、ファミリーオーナーと取締役会によって定義されます。これは、より自由度の高い経営に慣れている非ファミリーのCEOにとっては、あまりピンとこないかもしれません。オーナーは取締役会を通じて、CEOに対し、ビジネスに対して有するビジョン、戦略目標、リスクに対する許容度、指導方針などを伝え、ビジネスにおいて何が許容され、何が許容されないか決定します。CEOは、日々の企業経営において、これらのガイドラインの範囲内で業務を遂行します。

マーケティング、生産、財務、法務、人事などの経営に不可欠な機能は、ファミリー企業でも非ファミリービジネスでもほぼ同じです。一方ファミリービジネスには、主にビジネスの進め方に関する3つの特徴的な経営課題があります。それは以下の通りです。

- 企業文化
- 経営方針とファミリーの価値観の整合性
- 組織構造

企業文化

CEOは、ファミリーオーナーから受け取った価値観や指針を、そのファミリービジネスの独自性を発揮する本質へ変換し、それを維持しながら伝達していくことができます。これによって、真の競争優位性ともなりうる企業文化を生み出します。[3]

なぜ企業文化がそれほど重要なのでしょうか？それは、正に企業文化が業績に大きな直接的影響をもたらすからです。企業文化に共感できる従業員は、自分の職務や業務内容、創業ファミリー、出会う人々に対するモチベーションが高まります。また、会社に対して強い忠実心を持ち、特に厳しい経済状況下においては、職務契約の内容を超えて、ビジネスに利益をもたらすように従事する傾向が高くなります。

また、サプライヤーや顧客も、明確で長期的な視野に立ったアイデンティティを有する会社との取引を好みます。彼らが競合他社と取引をしていても、強い文化やアイデンティティによって彼らと密接な関係を築いている会社であれば、必要に応じて納期短縮などの特別な便宜を図ってもらえる可能性は高くなります。

　非ファミリービジネスの会社は、企業文化の創造と維持に苦慮していることが多くなっています。この要因としては、CEOや取締役会メンバーの交代が頻繁に行われることや、企業経営に影響を与えない株主が多数存在することがあげられます。そのような環境下において、企業文化を生み出すことができた非ファミリービジネスの会社はごくわずかで、ゼネラル・エレクトリック社のジャック・ウェルチ氏とバークシャー・ハサウェイ社のウォーレン・バフェット氏がその例になります。この2人が非常に長い期間にわたり会社に在職していたことは、注目に値します。

　ファミリービジネスにおける企業文化はファミリーの価値観から生まれます。ファミリーの価値観は長期間にわたり続く傾向があります。ファミリーの核となる価値観が明確であれば、それを数世代にわたり伝えることができ、その結果として、企業文化は長期にわたって影響力を持つようになります。

ファミリーの価値観と経営方針の整合性[4]

　ファミリーの価値観は企業文化の源であるだけではなく、ファミリービジネスにおける最も重要な方針の一部を形成しています。CEOは、これらの方針が守られていることを常に確認する必要があります。ファミリーの価値観から直接影響を受ける経営方針の例としては、雇用や報酬に関する方針、負債資本比率などがあげられ、多くのファミリーでは、借入をしないという厳格な原則を有しており、ドイツのミーレ社がその例としてあげられます（第11章を参照）。数世代の長期にわたる名門承継の研究では、ほとんどの会社が無借金主義を採用していることが明らかになっています。

　企業文化と経営方針を明確にし、実現させ、伝えていく、それがCEOの責任です。多くの場合、ファミリーは核となる強い価値観を有していますが、それらを簡潔に説明したり、ビジネスへの具体的な影響を表現したり、ができないこと

があります。これを明確にすることで、現場からオーナーに至るまで、より強力で一貫した組織構造を構築することができ、組織の効率性と有効性は著しく向上します。

無駄のない組織構造

　価値観、企業文化、経営方針について、それらを明確化し、それぞれの整合性を保つことは、ファミリービジネスへの信頼を生み出します。これらが正しく行われれば、どの指針に従ってどのように活動すればよいのか、についてファミリービジネス関係者の誰もが、より明確な考えを持つことができます。結果として従業員は、ビジネスに対して強く深い帰属意識を持つことになり、モチベーションと自主性が高まります。またビジネスのフレームワークが明確であるため、権限付与がよりルール化され、必要とされるヒエラルキーと統制の階層が少なくなり、組織のスリム化、コストの削減、利益率の向上につながります。

　無駄のない組織構造は、業績の高いファミリービジネスの特徴の1つであり、最適化された組織構造を通じてよりよい業績を達成することが、全体的なガバナンスシステムとCEOにとっての目標の1つです。

｜ファミリーのCEO対非ファミリーのCEO：能力の選択｜

　ファミリーは、次のCEOをファミリーメンバーにするかどうかについて悩むことがあります。その答えは複雑で、特にファミリーがビジネスや将来の世代に対して抱いているビジョンの影響が強く出ます。CEOを選ぶ際に特に注意が必要なのは、能力、価値観、意欲の3要素です。

　同様に重要なのは、将来のCEOがファミリーメンバーであるかどうかにかかわらず、ファミリービジネスにおけるCEOの役割が、非ファミリービジネスにおけるCEOの役割と「どのように異なるか」を理解できる能力です。非ファミリービジネスにおいては、CEOの役割がその経営に最も強く影響力を有していることが多くありますが、ファミリービジネスでは、会社における最高権力者がファミリーオーナーであるため、CEOはエゴを抑制する必要があります。ファミリーオーナー

はビジネスに関与している場合もあれば、そうでない場合もあり、また、取締役会に参加している場合もあれば、していない場合もあります。また、ビジネスの世界について重要な知識がある場合もあれば、そうでない場合もあり、また非常に年齢が若い可能性もあります。ファミリービジネスのCEOは、創業世代を除いて、そのビジネスとオーナーのビジョンや価値観に対して尽くさねばなりません。ファミリーとその財産は、常にCEOの存在よりも「大きな」ものなのです。

「創業者でなければ、本当の意味での起業家ではない。私がCEOであっても、父の刻印はビジネスから消えることはありません。」マーシー・シムズ氏[5]

ファミリービジネスのCEOは、変革するリーダーというよりも、ビジネスの「執事長」と捉えるべきなのかもしれません。しかし、そうはいっても変化への対応は当然に重要となります。ファミリービジネスが長期的に生き残るためには、企業環境の変化に適応する必要がありますが、それはもっぱら「戦略や目標」に影響を与えることが多く、「使命や企業文化」にはあまり影響を与えません。こういった判別を行うためにもCEOには十分なスキルが必要とされます。

ファミリー出身のCEOは、長年ビジネスに携わってきた非ファミリー出身のCEOと比べた場合に、ファミリーの価値観や企業文化に精通している可能性が高いといえます。ファミリー出身のCEO候補者は、必要とされる能力とスキル、そして意欲を備えていれば、非常に良い候補者であるといえるでしょう。

非ファミリー出身のCEOは、ファミリー出身者と非常に異なる特性を兼ね備えていることが多いと考えられます。それは高い能力と意欲を持ち、加えて変化をもたらすための即応性や、高いリスクを取ることもいとわないことでもあります。そして、彼らに与えられる個々の役割によってより高いモチベーションを保つことも期待されます。しかし、非ファミリーのCEOの核となっている価値観とファミリーの価値観が一致していない可能性もあり、その場合にはCEOは苦労し、企業文化も危機にさらされるでしょう。これにより時として、ビジネスが破綻することさえあります。

この企業文化に対する「適合」あるいは「不適合」は、非ファミリーの経営者に限ったことではありません。ファミリーメンバーの中にも、他のファミリーとは

第 6 章　CEO とその承継　115

異なる価値観や考え方を持つ人がいる場合もあります。ある第4世代のファミリービジネスでは、非常に前途有望な30歳のファミリーメンバーが役員に就任していましたが、彼には大いなる意欲があり、明らかに起業家精神に富んでいました。彼は非常にリスクの高い2件の買収案件を実行しましたが、そのうちの1件が失敗に終わりました。しかし、もう1件の買収は素晴らしい選択であり、大成功となりました。しかしながら、リスク回避志向が強かったこのファミリーの中で、彼はオーナーからの信用をあっという間に失ってしまい、会社を辞めるように依頼されました。彼はその後自分自身のベンチャービジネスを立ち上げ、今では起業家として成功し、幸せな日々を送っています。ファミリービジネスにおいては、一度失くしてしまったオーナーと経営者の間の信頼関係を取り戻すために、数年間という長い時間と多くの議論が必要になります。

ファミリーから非ファミリーのCEOへの移行

ファミリーのCEOと非ファミリーのCEOをめぐる議論は、初めてこの問題を検討するファミリーにとって特に難しいものです。最初の非ファミリーのCEOを任命することは、未知の世界へ足を踏み入れることであり、情緒的にも大きな一歩を踏み出すことになります。

- 新しいCEOはどう経営するのだろうか？
- 新しいCEOが入った後も、ビジネスで何が起こっているのか私は知り得るのだろうか？
- 新しいCEOは好条件の取引を獲得する方法を知っているのだろうか？
- 新しいCEOは私たちの従業員を大切にしてくれるだろうか？

最初の非ファミリーのCEOへの移行は、議論が始まってからなかなか先に進むことができないほど困難な場合もあります。しかし、その先に進もうとする人々は、しっかりとした信念をもとに行動することが多く、彼らは落ち着いて熟考を重ね、新しいCEOが正に必要とした人物であることが証明されるまで、その不安感を外部には出しません。

非ファミリーのCEOを支持するいくつかの論拠

　ファミリー内に後継者がいない場合には、当然のことながら非ファミリーのCEOが選任されます。しかし、ファミリーが非ファミリーのCEOへの交代を検討する理由は他にもあります。

　ファミリー側の理由：
- 1つ目は有能な後継者不足です。ファミリーメンバーのほとんどは、自分たちのビジネスを愛していますが、全員がCEOになるために必要なスキルと強みを有しているわけではありません。
- 2つ目はファミリー内候補者側のモチベーションの欠如です。ファミリービジネスのCEOは、平均して15 ～ 20年というかなり長い期間、その地位を務める傾向があります。その間、彼らは質問され、挑発され、批判され、そして時には賞賛されることになります。彼らはそれらに対応するために高いモチベーションを維持する必要があります。一方で、最高地位にいる者のモチベーション喪失は、組織全体に波及します。同様に、権力や傲慢さを出す態度は組織を腐食させる可能性があります。ウィリアム・ディーン・シングルトン氏が「ファミリービジネスに興味のない世代にビジネスを見せれば、そのビジネスは売られてしまうでしょう。」と言った通りです。
- 3つ目はファミリー内の対立です。一部のファミリーでは対立が日常化しており、ファミリーのCEOが何を提案しても、取締役会やファミリーオーナーによって拒否されてしまうことがあります。あるいは、次のCEOは自分の家系から選ばれるべきだと強く思う人がいる場合にも、対立が生じてしまうかもしれません。このような状況では、ファミリー CEOは行き詰まってしまい、ビジネスを進めることはできません。

　ポジティブな理由：
- 任命された人は、ビジネスに対して活力のある新しいエネルギーを加えることができます。
- 非ファミリーのCEOは、会社に不足している新たな能力を創り出すことがで

きます。ファミリービジネスでは、ファミリーの価値観とビジョンが共有できれば、非常に多くの優秀な非ファミリーメンバーたちがビジネスに専念してくれます。彼らに組織のトップに立つ機会を与えることは、ビジネスの業績向上に大きく貢献する可能性があります。

・非ファミリーのCEOに交代することで、ファミリー候補者自身にも健全な競争と刺激を与えます。一般的な人間の性質として、自分が次のリーダーになることを予めかなり前から知ってしまうと、その人は持っている能力を出し切ることができない、ということがその理由です。取締役会とファミリーは、ファミリー候補者に、次のCEOになるためには真の競争があることを熟知させ、彼らが最善を尽くして新たなエネルギーと意欲をビジネスにもたらすようになるような、豊かな環境を提供していくことになります。

CEOの選定に影響を与えるその他の考慮事項：

・「ファミリー優先」か「ビジネス優先」か？[6] 前者は、ビジネスというものを、ファミリーをまとめるための手段であり、そしてファミリーメンバーに雇用を提供する手段として考えています。そのようなビジネスにおいては、ほとんどの場合、ファミリーのCEOが率いています。一方、「ビジネス優先」のファミリーは、ビジネスを彼らの関心の中心としてとらえており、そこではファミリーのCEOであるか、非ファミリーのCEOであるかは関係ありません。

・21世紀のリーダーシップのスキル。20世紀の間、企業は次のCEOを選ぶ際に、エンジニアリング、ファイナンス、マーケティングなどのテクニカルスキルを重視していましたが、今日最も求められているスキルは、外部とのつながり、従業員のモチベーションを高める能力、すなわち「人」に関わるスキルです。

・ガバナンス体制への影響。非ファミリーのCEOへの交代は大きな影響を及ぼします。従業員はファミリーメンバーに対してさまざまな報告をそれまでよりしなくなることが多くなるため、ファミリーメンバーはそれを不安に感じる可能性があります。そのため、交代時には、ファミリーオーナー、取締役会、マネージャーが、会社のビジョン、使命、価値観、主要な目標について一致していることを確認するために、全体的なガバナンス体制の見直しを伴う

べきです。

承継プロセス

適切な後継者を選ぶことは、ファミリービジネスの長期的な成功にとって非常に重要であり、ファミリー、取締役会、CEOといったガバナンスにおける3つの層のすべてが関与する必要があります。オーナーは次のCEOをファミリーメンバーにしたいのかどうかを取締役会に知らせ、加えて、ファミリーの価値観を次世代に伝えられるように指示します。取締役会は、候補者の能力を審査し、職務経歴書の内容を確認し、候補者との面接を行い、時にはメンターとしての役割も果たします。そして現在のCEOと執行委員会は、後継者候補の育成を行います。

次期CEOの育成

CEOの育成は、現CEOと執行委員会の重要な業務であり、彼らに影響力があるだけでなく、プロセスの長さもファミリービジネスと非ファミリービジネスでは大きく異なります。ファミリービジネスでは、後継者候補が10年や15年をも超える期間にわたって育成されることがよくあります。大規模な非ファミリービジネスでも、有能な経営者は長期間にわたって育成されますが、必ずしも次期CEOになるとは限らず、現CEOが辞任する数か月前にその選定が行われることがよくあります。ファミリービジネスでは、潜在的な後継者候補の数がはるかに少ないため、そのプロセスは組織全体にとってよりわかりやすく、誰が後継者となるかは、より早い段階で明らかになります。

「一部の人々にとって、オーナーシップはリーダーシップに等しいようですが、私はそのような考えは持っていません。リーダーシップとは、自らが獲得しなければならないものです。」ハウディ・ホームズ氏[7]

前述したような長いCEO育成期間においては、育成に関する明確なプロセスを確立しておくことが効果的です。ここでいくつかのポイントを紹介します。

第6章　CEOとその承継　119

・ファミリー経営者や非ファミリー経営者が、現CEOと取締役会によって新CEO候補者として認められるためには、いくつかの前提条件があります。それは、何年もの間ビジネスに携わり、優れた経営手腕を発揮し、組織全体の従業員と良好な関係を築き、彼（彼女）たちから尊敬を集めている必要がある、というものです。

・いたずらに長いプロセスと誤った錯覚に陥ることを回避するために、候補者は自分に何が期待されているのかを知り、自分自身を証明するために乗り越えるべきさまざまなステージを明確にし、そのための自己能力開発計画を持つことが重要です。この計画では、特に（1）各ステージの期間、（2）次のステージに進むための条件、（3）パフォーマンスを評価する人、の3点を明確にする必要があります。ファミリービジネスでは、CEOと候補者が共同して計画を練ることが多いのですが、少なくとも候補者がファミリーからである場合には必ずそうなります。

・各ステージの期間は、仕事の重要性と責任の範囲によって異なります。一般的には、2〜5年程度の期間がそのステージの課題に対する候補者の能力を評価するのに十分な期間とされています。

・各ステージは、候補者が直接責任を負うプロジェクトで構成されている必要があり、ステージが上がるごとに責任の範囲が大きくなります。このプロセスは、例えば買収を担当するといった重要なプロジェクトのリーダーシップから始まることがあります。その後、損益計算書に対する直接的な責任を伴う市場責任者、事業部門責任者、そして上級管理職や執行委員会等のポジションに就く場合もあります（図表6.1）。

・能力開発計画が適切に立案されない場合には、破滅的な結果を招く可能性があり、例えば若いファミリーメンバーがビジネスに参加したときに、彼らは途方に暮れてしまうこともあります。能力開発計画がないということは、彼らのための上記のような計画や業務に関する説明もなくビジネスを行わせることです。多くの場合、候補者があまりにも早く高いポジションに就くか、あるいは、あまりにも長く中間管理職レベルにとどめられているか、のいずれかになります。このいずれの場合も、会社にとっても個人にとってもマイナス要因となります。あまりにも早く高いポジションに就くと、うまく経営を

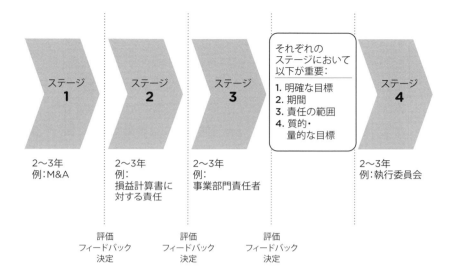

図表6.1 能力開発計画の例

できず信頼を失い、自己肯定感が損なわれます。また、後継者が会社内の低いポジションに長期間留まると、退屈で不満を抱くようになります。どちらの状況でも、その後継者候補はファミリービジネスから離れる可能性が高くなります。[8]

- 能力開発プロセスの各ステージは、慎重に計画される必要があります。それは真の課題を提示し、現実的な目標が設定されているものでなければなりません。各ステージは、候補者が尊敬を集め信頼を築けるようになることが目的でなければなりません。

- あるステージから次のステージに進むための条件は、予め知らされておく必要があります。財務数値、上司との関係、リーダーシップ、製品・競合に関する知識、創造性などに関する定性的・定量的な目標を設定し、その達成をもって次のステージに進むようにしなければなりません。それに加えて中間目標も設定される必要があります。

- これらの目標がどれだけ円滑に、どれだけ早く達成されたかを評価することが、評価プロセスとパフォーマンス評価の基本となります。[9] 評価プロセスの中には、360度評価が1〜2回含まれることがあります。また、CEOにな

る可能性があるすべての候補者に対して、評価のフィードバックが必要ですが、ファミリーの候補者が客観的で率直なフィードバックを得る機会はこれを除いてほとんどないため、なおさらそのフィードバックは重要となります。

・誰が評価を実施し、フィードバックを行うかを決めることが重要です。評価者は、関連する専門知識を有した上級職である必要があります。また、候補者を客観的に評価でき、ファミリー間の対立や感情に対して中立的で、候補者が望み得る能力レベルに達しているか否かを、勇気をもって発言することができ、オーナーや取締役会から信頼と尊敬を得ている必要があります。これらの資質を1人の人間にすべて任せることは難しいので、少人数の評価チームを編成した方がよいでしょう。例えば、評価チームは、取締役会メンバー、人事部長、外部アドバイザーなどで構成することができます。候補者が非ファミリーである場合、評価チームには少なくとも1人のファミリー代表を含めるべきですが、候補者がファミリーである場合、評価チームにファミリーメンバーがいない方が望ましいとされます。

・非ファミリーの候補者には、率直なフィードバックが効果的に行われることが多いのですが、ファミリーメンバーに対して行われることは非常に稀です。その理由は、ファミリーへの敬意、候補者は常に全力を尽くしているのでフィードバックは不要と考える、感情を傷つけたくない、ふさわしくないとした候補者を敵に回したくない、などさまざまです。これらはすべて間違った理由です。率直なフィードバックは、ポジティブなものであろうとネガティブなものであろうと、候補者のパフォーマンスの向上に役立つものばかりです。さらに成長が必要とされる部分を強調して指摘することは、その人がより良いリーダーになるための手助けになります。

・候補者の階層が上がるほど、取締役会、CEO、執行委員会は、第一に、他のファミリーとの良質な関係と合意を形成する能力があること、[10] 第二に、ファミリーの価値観や企業文化と整合性があること、に注意を払う必要があります。これらの側面を評価することは、スキルや適性を評価するのと同じくらい重要です。

能力開発プロセスが終了すると次期CEOの選定が完了します。その時点で、

CEO、取締役会、およびファミリーオーナーは、次のCEOが誰になるかを発表します。

既存の枠にとらわれない考え：別のリーダーシップのパターンの検討

ビジネスは常にファミリーによって運営されるべきであると強く考えるファミリーもいれば、適性を重視するファミリーもいます。どちらのアプローチも、優れたガバナンスを確保するために、チェックとバランスの機能を保ちながら、リーダーの選定と育成を徹底するならば、効果的であるといえます。

興味深いことに、両方の長所を併せ持つ方法もあります。ここでは、高いパフォーマンスを有するファミリーのリーダーシップシステムについて、いくつかを紹介します。

1. 第一のシステムは、ファミリーと非ファミリーが交互にCEOを務めるものです。前述したように、これはファミリーに健全な課題を与え、ビジネスに優れた人材が維持されます。

2. 2番目のシステムは、ファミリーのCEO、非ファミリーの会長、そして取締役会レベルにおける強力な非ファミリーメンバーが、一体となって構成されるものです。このシステムでは、CEOとビジネスに従事するすべてのファミリーメンバーを、自然に規律正しくさせ、そして意欲の増進を働きかけます。

3. 3番目のシステムは、非ファミリーのCEOおよび非ファミリーの経営者がビジネスを行い、ファミリーの会長や強力なファミリーあるいはファミリー評議会が、経営層に重要な影響力を持つという構造です。これは非ファミリーのCEOを登用した多くのファミリーで見られる傾向で、これによりファミリーは次第にビジネスと距離を置くようになります。彼らはまず経営から手を引き、その数年後には取締役でもなくなり、最終的にはビジネスへの関心をも失っていきます。その一方で、非ファミリーのCEOに移行してもガバナンスの上層部での存在感を強化するファミリーは、オーナーたち、従業員、そして全てのステークホルダーに、依然としてビジネスに深く関与していると示すこと

ができます。

　ファミリービジネスにおける優れたガバナンスの本質は、そのユニークな競争優位性、すなわち、強固な企業文化、無駄のない組織体系、経営方針とオーナーの価値観との明確な整合性、を最大化することに尽きます。CEOと執行委員会が、ガバナンスシステム全体（会社の下層部からオーナーに至るまで）において、完全な調整を達成することができれば、会社はより高いパフォーマンスを実現できるようになります。

注

　1. Kenyon-Rouvinez, D. が執筆した章に基づき、Erich Schmidt Verlagから許可を得たもの。*Family Business Governance - Erfolgreiche Führung von Familienunternehmen*, Erich Schmidt Verlag, 2010.

　2. 訳者注：証券取引所に上場しているファミリービジネスも多く存在する。

　3. Denison D., Leif C., & Ward J.L.(2004), "Culture in family-owned enterprises：recognizing and leveraging unique strengths," *Family Business Review* XVII(I), March.

　4. Kenyon-Rouvinez D., Adler, G., Corbetta, G., & Cuneo, G.(2002), *Sharing Wisdom, Building Values - Letters from Family Business Owners to their Successors*, Basingstoke：Palgrave Macmillan, pp.143-147.

　5. Marcy Syms(2007), CEO, Syms Corp., interview with Patricia Olsen, "At the helm," *Family Business,* spring.

　6. Ward, J.L.(1987), *Keeping the Family Business Healthy*, San Francisco：Jessey-Bass.

　7. Howdy Holmes(2008), president, Chelsea Milling Co., "Shake-up at the baking mix company," *Family Business,* winter.

　8. Schuman, A.M.(2006), *Nurturing the Talent to Nurture the Legacy：Career Development in the Family Business*, New York：Family Business Leadership Series, FBCG Publications/ Palgrave Macmillan.

　9. Kenyon-Rouvinez, D.(2006), Who, Me? *Family Business Succession. A Practical Guide for the Next Generation*, New York：Family Business Leadership Series, FBCG Publications/ Palgrave Macmillan, Chapter 7.

　10. Neubauer F., & Lank A.G.(1998), *The Family Business. Its Governance for Sustainability*, Basingstoke：Macmillan Business.

ベストプラクティス
推奨事項

1 ファミリービジネスの経営は、文化、経営方針、組織構造という点で、非ファミリービジネスの経営とは根本的に異なります。

2 ファミリービジネスの重要な競争優位性の1つは、その企業文化にあります。

3 ファミリー独自の価値観と指針となる信念は、ビジネスの企業文化の中核をなしています。

4 ビジネスの規模、ライフサイクル、業界の状況、世代が異なれば、求められるリーダーシップスタイルも異なります。

5 承継計画は、さまざまな要素が絡み合い、そして長期間を要します。

6 明確な能力開発計画、業績評価、率直なフィードバックは、CEO候補者が組織全体で信頼を築くのに役立ちます。

7 ファミリーのCEOから非ファミリーのCEOに交代することは、ファミリーにとって難しいことが多いものの、有益であることもあるとされています。

8 CEOはテクニカルスキルだけを備えていても十分ではありません。ビジネスの長期的な持続可能性を確保するためには、CEOの人柄が良く、従業員と株主の両方のモチベーションを高める能力を有すること、が鍵となります。

9 リーダーシップのパターンやシステムは数多く存在します。望ましいのは、既存の枠にとらわれない考え方で、ファミリーの目的に合ったものを導入することです。

第7章

管理手法と
統制システムの利点

「私たちは人々が誠実さや情熱、尊敬の念、を行動で示した称賛すべき事例を紹介します。」

インド、チェンナイのムルガッパ・グループの会長、
A・ベラヤン氏へのインタビュー

ムルガッパ・グループの取締役会会長であるA・ベラヤン氏は、グループの中核をなすガバナンス体制の中で、統制、コンプライアンス、リスクマネジメントがどのように形成されているかを説明しています。

A・ベラヤン氏は、会社の創業者であるA・M・ムルガッパ・チェティアの4代目の子孫です。彼はまた、EID パリー（インド）リミテッドおよびコロマンデル・インターナショナル・リミテッドの会長も務めており、カノリア・ケミカルズ・リミテッドの取締役も務めています。英国のアストン大学で産業経営学の学位を、英国のワーウィック・ビジネススクールで経営学の修士号を取得しています。

チェンナイに本部を置くムルガッパ・グループは、インドを代表するコングロマリット企業の1つです。エンジニアリング、金融、砂糖やバイオ製品まで、28を超える事業を展開し、3万2,000人以上の従業員を擁するマーケットリーダーです。今日のムルガッパ・グループは母国にしっかり根を下ろし、健全な伝統的価値観と高い倫理観を持っています。ムルガッパ・グループの経営理念は、古代インドで記され

127

た富の創出とガバナンスに関する論文である"Arthashastra"からの引用に要約されます。それは、「経済活動の基本原理は、あなたと取引する人が損をしないのであれば、あなたも損をしません。」というものです。

デニス・ケニョン゠ルヴィネ──御社のコーポレートガバナンスの方針には「優れた監査プロセスと報告」が含まれています。監査がどのように構成されているか説明していただけますか？

A・ベラヤン氏──私たちはグループ全体を統轄する取締役会の他に、上場しているビジネスそれぞれに取締役会を有しています。そして、これらの取締役会には独立した非ファミリーの取締役が委員長を務める内部監査委員会が設置されています。それぞれの内部監査委員会の委員長は、業務執行取締役や取締役会会長に対して、業務、方針、機能などについて、独立した立場から大きな裁量をもって質問をすることができます。また、すべてのオンブズマンからの苦情はすべて内部監査委員会の委員長に届きます。

　上場しているそれぞれのビジネスにおいて、内部監査チームは、従業員6人以上と、外部委託者6〜7人で構成されています。よって、チームには常時12〜14人程度が在籍しています。内部監査人は独立性を確保できるように、代表取締役に直接監査報告をすることになっており、その後に監査委員会の委員長に報告します。内部監査委員は四半期ごとにミーティングをしています。内部監査は、内部的な技術監査（生産効率、施設管理、安全衛生）と財務監査（外部監査）によりサポートされます。技術監査は、潜在的な問題を発見・報告し、可能なうちにそれに対処することに寄与する重要な監査です。

　外部監査は、大手監査法人（デロイト、KPMGなど）によって実施されますが、慣れ合いのリスクを軽減するために、5年ごとに監査法人をローテーションするように構成されています。そして、監査法人のローテーションができない場合は、少なくとも担当パートナーをローテーションするようにしています。また、私たちのビジネスボードに監査役はいません。

報告書の完全性と透明性はどのように確保していますか？
　私たちには「ファイブ・ライト」と呼ばれるプログラムがあります。それは、（1）

誠実さ、（2）情熱、（3）品質、（4）尊重、（5）責任、といった私たちの基本原理に基づいています。言葉で表すとこうなりますが、私はグループおよびグループ各社を横断的に回り、1年間で起こった実例を聴取し取り纏めています。私たちは人々が誠実さ、情熱、尊敬を実際の行動で示した事例については称賛するようにしています。一方で会社の価値観に合致していない人々についてはそれを指摘します。

　私たちは従業員やすべての事業者との間でオープンなコミュニケーションをとっています。突発的な事項は物理的にコントロールすることができないものですから、これは非常に重要であると考えています。つまり、予測しコントロールできることは、それぞれの者がルール、価値観、原則をどのように考えるかという事しかないので、それを統制すれば良いことになります。

　これら「ファイブ・ライト」は、私たちファミリーの価値観に基づいています。私たちはこれをビジネスの目的に合うように時代に合わせて修正し、現在でもビジネス全体に適用しています。私たちは、従業員がこれらの原則を遵守し、取引する相手に敬意を持つことを期待しています。また、午前9時から午後5時までただ単に仕事に来るだけではなく、自分たちが引き受けた仕事に対して情熱と責任を持つことを求めています。

　そして、ファミリーメンバーにもこれと同じことを求めます。ファミリーの価値観は、当社のガバナンスシステムとリスクマネジメント、特に業務運営リスクの管理の形成に役立っています。例として、我々には「思慮深くあれ」とする考えがあり、私たちは自分たち自身に注目を集めないように、個人のために浪費したり、非常に高価な車を購入したりしません。というのもインドのような国では、ファミリーはパートナーというより、搾取する側とすぐにみなされてしまうからです。同様に、ビジネスにおいてもプライベートジェットを所有したりはせず、その代わりに再投資を増やすことでビジネスの安定性を確保しており、当社の負債資本比率はかなり保守的な水準を保っています。また、税引後利益の25%を配当として分配することにより、証券市場における株価形成をしています。これにより、税引後利益からの再投資部分が大きくなるため、さらなる雇用を創出しながら資本コストを低く抑えることができています。

ファミリーが地域内で名門となっている場合、従業員がファミリーメンバーのご機嫌をとるようになり、結果として報告が偏ってしまうことがあると思いますが、それについてはどのように対処していますか？

それに対するために我々は取締役会におけるファミリーメンバーを少数にしています。取締役会はファミリーメンバーが2人、独立社外取締役が3人、非ファミリーの役員3人から構成されます。彼らはビジネスを先導する取締役としての責任を担っています。社外取締役3名に、私は評価され、さらに、取締役会のもう1人のファミリーメンバーである私の従兄弟も評価されます。そのため、私や従兄弟の業務執行が不十分であると判断する場合や、私たちが力を発揮できず業績を上げていない場合には、この3人の社外取締役は私たちの報酬を減額する権限を有しています。それはファミリーの大きな影響力を押さえるものです。私たちファミリーは、所有や支配よりも創造や実力主義を大切にしたいと考えています。

リスクマネジメントの枠組みはどのようになっていますか？

これは私たちにとって新しい分野です。3年前から、取締役会の独立取締役の提言に基づいて正式なリスク評価プロセスが開始されました。また、当社は急成長しているため、リスクマネジメントの枠組みを構築することは急務であると以前から考えていました。私たちは、戦略リスクと財務リスクを評価するために外部企業のサービスを活用しています。その他のリスク（運用リスク、地理的リスク、内部リスク）は、経営陣が直接対応しています。

リスクマネジメント委員会には4人の取締役を配置しています。各ビジネスはそれぞれ事業内容が異なるため、取締役会各々に1つのリスクマネジメント委員会があり、大部分は非ファミリーから成る各々4人の取締役にて構成されています。市場や製品を重視し、当社の相対的な競争力、相対的なリスク特性、前年比較、について認識し、それらが2年後にはどのようにあるべきなのか、を観察しています。

グループ全体レベルでは、グループの包括的な目標として、リスク特性のポートフォリオ評価を重視した管理を実施しています。例えば、私たちが農業分野や金融サービス分野に入り込みすぎていないか、特定の地域を軽視しすぎていないか、などグループ全体のバランスの観点から管理しています。

御社には非常に多くのファミリーオーナーがいます。彼らはリスク目標の設定方法について発言権を持っているのでしょうか？それとも取締役会に委任しているのでしょうか？

ファミリーの年長者たちは、年に2回、取締役会の社外取締役と連絡を取り合っています。そこで、彼らはリスクや成長、業績について自由に質問し、アドバイスをすることができます。このように、組織の上層部にファミリーメンバーを監督する外部グループがあることは彼らに安心感を与えます。当社の社外取締役はその全員が幅広い経験と信頼性を持っています。当社の取締役会は、いたずらに時間を費やして、その後は散会するというような形だけの取締役会とは異なります。彼らは年間12日間の時間をかけて、彼らを補佐する経営企画グループやサポートスタッフと共に、濃密な活動を行っています。取締役会のメンバーは2か月に1回集まり、年長者たちからのフィードバックも、それを検討プロセスに組み込んでいきます。

現在、当社には3人の長老がいます。彼らは皆、ビジネスに関与した後に引退しています。彼らは知識があり、投資家でもあり、取締役会の独立取締役と自由に交流することができます。

長老たちは他のファミリー株主たちに情報供給しますか？

はい、長老たちは定期的にファミリー評議会に参加しています。彼らはファミリーの他のメンバーともコミュニケーションをとっています。

管理体制を整えるのにはコストがかかりすぎると不満を持ち、それを導入しないで終わってしまうか、あるいは部分的のみ導入しているファミリーが少なくありません。あなたでしたら彼らに何を伝えますか？

私たちはかなり前から価値創造が必要であると考えています。統制システムを取り入れたくないと言うのは、実は「放っておいてください。気まぐれや直感で経営することができるので。」と言っているようなものです。しかし、決定は組織のためのもので、あなたがそこにいようといまいと、システムはそれ自体で動くものなのです。我々は統制システムを自分たち自身に対する安全装置だと考えています。

第 7 章　管理手法と統制システムの利点　131

人事部門（HR）は、リスクマネジメント上の役割を担っていますか？

　人事部門は、人材採用において大きな役割を果たします。最初にスクリーニングを行い、候補者の誠実さをチェックします。そして、内部で育成した主要な経営幹部候補を見極める手助けもしてくれます。このような手続きにより適切な人材を確保することで、当社のリスク特性は確実に低下します。私たちが従業員を大切にして力を与えるようにするからこそ、従業員も私たちのグループにとどまり、安定した職場作りに貢献してくれます。

｜統制手段および統制システム｜

　ファミリー企業は、何世代にもわたって繁栄していくことを望んでいます。そのためには、強い価値観と高いレベルの信頼性が必要ですが、価値観と信頼性だけでは十分ではありません。特にファミリービジネスでは新規資金調達が容易ではないため、1人の従業員の誤った意思決定によって会社の存続可能性が脅かされるような状況にあってはなりません。統制メカニズムは適切に設定される限り、株主の利益を保護する最良の方法の1つであり、取締役会運営や会社経営の助けになります。統制メカニズムが適切に設定されると、経営上および戦略上のリスクと機会のバランスを最適化することができ、ひいては事業資産を保護することができます。また、統制メカニズムは積極的なファミリーオーナーとそうでないファミリーオーナー間における信頼関係の構築にも役立ちます。効果的な統制がなされているという確信を持ってもらうことにより、積極的ではないオーナーの不信感は軽減されることでしょう。

　本章では、ファミリー企業のための統制システムを紹介すると共に、中堅企業を経営するファミリーが外部監査以上の統制を構築したい場合の概要を説明します。上場企業や金融サービスなどの厳しく規制されたセクターの企業は、おそらくはすでに高度な統制システムを導入していることでしょう。一方、コンプライアンス管理体制が整っている企業であっても、株主保護など他の問題には十分な対処ができていない場合があります。

| 統制 |

　統制は、時には煩わしいと感じることがあっても、ビジネスを円滑に進めるためには不可欠な要素です。非公開企業モデルから上場企業モデルに移行するファミリーの典型的なフラストレーションの1つは、統制・報告システムの確立には多く人員を要することです。しかし、いったんこれらのシステムが整備されれば、取締役会のメンバー、事業に従事するファミリー、株主、従業員、に対する保護がもたらされるため、その結果に満足するファミリーが多いのも事実です。

　あらゆるビジネスにおいて、統制は主に3つの側面で構成されています。

1. 外部の独立した人または組織によって実施される統制：
   - **外部監査**
2. 社内で行われる統制：
   - **内部監査**
   - **リスクマネジメント**
   - **コンプライアンス管理**
3. 報告書：
   - **報告書は株主に対して配布され、一定期間の経営状況を明らかにするものです。**
   - **中間報告は口頭で行われることもあり、例えばファミリー会議での簡単なプレゼンテーションの形をとることもあります。**

　統制システムには限界があり、すべてのリスクを識別することを保証できる統制システムはありません。また、統制システムをよく知っている悪意ある者が、ビジネスに何らかの損害を与える不正を行うために十分な時間をかけて、統制システムを回避する方法を見つけることがあります。統制システムは、経営者やリーダーシップに代わるものではなく、車のブレーキペダルのようなものです。

第７章　管理手法と統制システムの利点　133

｜外部監査｜

外部監査は、会計記録が正確かつ全体的であり、特定の国の会計基準、例えば米国のGAAP（一般に公正妥当と認められている会計原則）や欧州のIFRS/IAS（国際財務報告基準/国際会計基準）に準拠しているかどうかを、公に認められたレベルの資格を有する外部会計士が評価するものです。これは、企業が作成した財務諸表が経済的実態を適切に表していることをある程度保証するものです。多角的に経営を行っているグループの場合、その評価は個々の会社レベルだけでなく、グループ全体レベル（連結会計）でも行われます。

すべての企業が法的に外部監査を受けることを要求されるわけではありません。多くの国では、小規模な企業は法定監査が免除されています。しかし、複数のオーナーがいる会社の場合には、進んで外部監査を受けることが推奨されます。これは規律と透明性を高め、株主間の信頼を強化するのに役立ちます。

外部監査が対象とする主な分野は以下の2つです。

1. 法定監査

法定監査は、会社が適切に税務[1]、法令、会計基準、のすべてに遵守しているかどうかを確認します。そして、財務諸表に含まれる情報が正しいことを、一定の前提のもとで保証を与えます。例えば、報告された負債が正しい金額であるか、債権の回収可能性が確保されているか、または貸借対照表の建物が適切な価額で表示されているか、などを確認します。しかし、標準的な監査は、監査人・法律・監査基準の作成者等が予知できなかった巧妙に隠蔽される不正、その他の業務上の問題やリスクについては必ずしも発見できるものではありません。

2. 会社が作成した報告書の検証

外部監査人は、監査権限と入手可能な情報の範囲内で、会社が作成した報告書が、株主の関心が集まる朗報および悪報で重要なものをすべて網羅しており、会社に対して公正な評価ができるようになっていることを保証します。

多くの外部監査を行う事務所がコンサルティングサービスを提供するようになりました。外部監査を行う事務所は、毎年企業との関わりを持ち、ビジネスを深く

知る立場にあるため、注意が必要な分野を明確にすることができるので、理にかなった業容拡大といえます。例えば、どのように税法上の優遇措置を活用できるか、どのように効率的でコストのかからない組織構造にできるか、などを提案することがあげられます。

通常、外部監査人は、透明性を確保し、利益相反に関する共謀リスクを軽減するため、会長に対して直接報告し、監査委員会に対しては間接的な報告をします。その後、それは会長を通じて会社のオーナーたちに報告されます。通常、「監査報告書」は株主に直接送付されます。また通常業務の連絡は必要に応じて、財務担当の副社長（VP）または取締役宛になされることが多くなっています。

監査人は利益の相反に注意する必要があります。例えば、監査人と財務担当副社長や取締役（あるいは会長）との関係が緊密になりすぎたり、監査法人が会社から税務や経営コンサルティングなど他の業務を獲得し継続的に役務を提供したりする場合など、が考えられます。監査法人によっては、監査法人の従業員が経営に「協力」するとより魅力的なオファーが受けられる可能性が高くなるという利益相反リスクを回避するために、監査法人の従業員に対して、雇用のオファーをしないという同意をクライアントに求めるところもあります。そこで多くの国の法律と職業上の基準では、監査法人が監査クライアントに対して他のコンサルティングサービスを提供できる範囲を制限しています。

｜内部監査｜

多くの企業では内部監査制度を設けており、業務が社内の規則や方針に従って行われているか、リスクやその他の重要な要因が適切に管理されているか、をチェックしています。内部監査は通常、監査委員会を通じて取締役会に報告する部門として組成されることも多く、取締役会とCEOの両方に報告する場合もあります。

欧州で広く認識されている内部監査人協会（IAA）によると、内部監査の目的、権限、責任については会社の規定で正式に定義することが望ましいとされています。これには以下の事項が含まれ、取締役会によって承認される必要があります。[2]

第 7 章　管理手法と統制システムの利点　135

- 目的の定義
- 活動の定義
- 権限
- 責任
- 組織における位置付け
- 取締役会との関係
- 記録へのアクセス権限
- 内部監査業務範囲の取り決め
- 倫理
- 基準

　内部監査は、上場しているファミリービジネスにおいては一般的な機能ですが、非上場のファミリー企業にとってはそれほど一般的でもないようです。取締役会、外部監査人、株主などからその設置を要求されても、ファミリーはそれを厄介で不必要なお役所的仕事と考えることも多く、そのメリットを理解させるのに苦労することがあります。しかしながら、その規則を作成するという行為自体が、ファミリーの利益をどのように守ることができるかをファミリーに示すことになり、また内部監査がもたらす価値も明確化されるので、情報へのアクセスレベルがまったく異なる積極的なファミリー株主と非積極的なファミリー株主との間に生じる緊張を回避するのにも役立ちます。

　内部監査人は、独立性と客観性を備えていなければなりません。特定のファミリーメンバーや経営者に忖度したり、いかなる個人、分家ファミリー、ビジネスユニットを支持するような行為があったりしてはなりません。そのために人事部門では内部監査人のスキルだけでなく、その誠実さを重視して登用することが必要となります。これにより内部監査人は、戦略的な役割を果たすことができます。内部監査体制が確立された後も、組織内での地位と報告体系は、独立性を保つためにも極めて重要です。

　内部監査については、伝統的な役割に加えてどのような方向に進化しているかは興味深いところです。Forbes Insights[3]による最近の調査によると、内部監査は、単にコントロールやリスクマネジメントにとどまらず、業績の維持と改善

において積極的な役割を果たすことができると指摘されています。内部監査は組織において独自の立場を有することにより、以下のように積極的な役割を果たすことができるでしょう。

- ・ 潜在的なコスト効率の識別
- ・ 業績改善のための戦略的洞察の提供
- ・ 真に重要なリスクを特定するための助言

　ただし、これらは内部監査チームが単にリスクのコントロールとモニタリングのみを求めるのではなく、会社の重要な戦略目標に合致した監査業務を行っている場合にのみ可能となります。

｜リスクマネジメント｜
リスクとは何か？

　誰もがチャンスとは何かを知っています。ある商品に対する市場の隙間などがあればそれをビジネスチャンスとして利用します。しかし、そのためにはリスクをとる必要があります。リスクはチャンスの裏返しです。例えば、製品を製造するには、企業は工場に投資し資金を費やす必要があります。しかし製品の販売が伸びない場合には投資をカバーするのに十分な売上が計上できないかもしれません。それをリスクと言います。他の例としては、製品がそれを取り巻く規制等に準拠していない場合があげられます。

　リスクは、「確率」と「影響度」の2つの要素から成り立っています。一般的に、リスク事象が発生した場合の影響度が大きければ大きいほど、そのリスクが発生する確率は低くなります。不正リスクなど、完全にまたは部分的にビジネスと直接的に関連するものもありますが、戦争の勃発や主要な従業員の事故死など、ビジネスとの関連がそれほどでもない、あるいは全くないものもあります。

　ビジネスではプロジェクトに対して必要な水準のリソースのみを投入し、プロジェクトのマイルストーンを確認した上で追加のリソースの割り当てを行うことにより、リスク発生の確率と影響度（あるいはその両方）を低減させるための対策を講

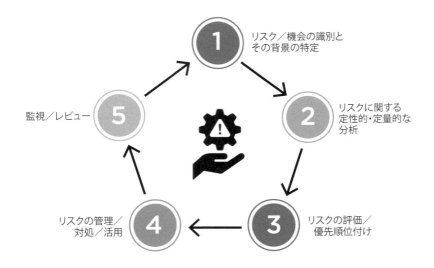

図表7.1. リスク/機会マネジメントのプロセス。ハーバード・スミソニアン天体物理学センターの許可を得て転載

じます。すべての事象、場所、製品、個人、はリスクとチャンスを有し、通常はその両方を考慮します。リスクマネジメントは、リスクとチャンスの微妙なバランスを最適化するための数多くのプロセスで構成されています。リスクを否定的に捉える人もいれば、リスクとチャンスを単に不確実性のプラスまたはマイナスの影響として捉える人もいます。[4]

リスクマネジメントには、特定のプロセスにおいて規定される数多くのタスクが含まれます。この特定のプロセスには、リスク（またはチャンス）の識別、識別されたリスクの定量的・定性的分析、それらの評価、管理、対処、および監視とプロセスの有効性に関する慎重なフォローアップが含まれます（図表7.1）。

これらの段階を通して、リスクマネジメントの最大の目的は、以下のことを実行することによるビジネスパフォーマンスの最適化、であることを忘れてはなりません。

- 重要なリスクを識別・定量化し、それらを管理します。例えば、あるファミリービジネスでは、非常に収益性の高い火薬部門を売却しました。火薬は道路やダムなどのインフラを建設する企業にしか販売しませんが、それらが転売

されるなどして、戦争などで使用され人々を傷つけないという保証はありませんでした。これは直接的なリスクではありませんでしたが、会社やファミリーにとってて、戦争などに加担しているなど、間接的なレピュテーションリスクであったといえるでしょう。

・ 必要に応じて、行動方針を変更することにより、業務ルートの変更や設備等の再配置を行います。例えば、反政府勢力や非公式の武装グループが支配する地域で製品を販売する場合は、軍の監督下で販売する必要があります。

・ より注意深く進めるために、プロセスの中にステップ、チェックポイント、マイルストーンを設定し、作業を進める前に、そのプロセスが合意された安全レベルを満たしていることを確認します。

・ 自然災害、盗難、その他の特別な状況など、さまざまなリスクによる金銭的な影響を補填するために、保険契約をすることができます。しかし、特殊な保険は保険料が非常に高額になる可能性があり、リスク事象の発生を、お金によって完全に補償できるとは限らないことに注意する必要があります。

・ リスクの対処としてはヘッジもあります。例えば為替リスクに直面した場合、ヘッジはダウンサイド（為替損失）を抑えることになりますが、一方でアップサイド（為替差益）も抑えられてしまうことになります。

　企業はさまざまなリスクに直面していますが、それらは戦略リスク、財務的リスク、オペレーショナルリスク、地理的リスクの4つに大別できます。

・ 戦略リスクとは戦略に欠陥があったり戦略が不適切であったりしたことが判明した場合や、単にそれが失敗した場合に生じる損失のことをいいます。[5]
例としては、ある同一の市場において、異なる技術が存在した場合に、採用しなかった技術が市場で勝者となり、採用した技術が市場に受け入れられず、結果として投資が無駄になってしてしまう場合があげられます。ファミリービジネス特有の例としては、追加資本をファミリーやそれまでの留保利益に依存するという判断は、ファミリーが会社を掌握し続けるという点ではメリットがありますが、それは外部からの潤沢な資金調達機会を逸するということでもあり、十分な投資ができないことから事業が失敗するかもしれな

い、というリスクを伴うことになります。

- 財務的リスクは資金調達とその運用に関するリスクで、株主が事業に投資することで負うリスクや、企業が競合するプロジェクトに資本を配分する際に直面しうるリスクにも関連しています。例えば、ある企業のコストの大半が米ドルで生じ、収入の大半がユーロで生じる場合には、為替リスクが考えられます。ドルがユーロに対して大幅に上昇した場合、それを補うためユーロでの製品販売価格を引き上げられない限り、売上高のドル換算額は減少し、企業は事業を閉鎖せざるを得なくなる可能性もあります。
- オペレーショナルリスクは業務遂行に伴って生ずるリスクで、さまざまな要因から発生する可能性があります。例えば、製造設備の故障、人為的なミスによる事故や製品・サービスの欠陥、法規制の不遵守、労働争議、重要な従業員の喪失、主要顧客やサプライヤーの喪失、洪水や地震などの自然災害、自社技術の陳腐化などがあげられます。オペレーショナルリスクの要因は、モチベーションの欠如、スキルの欠如、計画の不備によっても増加します。また、後継者育成計画の不備もこのカテゴリーに分類され、ビジネスに大きなリスクをもたらす可能性があります。
- 地理的（または政治的）リスクは、特定の国や地域で事業を行うことに関連するリスクです。例えば、その国が社会的または経済的に困難な状況下にあることや、現地の政治・法制度や文化に対する理解不足が原因となる場合があります。特に現地の技術水準は、事業者の母国では当然と考えているものとは異なる可能性があります。

ファミリービジネスの特徴（少なくとも私的所有の場合）の1つに、自分たちがとるべきリスクのレベルを自由に決められるということがあげられます。しかし、このことは、ファミリー株主が適切と考える財務的リスク、オペレーショナルリスク、戦略リスクのレベルを明確にしておく必要があることを意味します。これにより、経営陣はその範囲内で経営をすることが可能となり、取締役会はオーナーのリスク許容度を考慮して戦略を立案し、それを実行することができるのです。

リスクマネジメントでは、現在のリスク（今）、新たに発生しつつあるリスク（1〜2年）、将来のリスク（3年超）など、さまざまな時間軸で生じる可能性に関連

リスクマネジメントモデル		発生可能性		
		低	中	高
影響	重度／重要	相応の管理が必要	リスクを監視・管理する必要がある	広範なマネジメントが重要
	中程度	多くはリスクを受け入れるが、それを監視している	マネジメントによる対応が有効	マネジメントによる対応が求められる
	限定的／僅少	リスクを受け入れる	リスクを受け入れつつ監視する	リスクを監視・管理する必要がある

図表7.2 リスクマネジメントモデル

してリスクを定義することもできます。このような分類は、リスクに対処するために必要な資源配分について優先順位を決めるのに役立ちます。

　リスクマネジメントの優先順位を評価するもう1つの方法は、図表7.2に示すように、発生確率と影響度の両方に応じてリスクを分類することです。このような分類により、リスクマネジメントをより体系的にすることができ、経営者が最も緊急かつ重要なリスクに時間とリソースを集中させるのに役立ちます。

｜コンプライアンス｜

　一般に、コンプライアンスとは、公的機関が課す規則に従って事業運営を行うことを意味しますが、実際にはファミリーや業界団体によって合意された基準であって、それに従うことに法的拘束力がなくても、現実的には無視できないものが含まれることもあります。例としては、児童労働や奴隷労働を行っている他社の工場で製造された製品を購入しない、という自主的な行動規範などがあります。法規制の遵守は、会社が特定のビジネスに参入し、そのビジネスを継続できるかどうかを決める重要な要素の1つであることが多くなっています。ビジネスが重要な法規制に準拠していない場合には、そのビジネスに対して停止命令を受けたり、重い罰金やその他の罰則が科されたり、する可能性があります。

　コンプライアンスには、ビジネスに適用される規制の枠組みを特定すること以外に、運用と統制という2つの基本的な側面があります。業務上のコンプライアンスとしては、コンプライアンスを確保するために、組織全体が所定の方法で取

第 7 章　管理手法と統制システムの利点　141

り組む必要性を認め、その方法を作成・実行する必要があります。これにより、コンプライアンスの達成がそれほどのコストをかけず円滑になされるようになり、結果として、ビジネスの運営が強化されることにもなります。また、コンプライアンス違反が企業や従業員に与える影響も明確にする必要があります。

規制の増加や複雑化に対応するためには、統制システムが不可欠です。組織は、文化的な側面での努力と規制要件への業務上の統合だけでは事足りません。最終的な責任を負う取締役会は、コンプライアンス違反によってビジネスがリスクにさらされていないかどうかを、定期的にチェックするための適切な統制システムが整備されていることを確認する必要があります。組織の運営においては、統合され調和された一連のコンプライアンス統制がますます採用され、活用されるようになってきています。これは多くの場合、内部監査の役割となっています。

｜報告書｜

上場企業は、1年間の業務実績の概要について説明する年次報告書を発行します。このような報告書には通常、会長からのメッセージ、事業年度の主要な出来事の概要、財務報告、投資家情報、人事・報酬に関する報告、従業員の記念日や功労賞の授与などの特別なイベント、などが含まれます。そこには、次年度の戦略の概要や、主要プロジェクトの進捗状況に関する情報も含まれるのが通常です。

同様に、非上場のファミリー会社でも、年次報告書を発行している企業が少なくありません。これらの企業は、主要なステークホルダーと情報を共有し、透明性を確保する意思を示し、信頼性を向上させることを目的としています。このような企業は堅牢性と信頼性という社会から認められる価値を高めるようにしていることが多いです。

熱心に学ぶ姿勢のあるファミリービジネスは、株主と定期的に情報を共有するだけでなく、配偶者や若いファミリーメンバーなど、株主以外のファミリーメンバーとも幅広く情報を共有している点が特徴的です。年に1～2回、ファミリーが集まる際には、ファミリーのCEOやファミリーの会長が、事業に関する簡潔なプレゼンテーションを行い、業績を説明し、期間中に起こった主要な出来事を紹介します。これはファミリーメンバーのモチベーションを維持するための素晴らしい方

法であるといえます。そして、株主の結束力を高め、ファミリーのビジネスに対する誇りを高めることにもつながります。

　株主をはじめとするステークホルダーへの正式な報告だけでなく、必要とされる内部的な報告も統制システムの有効性に大きな影響を与えます。そこで社内でどのような情報が必要なのかを明確にすることは極めて重要となります。

統制メカニズムの限界：ファミリービジネスにおける潜在的な危険性

　どんなに強固なシステムであっても、発生可能性のある欠点について予め認識しておくことが重要です。外部監査や内部監査の制度があるからといって、効果的なコントロールが保証されるわけではありません。

　以下でいくつかの潜在的な欠点をご説明します。

・CEOは彼または彼女自身のために「働く人」・「働かない人」を決めることができる絶対的な権力を持った人として認識されているかもしれません。その結果、従業員や外部監査人が真実をすべて明らかにした場合、彼らは職務や権限を失う恐れもあるため、内部監査や外部監査の報告書は忖度をしたものになったり、不完全なものになったりする可能性があります。CEOのこのような権力や影響力のあるポジションは必ずしも意図的なものではなく、実際にはファミリービジネスが地域に与える経済的影響や、ファミリーがその地域で果たしてきた歴史的な役割、あるいは単にCEOのカリスマ性の結果であることが多いのです。そこで、ファミリーがそのことを認識し、その影響のバランスをとるための対策を講じることが重要です。

・重要な事実を隠ぺいする極端な状況としては、二重帳簿を持つなど、個人または特定の個人のグループ（執行委員会や部門の管理職など）が情報を隠蔽したり、改ざんしたりという動機を持っている場合には、これを発見することは困難です。このリスクに対しては、主に2つの防御策が存在します。1つ目は、最初から正しい価値観と倫理観を持った人材を採用するための人事制度であり、2つ目はもちろん、効果的な統制と監査システムです。作為的な不正を突き止めることを保証できるシステムはありませんが、強固

第7章　管理手法と統制システムの利点　143

な内部監査システムを含む世界水準の統制システムを維持することが、最大の防御策となります。情報を隠したり、虚偽表示したりしようとする理由はさまざまです。部門管理者は、損失や業務上の失敗を隠したいと思うかもしれません。また、節税のために虚偽の数字を提示したり、銀行に当座貸越を止められないようにしたりすることが、会社にとって最善の利益になると考えるかもしれません。また、より多くの利益を自分のものにするために、会社への関与度が薄い株主から利益を奪おうとすることに関心が集中している株主が存在する場合、それに対する最善の防御策は、独立した権限を与えられた内部監査機能をも直接監督するなどの積極的な活動を行う、非業務執行取締役から成る厳格な監査委員会を設置することです。

　適切な統制システムが確立されていることを保証する最良の方法は、高いスキルと倫理観を持つ外部監査人と協力して、会社と経営陣の全員が適切な統制（内部監査機能を含む）の環境下にいるようにすることです。したがって、外部統制と内部統制の両方を担う人材の選択は最も重要であり、取締役会とファミリー株主の最大の関心事であるといえます。

　もちろん、その根底には明確な「仕事のルール」が必要です。会社の方針、規則、ガイドラインと呼ばれるものにかかわらず、会社の誠実さを表すために重要な問題は明確に示されなければなりません。ルールは簡潔で、実行可能で、煩雑なお役所的仕事を生み出すものであってはならず、そのルールに従って働く人々が容易に理解・利用できるものでなければなりません。これらのルールが、十分に考え抜かれ、表現され、理解されるのであれば、やがてそれは企業文化の中に浸透していくでしょう。

注

　1. 訳者注：日本では税理士制度があり、外部監査人の立場では課税庁との折衝は行えないので留意されたい。
　2. Institute of Internal Auditors: Standards, IPFF 2013, English, 1010, p. 6.
　3. Forbes Insights, commissioned by Ernst & Young (2012), *Global Survey About the Evolving Role of Internal Audit*.
　4. ISO 31000によるリスクの定義。
　5. businessdictionary.comによる定義　※現在閉鎖によりURLは見られない。

ベストプラクティス
推奨事項

1 明確で、実用的で、理解しやすく、現実的な仕事のルールを導入する必要があります。職場において倫理観が欠如していることほど、人々のやる気を下げるものはありません。

2 強力で明確かつ透明性のある統制システムは、ビジネスが健全に運営され、その結果、株主を保護し、ファミリー株主間の良好な関係を維持するために必要不可欠なものです。

3 内部監査を含む統制メカニズムの導入と定期的な改善に十分な配慮がなされていることが重要です。

4 外部監査は、多くの場合、法的に要求されるものですが、義務ではない場合でも、非常に優れた制度となります。ファミリーは、信頼できる監査法人と協力し、彼らが必要なすべての情報にアクセスできるようにすることで、外部監査の効率性と成果を最大限に高めることができます。

5 監査人と、企業およびその経営者との関係が緊密になりすぎないようにする必要があります。監査法人の定期的なローテーションについても検討すべきです。

6 経営陣と取締役会が明確な枠組みの中で業務を遂行できるようにするために、オーナーは、自らが許容可能なオペレーショナルリスク、財務リスク、戦略リスクの水準を明確にする必要があります。

7 取締役会と経営陣は、適切なリスクマネジメントシステムを定め、実行していく必要があります。

8 オペレーショナルリスクは、ファミリービジネスにとって特に脆弱な領域の1つです。適切なリーダーシップを発揮し、ファミリー従業員に適切なスキルを持たせ、後継者の育成のための計画を立てることは、ファミリーがオペレーショナルリスクを最小限に抑えるための最も効果的な方法の1つです。

第 7 章　管理手法と統制システムの利点　145

9 業績に関する定期的な文書および口頭による報告は、ファミリーの結束と誇りを高め、他のステークホルダーにそのビジネスの有効性を示す素晴らしい方法です。

10 どのようなシステムにも欠点があり、ファミリー株主はそれを認識したうえで、適切な監督を行う必要があります。

第3部

ファミリーのための組織構造：
ファミリーガバナンス

この図は、第3部がファミリーガバナンスを重視し、読者が理解を進めるために役立ちます。

第8章

ファミリー評議会および
最高ファミリー責任者

「私たちはファミリー評議会をファミリーのための、セーフハーバー[1]、くつろぎの空間、お互いの生活や願望について情報をアップデートする場、として利用しています。」

プエルトリコのグルーポ・フェレ・ランジェル社の会長、マリア・ルイザ・フェレ・ランジェル氏へのインタビュー

グルーポ・フェレ・ランジェル社は、カリブ海のプエルトリコを拠点とするメディア、不動産、ヘルスケアの業界で事業を営んでいる多角化企業グループです。フェレ家の4代目は現在、さまざまなメディアを所有し運営しています。同社の機関紙である*El Nuevo Dio*と*Primera Hora*は、プエルトリコの新聞・広告市場の約80%を占めています。プエルトリコと米国の両国で運営されている不動産投資会社や、チリで事業運営しているヘルスケア企業など、さまざまなメディア関連会社も、フェレ家のファミリーメンバーによって積極的に運営されています。

フェレ家の名前はプエルトリコで認知度が高く、*El Nuevo Dio*の1日の発行部数は、ラテンアメリカではトップ10、米国ではトップ45に入る日刊紙です。

4代目会長兼CEOであるマリア・ルイザ・フェレ・ランジェル氏が、フェレ家におけるファミリー評議会運営20年の歴史について語ってくれました。この評議会は、彼女がエル・ヌエボ・ディアの若い記者だったときに彼女の両親によって設立されました。

149

彼女の兄、アントニオ・ルイス・フェレ・ランジェル氏は、最高ファミリー責任者（ある時はファミリー評議会の会長）を務め、ファミリーメンバーがビジネス関与する際の戦略的な検討と継続的な取り組みについて両者をバランス良く行えるように、マリア・ルイザ氏をサポートしています。

アーネスト・J・ポザ——マリア・ルイザさん、あなたのファミリーの評議会の様子とその歴史について教えてください。

マリア・ルイザ・フェレ・ランジェル氏——1993年に、私の両親が4代目への承継について、5人の兄弟全員がグルーポ・フェレ・ランジェル社で働くことを憂慮し始めたことが、すべての始まりでした。［グルーポ社は4代目の企業ですが、2代目から3代目にかけて、会社や資産の大規模な再編が行われ、ファミリー企業がいくつかに分離されています。そのため、グルーポ社は4代目の企業にもかかわらず、1代目から2代目の組織構成を持つ企業ともいえ、4代目は兄弟のパートナーシップとして運営されています。］

　私のファミリーは、毎月、ファミリーやビジネスに関する問題を話し合うようになりました。ファミリー評議会は、私たちオーナー経営者7人が多忙なスケジュールにあっても最優先されました。半日をかけて行われるこの会議では、事業運営、投資、兄弟間の意見の不一致、ファミリーと非ファミリーの経営者間の対立、そして数年にわたる後継者育成のプロセス、などについて話し合われました。父は承継のすべてを終えるのに10年はかかると予測し、2004年12月31日をその期限としました。私たちの取り組みはすべて、この目標や時間軸に導かれ、何とか進めて来ました。

　ファミリー評議会の初期段階では、ビジネスとファミリーそれぞれの課題、またはそれが複合された課題について議論をしました。したがって、これらの会議では、ファミリーの雇用に関するガイドライン、ファミリーの価値観の文書化、ファミリーが経営陣に期待することおよび経営陣がファミリーオーナーに期待することを明確化し、ファミリー評議会や取締役会などのガバナンス機関をも明示したファミリー憲章を策定しました。

　時間が経つにつれ、私たちはこれらの会議の中でビジネスとファミリーを混同することが多過ぎることに気がつきました。そのためこれらの会議を、ビジネス

の問題に対処する執行委員会と、ファミリーの問題を扱う真のファミリー評議会とに分けました。真のファミリー評議会では、執行委員会の議題としてはふさわしくないような投資の検討や、ファミリー財産に関するさまざまなテーマを扱うようにしました。

ファミリー評議会の構成はどうなっていますか？また、取締役会とはどのような関係にあるのでしょうか？

ファミリー評議会は、5人の兄弟と2人の両親で構成されています。ファミリー評議会がビジネスの問題に関する執行委員会として開かれる場合には、事業会社とファミリーオフィスの運営、グループと個人の資金計画や投資、さらにはオーナーシップ構造、内規などに関して審議と決定を行いますが、これらはすべて、ファミリー以外の主要な経営陣や独立取締役を含む、より大きな会合である取締役会においてファミリーとしての意見を述べるときに備えて行われるものとなります。したがって、ファミリー評議会による執行委員会はファミリー財産のための取締役会のような役割を果たしています。この機能により、定期的に行われる通常の取締役会の審議に先立って、ファミリーの声を届けファミリーの合意形成をしやすくなります。実際に、ある問題に対してファミリーの立場が問われる場合がありました。私たちは、ファミリー企業のいくつかにおいて自分たちの継続的な関与について、根本的な疑問を持ったことがあります。執行委員会において特定の事業に関与し続けることにした後で、取締役会から異議を唱えられ、戦略を再考したこともあります。それでもやはり、ファミリー評議会がファミリーの執行委員会として機能することが、ファミリー事業/ファミリー財産戦略を策定し、取締役会にそれを提出して検討し承認を得るのに役立っています。

ファミリー評議会は、どのようなことに取り組んだり、解決策を見つけたりするのに役立ちますか？

ファミリーのビジネスに関してミーティングを行うことは、ファミリー財産に関する計画や課題についてファミリーを教育したり、投資戦略を検討したり、地理的・産業的な観点からのファミリー財産をどのように分散すべきか、などファミリー資産全体のポートフォリオに対するリスク管理について意思決定を行うのに役立ってい

ます。

　また、ファミリー評議会は非常に多忙である成人世代間におけるファミリーの結束を深めるのにも大いに役立っています。私たちはファミリー評議会をセーフハーバーとし、くつろぎの空間として利用し、さらにそこでは私たちの生活や願望、課題やジレンマ、配偶者や子供たち、そしてそれぞれの生活についてもお互いに報告し合っています。ファミリー評議会は、それがファミリーだけの会話をするための場を設けるという、とても規律立った方向性があることに意義があります。仕事のことでもそれ以外のどんなことでも、個人や家族の生活においてニュース価値があろうとなかろうと、すぐに全員が再会し、愛する人たちと話し合う機会としてファミリー評議会があることをわれわれファミリーは熟知しており、私たちは皆、そこでお互いに助け合えることをわかっています。ファミリー評議会の最後には必ず昼食会を行い、そこにはそれぞれの配偶者も招待します。今では毎月全員が参加するわけではありませんが、昼食会の間に、私たちはビジネスや家族の状況について短いプレゼンテーションを行うので、日常的にビジネスに関与していないファミリーメンバーも、親戚やグルーポ社に関する情報をアップデートすることができます。

それは4代目の配偶者や5代目の子供たちとのつながりを構築するのにどのように役立っていますか?

　会話の一部に配偶者を加えることは、特に次世代ファミリーの形成と教育を考えると必要不可欠です。配偶者は、時によってどのような犠牲を強いられるのかを、その理由も含めて知ることになります。彼女たちは遺産相続に関与することから、5代目の将来の機会を構築することについて、積極的な役割を果たすチームメンバーといえます。

　そして、ファミリー評議会による集まりの結果か、あるいはファミリーの結束の現れか、5代目の従兄弟たちは結果的に、皆で一緒に旅行したり、彼らの友達も含めて交流したりするようになり、そのおかげで私たちは非常に大きな安心感を得ています。彼らは自分たちの従兄弟を大切にし、お互いによく気を配っています。

ファミリー評議会を開催している、またはこれからそれを始めることを検討している他の

ファミリーに対して、何か助言したいことはありますか？

まずファミリー評議会の会長または最高ファミリー責任者を選任することをお勧めします。その人物は会議のスケジュールを管理し、議題を作成し、他のファミリーメンバーやファミリーオフィスへのフォローアップを確実に行える必要があります。

また、次の会議で話すことが何も無いかもしれないと思っても、必ず定期的に会議を開くことをお勧めします。会議が開催されることが確実に予想できるかどうかが大きな違いをもたらします。

そして、会議の目的を明確にすることも重要です。つまりファミリーやファミリーのビジネスのことについて話すのか、それとも純粋にビジネス自体について話すのか、です。純粋にビジネスについて話すのであれば、それは経営陣、執行委員会、または取締役会の議題に回すべきでしょう。評議会ではアジェンダを用意し、議事録を作成することで、会議と会議の間に連続性を持たせます。最高ファミリー責任者が同じであっても、その期間中に議事録責任者は交代して務めるのが得策です。

ファミリーオフィスがある場合は、ファミリー評議会での決定に基づいて、ファミリーオフィスのスタッフに指示を与えるようにしてください。また、ファミリー評議会の審議、計画、決定をフォローアップするのに役立つように、彼らの業務割り当てを行います。

ファミリー以外の主要な経営者は、この会議に関し強い関心を持って見守っています。彼らは、私たちが評議会を開催していることを知っており、その価値についても理解しています。ファミリー評議会は、ファミリー以外の主要な経営者がオーナー一族に対して持つ信頼感を高め、オーナー一族が直面するあらゆる問題に対処し、それを解決する能力を高めます。その意味で、ファミリー評議会は、非ファミリーメンバーから信頼感や安定感を生み出し、さらにはファミリー会社が非ファミリーの優秀な人材を長期にわたって確保するための大きな投資となるのです。

｜ファミリー評議会によるファミリーガバナンスへの貢献｜

遺産相続プランを担当する弁護士に信託と遺産について相談すると、表向きはビジネスの継続性とファミリーの結束を維持するためと称して、限定的な信託

や複雑な遺産分割計画を教えてくれます。しかしそれは多くの場合、次世代メンバーが会社を都合よく利用するのを防げません。信託や遺産分割計画はしばしば節税効果をもたらし、資産金額ベースの相続財産を一時的に下げるのに役立つこともあります。ただし、そこに前の世代が残した無形の価値ベースの財産を再発見する方法が見出せない場合には、ファミリーの仲たがいや、ファミリー資産の売却につながることがよくあります。

価値観と相続財産を再定義するために、時間をかけ、何度も話し合うことが必要です。とりわけ異なる世代が求める戦略や、彼らの成長の機会を設けることに関しては、率直な議論が必要となります。時にはファミリー史プロジェクトや100周年記念での出版やイベントを通じて、ファミリーの歴史を蘇らせることも必要です。米国のあるファミリービジネスの銀行では、創業者の娘の一人が、会合の前夜に夢で見たという、亡き創業者の父からの手紙を読み上げるところから、設立記念のファミリーミーティングが始まりました。その内容は、ミーティングに参加する2世代のメンバーに、創業時の志を大切にするようにと書かれていました。この手紙の朗読をきっかけに、そのミーティングの目的意識は高まり、そしてファミリーの絆が深まりました。

このファミリーにとっての最初のファミリーミーティングは、尊大たるファミリーの歴史を熟知させ、ファミリーとビジネスが前進するには真に正しいことを実行しなければならないのだということを、次世代の各々へ課題として突きつける形で始まりました。この手紙では、一人ひとりのお客様に対して、たとえそれが一度きりの個人客であっても、それぞれにしっかりとサービスを提供する精神を保つことを求めていました。この夢と手紙は、その後の戦略や後継者育成計画の議論における指針となりました。

継続的なファミリーミーティングやファミリー評議会の存在により、ファミリーがビジネスに持つ懸念が無視されたり、取締役会や経営陣にファミリーの意図が正しく伝わらなかったりすることが少なくなります。これらの会議への出席は、ファミリーの情緒的口座ともいうべき銀行口座への預け入れのようなものです。つまり、ファミリーの富とチャンスの継続のために、ファミリーを取り巻く環境下で働くすべての人々からの信頼と尊敬を高めるための投資であり、ファミリーがゼロサム・エンティティになってしまう可能性をも低減するものです。（ゼロサム・エンティ

ティとは、勝者と敗者が存在する状況のことです。）ゼロサムや勝ち負けのダイナミクスは、情報が少なく、個々の目標がまちまちで、特にファミリーの数が増えてもビジネスの成長が限られているためにビジネスチャンスを感じられない場合や、異なる分家の家族間や直系の子孫と義理の親族間などで、発生する可能性が非常に高くなります。

　ファミリー評議会と取締役会は異なる使命を担っていますが、ある程度これらを統合することでより良い効果の発揮が期待されます。例えば、ファミリー評議会のメンバーの2人がファミリー全体の代表として取締役会に参加することは、取締役会がファミリーの戦略や選好を確実に把握することに役立ちます。また、非ファミリーの独立取締役がファミリー評議会に参加することで、ファミリー評議会本体とは別の場としてのファミリー委員会や執行委員会の会合を行うことができます。ファミリー委員会または執行委員会の会合を行う場合のファミリー組織は、会社経営やファミリーオフィスの投資や活動を含む、ファミリービジネス全体の、オーナーシップ、事業、投資、財産、に関する問題を取り上げます（第3章でグルーポ・ランドン社のフリオ・カソルラ氏が述べているように、これらの問題に対処するために、ファミリー評議会と並行してオーナー協議会を立ち上げるという方法もあります）。

｜戦略的機関としてのファミリー評議会｜

　ファミリー評議会は、ファミリーとオーナーシップに関する事柄に焦点を当てたガバナンス機関です。ファミリーにとってのファミリー評議会は、企業にとっての取締役会に相当します。ファミリー評議会は、ファミリーの会合を定期的に開催するための制度的な方法です。このような正式なアプローチにより、たとえ必要ないと思われる場合でも、会議が確実に開催されます。ファミリー評議会は、コミュニケーションを促進し、ファミリー間の対立を解決するための安全な場所を提供すると共に、責任あるオーナーシップ、ファミリーの原動力、財政状態、慈善事業、に関する次世代のファミリーメンバーの教育をサポートします。

　ファミリー評議会では、ファミリーがどのように参画するかの方針を策定し、手持ち資金、財産の分散化、相続計画等に関するファミリーメンバーの懸念に対

処していくことが多くなっています。また、経営に積極的には参加していないファミリーメンバーに対して、事業やオーナーシップに関する教育をどうやっていくかも重要な議題になります。第2章で紹介したディスカウント・タイヤ社の会長であるブルース・ハレ氏へのインタビューでは、相続計画に係る仕事が終わった直後に、ファミリー評議会を設置したことが紹介されていますが、これはまさに次世代メンバーが責任あるオーナーになるための教育と、ファミリーの絆を構築するためでした。彼は、次世代にディスカウント・タイヤ社創設当初の夢を引き継ぐという責務を共有してほしかったのです。彼はこの目標に対して、信託の文書に書かれた言葉だけでは、次世代メンバーの行動に影響を与えることはできないとわかっていました。そこで、ファミリー評議会は、ファミリーの方針をファミリー憲章に書き起こしたり、承継に関して審議したり、取締役会でのファミリーメンバーの役割、特にそれらのニーズに合わせたファミリーオフィスの設計をしたり、などを検討するための主要な場となりました。

　ファミリー評議会は、ファミリーの非経済的な目標と価値観を、時にはファミリー憲章等に通じることにより、明確に伝えられるようにする責務があります。ファミリー評議会はファミリー一族の戦略の中で、彼らにふさわしい注意を与えるという点で、非経済的な目標の擁護者であるといえます。またファミリー評議会は、ファミリーの慈善活動を実行する際には意見決定機関となる場合があります。さらに、オーナー一族の信託やその他の財務事項を監視するファミリーオフィスの設立を監督することもあります。ファミリー評議会においては、ビジネスの経営に関与しているか否かにかかわらず、ファミリーメンバーにビジネスに対する発言権を与えます。それによりファミリーの会長はファミリーメンバー全員をビジネスの取締役に任命しなければならないというプレッシャーから解放されます。

　ここで注意すべき点があります。それは独立した外部の人間が参加する取締役会がない場合、ファミリー評議会が独自の問題を引き起こす場合があるということです。あるオーナーファミリーは長い間、事業経営に積極的に関与していないファミリーが会社経営に口を出す傾向があることを経験してきました。真に独立した外部の人間から成る取締役会がない場合、ファミリーが会社を所有していることと会社経営の違い、を十分に理解していないファミリーメンバーが、事業経営に不適切に介入する可能性があります。

ファミリー評議会を設立した後も、責任と権限を正しく割り当て続けるためには、CEOがリーダーシップを発揮し、経営陣の権限としてファミリー評議会には関与させない事項の境界線を設定することが不可欠です。例えば、ファスナー・フォー・リテール社の創設者であり、元会長兼CEOのジェリー・コンウェイ氏が、最初のファミリー評議会で設定した基本ルールは、明確な境界線を設定でききていると考えられます。すなわち、彼は「最初の会議で、ファミリービジネスではあるが、最終的な経営判断は私がしなければならないということを、ファミリーに再認識させなければならないという重要なポイントがあった。」と語っています。この言葉は、企業創設者という彼の役割において、従来はすべて彼が行っていた意思決定を、審議による決定へと広げる際の不安の表れだったかもしれませんが、同時に、会社経営は、新しく形成されたファミリー評議会の管轄ではないことを示すものでもありました。

オーナーシップとファミリーの方針決定[2]

何よりもまず、ファミリー集会は教育とコミュニケーションのためにあるべきです。教育とコミュニケーションのタスクが適切に行われているならば時の経過と共に、ファミリー集会は効果的な計画、方針、意思決定の場となるでしょう。

ファミリー集会はファミリーメンバー間で情報共有するために、開放的で、かつ、それぞれに不快感を与えないよう、に進めることが必要で、それが効果的な計画の作成、政策の決定、適切な意思決定のための前提条件となります。多くのファミリー支配会社では、先代が築いた秘密主義の文化を解体するために、ファミリー集会を定期的に開催しており、これを時間をかけて発展させていくことが最適であると言えます。経営に関する意思決定およびオーナーシップに関するいくつかの問題は、ファミリー集会やファミリー評議会の役割ではありません。会社のオーナーシップと経営に関するほとんどの決定は、取締役会、トップマネジメントチーム、オーナー評議会、年次株主総会など、他の場で行われることになります。ファミリー評議会の議題の焦点は、コミュニケーションの改善、特にビジネス用語に精通していない人々に対する教育、オープンな審議の促進、政策決定、そしてあまり頻度は高くないもの、についての意思決定であるべきです。

ファミリー評議会は、承継プロセスにも役立てることができます。米国のプラスチック器具メーカーであるモビリティ・システムズ社のパートナーであるピーターソン兄弟が作成した承継計画は、年に2回開催されるファミリー評議会の第1回目の直前に発表されました。2人の兄弟は、ファミリー会社の将来のために考えた計画を株主に伝達する場としてこの1回目の会議を利用しました。このように相続計画も、オーナー一族によってファミリー評議会で議論されるのに適切な計画例であるといえます。[3]

オーナーシップや、ファミリーと会社の関係に関連するいくつかの方針は、事業に従事しているファミリーにとっては極めて有用です。これらには次のようなものがあります。

1. 実践的な取締役会のリーダーシップに関して必要な情報となる、ファミリーの目標に対するファミリーの戦略の声明が提示されること。

   ファミリーの戦略には以下が含まれます。

   ・ 株主による払込済資本、または投資資金に対するリターンへの期待
   ・ 会社を支配するファミリーと会社との望ましい関係を支える原則及びビジネス資金払い戻しの方針。この方針は、個人またはファミリーの分家が資金を必要とする場合や、ビジネスに投資している金額を別の用途に振り替えようと考える場合があることを認識するものであります。この方針は通常、少額で済む取引と、ファミリー内または会社への大量の株式売却のように金額が大きくなる取引、とを区別し、それぞれ有効な法的文書（売買契約書など）を作成します。
   ・ 配当方針（会社の決定事項である配当金の額を特定するものではなく、ファミリーのニーズについて話し合うためのもの）、すなわち、配当のニーズと事業への再投資のバランスを図ると共に、ファミリーの一般的な意見について取締役会や経営陣に伝えることを目的とします。

2. ビジネスで働くための前提条件をまとめた雇用方針。

   会社でフルタイムの雇用を求めているファミリーメンバーに対しての会社が期待する学歴や経験などについて明記されます。雇用機会はファミリーメンバーの能力に基づくべきです。

3. オーナー一族の代表者として取締役会に参加するファミリーメンバーの選任基準を含む取締役会の役割方針。

このシステムを用いることにより、ファミリーメンバーに不当な影響を与えることなく、ファミリー戦略と企業戦略を結びつけることができるようになります。

4. ファミリー憲章。

通常、この文書には、ファミリーの使命、ファミリー企業にとって先代が重要として次世代に伝えたい価値観のリスト、上記にあげられた方針集、ガバナンス機関とその機能のリスト、ファミリー史、ファミリーの約束、会社とオーナー一族の今後の望ましい関係、等についての記述が含まれています。

｜ファミリーの原動力｜

ファミリーの生活やファミリーの行動分析は、本書の中心的なテーマではありません。しかし、ファミリーの原動力とファミリーの情緒的知性は、ファミリービジネスのガバナンスを学ぶ人にとって重要なテーマといえます。多世代にわたるファミリー支配のビジネスは、たとえ株式市場でその株式が上場していても、その多くの株式は流動性が高くありません。この流動性の欠如と無私無欲であることの必要性は、短期、直近の四半期、迅速な取引に焦点を当てがちな経済社会で活動するファミリーメンバーにとって重荷となる可能性があります。しかしファミリービジネスの情報を得る機会、ファミリーとしての教育を受ける機会、拡大されたファミリーのアイデンティティを体験する機会、スチュワードシップという重要な家族の価値観に関わる機会、などが十分にあれば、彼らは進んでこの責任を担うでしょう。世代を超えて、ビジネスに積極的に関与している株主とそうでない株主との間での、一体性、愛情、相互影響力は不可欠です。

一方で、秘密主義、情報の欠如、ファミリーの情緒的知性レベルの低さ、ビジネスに関する知識不足などのすべてが、ファミリー所有ビジネスが継続するために必要とされるファミリー間のコミットメントを脅かします。これらの欠点は、独裁的なリーダーシップによる支配と、それを支持した創業当初の文化によるものであったり、または、その文化がそのまま後世に受け継がれたものであったりします。あるいは、ファミリーが秘密とした方が良いと解釈している信念のこともあります。

第 8 章　ファミリー評議会および最高ファミリー責任者　159

これには、競合他社に対する柔軟な対応や隠密性、納税義務の最小化、親族・ファミリー以外の従業員・労働組合からの要求に対するマネジメントなど、があります。

現役世代が財務諸表、利益率、キャッシュフロー、市場シェアなどの情報を伝えずに隠し続けると、数年後には、若いファミリー経営者が企業運営を支えたり、有能な後継者となる能力を失ったりしてしまうことがあります。同様に、事業への関与が積極的ではないものの、長期的な視野を持ち、最も重要な経営資源である粘り強いファミリー資本を持つファミリーメンバーも、いつの間にか疎外されてしまうことで、ゆくゆくは、ファミリーの継続的な取り組みに積極的に参加することを嫌がるようになってしまう可能性があります。

経営に関与していないファミリーメンバーでも、ファミリー所有またはファミリー経営企業の審議、決定、長期的なプロセスにおいて重要な影響を与えることが多くあります。[4] そして、これらのメンバーの視点や貢献が考慮されなかったり、正当とみなされなかったり、過小評価されている場合には、彼らは不平等感を味わうことになります。[5] このような不平等感はファミリー間の対立につながる恐れがあります。

対立解決とファミリー評議会

ファミリーには対立がつきものであり、それはファミリーが共に暮らし、働き、資産を管理する場合はなおさらです。それにもかかわらず、多世代にわたって成功しているファミリー所有企業もあります。これは、たとえ問題や危機が生じたとしても、ファミリーとビジネスの関係を歴史的にうまく管理してきたという証拠なのです。

ファミリー評議会の利点の1つは、問題が発生したときに話し合える場を提供することです。これにより、ファミリー内での対立が悪化する可能性を最小限に抑えることができます。ファミリー評議会で対処できる問題には、次のようなものがあります。

1. 仲間に入れてもらえないことへの不満。

　　これは、事業経営に積極的なファミリーメンバーとそうでないファミリーメンバーとの間、また影響力のある現役世代メンバーとそれほどの影響力を持たない

次世代メンバーとの間での感情的な隔たりの結果として、よく見られるものです。異なる国や都市に住んでいること、性別の違い、裕福さのレベルの違い、豊富でかつ一貫したコミュニケーション機会の欠如など、がこの対立を増加させ、しばしば不信感やゼロサムへの動きをもたらします。

2. 雇用慣行、昇進、家族手当など、ファミリーメンバーの一部が享受している機会が不公平であることに対する怒り。

多くのファミリーで、「公平」は「平等」を意味します。しかし、多世代にわたるファミリーにおいては、公平であることが平等であることを意味する場合、ファミリーのリーダー（およびしばしば会社のリーダー）は他のメンバーを気にするあまりに、正しく決断して前に進むことができなくなり、思考が麻痺してしまいます。

3. 分配／配当政策に対する不満と株主の資金力の欠如。

ファミリー所有の会社が、3代目、4代目となる頃には、その分家や個人により、金銭的なものに対するニーズは大きく異なってきます。3代目のオーナー経営者が、経営者や会社の役員として市場相場に照らして相当な給与を受け取っている場合と、離婚した従兄弟が歴史学の博士号を取得し、3人の子供を育てている場合とでは、彼らはまったく異なる現実に直面しています。

　これらの問題はすべて、ファミリー評議会で対処でき、ファミリーの能力を最大限に発揮して解決することができます。そこにおける積極的なヒアリングはとても重要で、それはファミリー評議会の多くの活動でも中心となります。そして双方向のコミュニケーションを促進することにより感情対立の原因を明らかにし、計画を立案したり変更したりすることができるようになります。このような感情の一部は知覚することに基づいているため、ファミリー集会の教育的使命は、共通の基盤を作り、誤った情報や誤解に起因する対立を改善するために大いに役立ちます。

　対立することは敵視することではありません。ファミリー評議会は常に意見の一致を得るためのものでも、単一の意見を述べるためのものでもありません。一方で対立は、会社の戦略を再検討して新たな成長を促進する必要性や、後継者計画の欠如に早急に対処する必要性、また、ファミリー評議会を通じてファミリーの教育と結束により多くの投資する必要性について、ファミリーのリーダー、取締役会、近親者を含むより広義のファミリーへ警鐘を鳴らすものであることが非

常に多いのも事実です。

最高ファミリー責任者

　最高ファミリー責任者は、ファミリー評議会の議長の役割を果たし、ファミリーが直面する課題を通じてファミリーメンバーの結束を維持するための接着剤的な役割を果たします。ファミリー評議会の議長としての正式な役割だけでなく、ファミリーの仲介役、ファシリテーター、ファミリーのコミュニケーションのパイプ役を務めることもあります。このような役割を果たす人は、信用の触媒（トラストカタリスト）と呼ばれることもあります。[6]

　本章の前半で紹介したグルーポ・フェレ・ランジェル社のアントニオ・ルイス・フェレ・ランジェル氏のように、最高ファミリー責任者は、ファミリー史の執筆、毎週または毎月のファミリーの集まりの主催、年に2回ファミリーが静養する保養所との連絡窓口になるなど、ファミリーの取り組みにも責任を負います。時には、ビジネスを優先して考えるCEOとは正反対の立場をとり、ファミリー優先のアジェンダを提唱し、ファミリーとビジネスのバランスをとろうとすることもあります。

　最高ファミリー責任者は、ファミリービジネスの継続性を追求する上で主要な役割を果たし、ファミリーの動向や、オーナー一族の対人関係や成長する上での課題について、独自の見解を有していることが多い傾向にあります。最高ファミリー責任者がファミリーメンバーのさまざまな立場を理解した上で、明確に自らの意見を表現する能力を持っているならば、事実のみに焦点を当てた対話から、事実と感情の両方を含む広い視野での対話を可能にし、より良い意思決定を行うことができるようになります。

取締役会とファミリー評議会の境界線

　ファミリービジネスは、ファミリーメンバーだけで取締役会を構成する傾向があります。上場しているファミリービジネスであっても、この伝統を守りながら、弁護士や数名の部外者がファミリーと一緒に役員を務めることもあるようです。このような取締役会では、独立した取締役を迎え入れることはほとんどありません。その結果、多くのファミリー会社では、依然としてファミリーとビジネスの間の健

全なバランスを保つことが問題となっています。なお、カーギル・マクミラン家が85％を所有する世界最大の民間企業であるカーギル社は例外としてあげられます。そこではファミリーが取締役会の17議席のうち6議席しか保有しておらず、取締役会の独立性に対してA評価を獲得しています。[7]

　ファミリーの一員が取締役になるという伝統を持つファミリー会社は、多世代にわたるにつれ、新たな課題に直面することになります。それは、ファミリーメンバーが、ファミリーであることやオーナーであるという地位を理由に、自動的に取締役になることを期待することです。確かに、ファミリーメンバーが優先されて取締役になることで、ファミリーのためになることもありますが、取締役会がファミリーの影響力に圧倒されることは、会社、株主、さらにはファミリー自身にとっても、短期的にも長期的にも最善の利益につながることはほとんどありません。ファミリーの一員であることと取締役会の業務の間には一線を引く必要があります。

　ファミリー評議会がファミリー所有の会社に貢献できるのは、まさにこの線引きを支援し、ファミリーとビジネスのアジェンダを差別化し、統合するガバナンスシステムを確立する手助けができるからです。ファミリーメンバーが取締役になることが権利として認識されている場合、ファミリー評議会や独立取締役を介入させても抑制が効かず、巨大かつ強力なファミリーの原動力をうまく処理できない取締役会になってしまうことがよくあります。1986年にビンガム家がガネット・パブリッシング社に売却したルイビル・クーリエ・ジャーナル社の状況に見られるように、ファミリーメンバーが事業戦略や財務についてほとんどを知らない場合には、彼らが取締役会に参加しても、最終的な監督と説明責任を果たすべき機関である取締役会として持つべき本来の機能を効果的に発揮できることはほとんどありません。

　独立した取締役会メンバーがいるファミリービジネスにおいても、ファミリーの問題を取締役会に持ち込まないようにするには困難が伴います。全員がファミリーメンバーで構成される取締役会から、ファミリーメンバーと独立取締役が混在する真に機能する専門的機関としての取締役会への移行は難しいことが多いのです。取締役会の規模が大幅に拡大されない限り、ファミリーメンバーは、独立取締役のための席を用意するためには自らの身を引く必要があるかもしれません。多くのファミリーメンバーはこの新しい秩序を受け入れることができないか、また

第8章　ファミリー評議会および最高ファミリー責任者　163

は、盲目的に自分には取締役会に出席する権利があると信じていたりもします。この難題を解決するための最良の方法は、ファミリーと取締役会間の境界を定めたファミリー評議会を利用することです。

　ファミリー評議会と取締役会は異なる使命を持っていますが、それらはある程度は統合することによって、より良い効果を発揮します。例えば、ファミリー評議会のメンバー 2 人が取締役会においてファミリー全体の代表者としての役割を果たすことで、ファミリーの戦略やファミリーの選好が取締役会においても適切に考慮されるようになります。さまざまな事業を統合するために、持株会社体制を導入する場合、持株会社の取締役会においてこれがよく利用されます。その場合、持株会社の取締役会は、構造上、株主総会とファミリー評議会の間に位置します。その他の傘下企業では、ファミリー評議会は独立取締役と共に、幹部との会議を持つことになります。幹部との会議では、ファミリー評議会はファミリー取締役としての機能を発揮することとなります。

注

　1. 訳者注：原文は"a safe harbor"となっており、文字通りには「安全港」と訳されるが、「それに従って行動する限り法令等違反を問われることがない効果」という意味もある。

　2. Adapted from Chapter 9, "Family governance," in Poza, E., & Daugherty, M.(2014), *Family Business*, 4th edn., Mason, OH:South-Western/Cengage Learning.

　3. このケースは事実に基づいている。なお、プライバシー保護のため、会社名および家族の名前は変更している。

　4. Heck, R.(2004), "A commentary on 'Entrepreneurship in family vs. non-family firms：a resource-based analysis of the effect of organizational culture'," by Zahara, S., Hayton, J.C., & Salvato, C., *Entrepreneurship Theory and Practice*, 28(4), pp. 383-389.

　5. Stewart, A.(2003), "Help one another, use one another：toward an anthropology of family business," *Entrepreneurship Theory and Practice*, summer, pp. 383-396.

　6. LaChapelle, K., & Barnes, L.(1998), "The trust catalyst in family-owned businesses," *Family Business Review* 11(1), pp. 1-17.

　7. Hoover's Online & Orbis Database, Company Profiles, Cargill(2013). http://www.hoovers.com および https://orbis.bvdinfo.com/version-201372/home.serv?product=orbisneoを参照。

ベストプラクティス
推奨事項

1　ファミリーの結束は、単にファミリーのためだけでなく、持続的なファミリーによる資本の蓄積を基に繁栄するビジネスにとって、ユニークな人的資源であることを認識する必要があります。

2　ファミリー評議会の設置は、ファミリーの原動力がファミリー企業にもたらす課題、特に非常に不安定な承継期間中の課題に対処するための最善の方法であるとされています。

3　ファミリー評議会の設立当初は、慎重に進めることが重要です。最初は、配偶者ではなく、直系の子孫のみを関与させるべきです。その上で、より大きな区分である近親者を含む広範なファミリーを徐々にファミリー評議会の一部に組み込んでいきます。例えば、教育、情報共有、ファミリーの絆を深めるための体験などを、ファミリー評議会の議題に組み込んでいきます。

4　ファミリーが深刻な対立状況下にある場合や、あるファミリーメンバーがファミリーから離れている状況にある場合には、ファミリー評議会を設置しないほうがよいです。逆説的に言えば、ファミリー評議会は、必要性が最も低いとき、すなわち、皆が仲良くやっていて、お互いの信頼関係が良好なときに立ち上げるのがベストです。ファミリー評議会の設置は、長期的にファミリーの結束と持続的なファミリー資本の充実のための素晴らしい投資となります。

5　最高ファミリー責任者を選び、その者にファミリー評議会の議長を務めてもらい、定期的な会議スケジュールを維持するための主要な責任を担ってもらいます。

6　ファミリー評議会を、ファミリーやオーナーシップの面で必要とされるさまざまな新しい取り組みや変革の努力のための出発点として活用します。ファミリー評議会は（第2章でのディスカウント・タイヤ社の会長であるブルース・T・ハレ氏とのインタビューや、本章でのグルーポ・フェレ・ランジェル社の会長であるマリア・ルイザ・フェレ・ランジェル氏とのインタビューで見られるように）、オーナー一族にとって、企業にとって、取締役会のような役割を果たすことができます。

165

第 9 章

ファミリー慈善活動と
ファミリー慈善財団

「ファミリーで受け継がれてきた価値観と、彼らがビジネスをどのように進めてきたかが、"人を助けたい"と心が私に絶え間なく呼びかけていたことに対して、"それに耳を傾け、応えなさい"、と後押ししてくれたのだと思います。」

フィリピンのナレッジ・チャンネル財団の
リナ・ロペス・バウティスタ氏へのインタビュー

このインタビューで、リナ・ロペス・バウティスタ氏は、彼女のファミリーが行っている多くの慈善活動の中心となっている慈善財団であるナレッジ・チャンネル財団について話してくれました。リナ氏は、経済の発展と平和の担い手となる強い人財を育成するには教育が不可欠であると信じ、自らの仕事に情熱を持って取り組んでいます。

リナ・ロペス・バウティスタ氏は、ナレッジ・チャンネル財団の創設者であり、現在も会長兼常任理事として在任しています。ナレッジ・チャンネル財団は単なる教育や学習のための媒体ではなく、人々に真の力を与え、世界の平和と社会正義のために貢献すると、彼女は信じています。リナ氏はロペス家の3代目であり、結婚して、2人の子供がいます。

ナレッジ・チャンネル財団（KCFI）は非営利団体（http://kchonline.ph）であり、

167

フィリピンの基礎教育カリキュラムを中心とする最初で唯一のテレビに加えて、オンラインメディアであるナレッジ・チャンネル（Kチャンネル）とKCHオンラインを運営しています。KCFIは、教育省のカリキュラムに沿って、幼稚園から国際基準とされる12年教育（K-12）までのフィリピンの子供たちにオンライン学習と、それに並行するオルタナティブ・ラーニングのテーマやコンセプトを、テレビ、インターネット、ビデオ・オン・デマンドを用い、教室、学習センター、さらには家庭へと配信しています。財団は約50人の従業員を擁し、長年にわたって約3万人の教師をトレーニングしてきました。

デニス・ケニョン＝ルヴィネ──KCFI設立の背景と使命について教えてください。

リナ・ロペス・バウティスタ氏──KCFIは1999年に設立され、すべての人々が尊厳を持って暮らせる、公正で平和な世界を目指しています。教育メディアと権利擁護活動を通じて、子供たちやその他の学習者、特に十分な教育を受けていない人々や社会的に疎外されている人々に力を与えて、彼らが最高の力を発揮し、最高のコミュニティを作り、より良い世界の構築に貢献できるよう活動しています。

このプログラムがどのようなもので、どのように発展してきたか教えていただけますか？

私たちのファミリービジネスには、ケーブルテレビネットワークであるスカイ・ケーブル社と、放送ネットワークであるABS-CBN社があります。私たちは、これらのネットワークを活用し、スカイ・ケーブル社のフランチャイズエリア内にある公立学校で使用される教育テレビチャンネルを立ち上げることができるだろうと考えていました。

その後、私たちは全国のケーブルテレビ事業者と提携したり、学校に衛星放送を受信できるアンテナを設置したりすることで、フィリピン国内のすべての公立学校で利用できるようなケーブルテレビのネットワークを拡張していきました。Kチャネルの番組、ゲーム、アクティビティは、オンライン（kchonline.ph）やオンデマンドでも視聴できます。

KCFIは、OMLALI（Out of School and Mature Learners Alternative Learning Institute）を通じて、学校を卒業していない若者や大人の学習者にも対象を広げてきました。これは、フィリピンの人口において大きな割合を占める、15歳から80歳以上までの高校を卒業していない若者や大人の教育ニーズに応

えるプログラムです。路上生活者、刑務所にいる人、山奥や離島で生活する人なども対象です。私たちは、DepEd Alternative Learning System（ALS）のカリキュラムに基づいたコンテンツを制作し、彼らを指導する教師に配布します。これにより、彼らはよりよく学ぶことができ、本人が望めば高校を卒業するチャンスも与えられます。

　さらに、私たちは、社会福祉開発省（Department of Social Welfare and Development：DSWD）と連携して、全国に5万カ所ある保育所を支援しています。これらの保育所は地方自治体に併設されており、3歳から4歳までの子供たちを対象にサービスを提供しています。私たちは、保育所で使用されるビデオ学習教材の制作を続けており、子供たちが夢中になるくらい興味を持ち、そこから学ぶことができるようにしています。

　フィリピンの地理的事情について教えてください。

　フィリピンは7,000以上の島々からなる島国であるため、交通機関と通信インフラの整備が課題となっています。そのため、特に離島や山間部の学校へテレビや衛星放送のアンテナを持ち込むことは難しく、時には危険も伴います。まれに、安全を確保するために軍や地方自治体の支援が必要となる場合があります。このような困難があるにもかかわらず、私たちが活動を続けているのは、それらの地域は他の地域より資源が乏しいからです。このような活動は、現地で非常に温かく受け入れられています。

　あなたは、ファミリーが経営する大規模で、かつ多角化した企業に入社することもできたはずです。しかし、なぜ慈善事業を立ち上げることを選んだのですか？そしてどうしてこの慈善事業にしたのですか？

　実は、私はその時にスカイ・ケーブル社で働いていたのです。しかし、私がスカイ財団を設立するきっかけとなったのは、絶えることなく続いていた私の心の中からの呼びかけでした。当初はスカイ・ケーブル社のCSR（企業の社会的責任）としての活動でしたが、後にKCFIに名称変更し、より多くの人々をサポートできるようにしました。ファミリーで受け継がれてきた価値観と、彼らがビジネスをどのように進めてきたかが、"人を助けたい"と心が私に絶え間なく呼びかけていた

第9章　ファミリー慈善活動とファミリー慈善財団　169

ことに対して、"それに耳を傾け、応えなさい"、と後押ししてくれたのだと思います。私のファミリーはもともと教育に熱心でしたので、これは自然な取り組みでした。

KCFIは、ファミリービジネスやファミリーの他の慈善活動とどのように関連していますか？また、あなたのファミリーはどのようにKCFIとつながっていますか？

KCFIは、ファミリービジネスに関連するさまざまな慈善活動や非営利活動を実行するために設立されたロペス・グループ財団（LGFI）のメンバーです。いくつかの企業は、さまざまな方法でKCFIをサポートしています。私の父は財団の議長を務め、ABS-CBN社を経営する私のいとこが副議長を務めています。

一般的にはファミリー財団がファミリー以外から資金を受け取ることはほとんどありません。あなたが財団を立ち上げようと思ったきっかけと、それがどのように役立っているかについて教えてください。

財団設立から数年後、私たちはケーブルテレビネットワークのフランチャイズエリア内の公立学校だけにKチャンネルを提供するのではなく、もっと多くの学校に提供することを決めました。より多くの学校に届けるためには、ファミリー以外の寄付者や他のケーブルテレビ会社と提携する必要がありました。こうしたパートナーシップによって、私たちの活動はより潤沢なものになり、より多くの学習教材を提供し、より多くの学習者や教師に届けることができるようになりました。

13年間の活動において、KCFIがもたらした社会的インパクトはどのようなものでしたか？

Kチャンネルは、その活力に満ちた魅力的なコンテンツにより人気となり、フィリピンで最も優れた教育ビデオ教材の供給元となっています。Kチャンネルのテレビ番組だけでも、フィリピンの62州の2,500校以上の公立学校で、300万人以上の児童が視聴しています。またフィリピン全土にわたって家庭での視聴者も増加しています。しかし、全国の約4万2,000校の公立学校のうち、Kチャンネルを視聴できるのは現時点でわずか4.7％に過ぎません。まだまだ長い道のりです。Kチャネルの番組を定期的に利用している学校では、全国学力テストスコアが上昇し、退学率が低下し、共同活動をする生徒の割合が上昇している、と報

告されています。

何か追加でコメントしたいことはありますか？

　私の父であるオスカー・M・ロペスの「教育省とその時の大臣を支援したい」という思いから、KCFIは現在、教育の指導や運営にも携わっています。これは、教育省（DepEd）の学校局管理者（SDS）を対象とした、教育指導に関する15カ月の博士号取得プログラムという形で行われています。Kチャネルの役割は、ロペス・グループ財団と私たちを代表して、月に1週間、アンティポロにあるエウジェニオ・ロペス・センター（ELC）にて、当該管理者たちを受け入れることです。世界的には21世紀型教育、国内的には10年の基礎教育サイクルから13年サイクル（K-12）への移行など、教育にはさまざまな変化が生じているため、このプログラムはタイムリーなものとなっています。現在、第一陣として50名の管理者に対してトレーニングを開始し、6カ月が過ぎようとしています。ファシリテーターも参加者も、このプログラムが画期的であり、変革をもたらすものだと言っています。

　KCFIは、カリキュラム設計、管理プロセス、学習スペースなど、さまざまなカテゴリーで優れた成果を上げた学校に賞を授与する、優秀教育改革賞（EETA）のパートナーでもあります。2年目を迎えたこの賞は、単にこれらの学校が評価されただけではなく、他の多くの学校にとっても優れた取り組みをする刺激になっていると言えるでしょう。

　最後に、慈善事業の領域、つまり「与える」ということについて述べたいと思います。人は各々が唯一無二の才能や資質を持っており、他の人とそれを共有することができます。これはファミリーやビジネスにおいても同じで、他者と共有できる独自の才能や資質があります。社会的な課題が山積する中で、資源には限りがある以上、その才能を最大限に活用することが重要です。ビジネスにおいて業界をリードする企業は、リーダーシップを発揮する人材を含む人的経営資源の開発に注力し、結果として小規模な企業よりもはるかに多くのことを実現する力があります。その社会貢献的な活動はより戦略的に行われ、ビジネスへの影響と同じくらい大きな影響を社会に与えることができます。教育や人的資本の能力を高めることが、社会正義を実現するための最も戦略的な社会的関与であると私は信じています。

第9章　ファミリー慈善活動とファミリー慈善財団　171

| ファミリーの慈善活動がもたらすもの |

　事業を営む世界中のファミリーは、寛大な心を持った慈善活動者です。彼らには、地域社会のみならず、自分たちを取り巻く世界にも深く関わっていることが多く、他者への配慮や社会の変化を求める気持ちが自然に芽生えています。事業を営むファミリーは、コミュニティに影響を与える社会情勢、自然環境、文化、医療、その他の要因を改善することで、自分たちの子孫のための環境をより良くしたいという関心を元々持っていることが多いのです。メルシエ家はその典型例で、1740年に母国フランスでの迫害から逃れ、スイスのローザンヌとシエールに避難したプロテスタントの一家でした。彼らは革産業やホテル建設などで栄え、その富で学校、病院、教会への寄付、芸術の支援、他の事業の立ち上げなどを行いました。その結果、雇用が生まれ、コミュニティ全体がより発展していくことになりました。

　メルシエ家が採用したコミュニティ開発モデルは、ファミリーによる慈善活動の伝統的なモデルです。それは今でも世界中で非常に人気があります。しかし、慈善活動の可能性は多様化し、その選択肢はより複雑になっています。ファミリーが慈善活動を始めようと思ったときに、どこから始めたらよいのかわからないことがよくあります。本章では、ファミリーが慈善活動を始めるにあたって役立つと考えられる以下の基本的な原則と実践方法について説明します。

1. 慈善活動：ビジョン、戦略、ビジネスライクな実行から成る寛容な行動。
2. 効果的な慈善活動のために必要な仕組みと組織。
3. 慈善活動に関わる人々。

| 慈善活動 |

　米国だけで2010年にファミリー財団が行った寄付総額は206億ドル[1]もありました。米国はファミリー慈善活動における最先端を進んでいますが、多くのファミリーは、依然として慈善活動を開始するための主たる動機を見つけ出すことや、どのような慈善活動を行えば、最大の効果をもたらすことができるのかを見い出

すのに苦労しています。そのような時には基本に立ち返り、「どのくらいの頻度で、どのくらいの金額を寄付すべきか?」、「どうやって寄付をすればいいのか?」、「なぜファミリーとして寄付をする必要があるのか?」などの質問に立ち返ることで、ファミリーの慈善活動の使命を明確にすることができます。

なぜ慈善活動なのか?

ファミリーが慈善活動をする理由は、ファミリーの基本的な価値観に根ざしていることが多いと考えられます。一方で予期しなかった、病気や事故、自然災害、戦争、などがファミリーやコミュニティに直接影響を及ぼし、彼らの世界観を変えてしまったことがきっかけとなることもあります。

ファミリーが慈善活動をする主な理由は以下の通りです。

1. **社会に何かを還元するため。**ファミリーは、ファミリービジネスの成功とそれが生み出した富を分かち合いたいと考えます。

2. **喜びを感じるため。**人助けをすることは、それ自体が喜びとなります。また慈善活動という経験は私たちをより善良な人々にしてくれます。

3. **社会的価値観。**世界には多くの苦しみがあり、多くの人が自分のできる範囲で人助けをする責任を感じています。慈善活動はそれに応えるものです。

4. **宗教的な信念。**ほとんどの宗教や精神哲学には、寄付に関する明確な戒律があります。仏教の僧侶に食べ物を提供したり、寺院を建てたりすることは、アジアの多くの地域では自然な宗教的行為です。ザカート(慈善献金)はイスラム教の5本柱の1つであります。ユダヤ教では、貧しい人々や困窮している人々、その他の価値ある運動のために援助することは義務です。キリスト教の教えには、他人に与え、助けることの必要性について多くの言及があります。

5. **次世代を関与させるため。**慈善活動は、幼い頃から子供たちをファミリーの活動に関与させる絶好の機会です。それはまた、ファミリーの価値観を伝えていくのにも大きな効果があります。日常生活とは異なり、慈善活動はファミリーがより大きな社会の一部であると感じさせることができるため、子供たちにとって

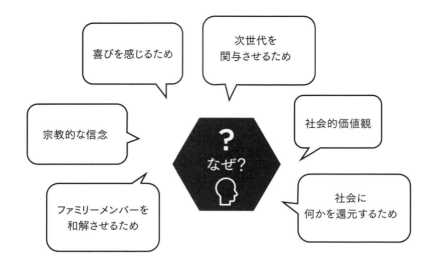

図表9.1 なぜ慈善活動をするのか？

非常に有益なことです。

6. **ファミリーメンバーを和解させるため。** 他人を助けるために共通の目的に取り組むことで、ファミリー間の争いや緊張からファミリーの関心をそらすことができます。また、共有された中立的なプロジェクトに参加者は喜びを見出すことも期待できます。

これらの理由のいずれか、あるいはそれらの組み合わせが、ファミリーが慈善活動を始めるという意思決定をうながします。（図表9.1）。

慈善活動の取り組み方

慈善活動をする理由は多岐にわたり、中には奥深いものもあります。一般的にファミリービジネスの成功者はその成功によって得られる爽快感が永続には続かず、やがて世の中に変化をもたらしたいという欲求が現れてきます。[2] 慈善活動は、社会問題の根本的な原因に対して戦略的に取り組むことで、社会に変化をもたらす力を持っています。例えば、米国の石油王ジョン・D・ロックフェラー氏は、

一般教育委員会を設立し、米国の高等教育と公立教育に革命をもたらしました。

　社会を変えたような慈善活動者は、「なぜ自分が慈善活動をしなければならないのか」、「何が自分のモチベーションになるのか」ということから始めたのではなく、彼らの多くは「何が必要とされているのか」、「何が問題なのか」、「根本的な変化をもたらすためには自分たちは何ができるのか」ということから考えました。真の意味での変化をもたらすには、必ずしも多額の資金が必要となるわけではありません。最も重要なのは、物事を別の方法でも行うことができるという意識と、ニーズに焦点を絞り、より大きな影響をもたらす可能性が高い解決策を見極めることです。

慈善活動による変革の影響

　決まった目的のために慈善活動をするという直接的な行為、例えば学校により良くより多くの教師を雇うために助成金を与えるなどの行為は、迅速な効果をもたらすことができます。しかしこのような行為は表面的、局所的、一時的な改善にしかならないため、根本的な原因に対処したり、社会に大きな変化をもたらしたりする方法とは必ずしも言えないでしょう。

　例えば、英国の研究では、低所得のシングルマザーの子供は、クラスでの成績が悪く、貧困や経済的脆弱性から抜け出すために必要なスキルや資格が十分に修得できない内に学校を退学する傾向があることが明らかにされています。さらに、シングルマザーに育てられた子供は、経済的に安定しておらず、親の注意や指導が行き届かず、結果として貧困地域で生活せざるを得ない傾向がある、という調査結果も出ています。[3] この2つの研究結果を統合すると、シングルマザーの子供たちを支援するために学校へ資金を寄付するのは良いことですが、根本的な変革を実行するには、母親のニーズに応えることが必要だということがわかります。シングルマザーがより良い仕事に就くためのスキルアップを支援することで、より良い住居や食事、安心と温かさ、健康的な環境、を子供たちに与えることができます。それは、子供たちの学校での成績が向上することにつながります。

　同様に、アフリカに学校を建設するために資金と時間を費やしたあるファミリーは、授業に出席する子供がほとんどいないことに心を痛めました。近隣の村々

第9章　ファミリー慈善活動とファミリー慈善財団　175

を調査したところ、学校に通学する以前の問題があることがわかり、給食と制服を提供するための助成金を創設しました。子供たちに食事や服や靴が与えられることを知った親たちは、すぐに子供たち全員を学校に送り出しました。現在、この学校はさらに発展し、小さな農場と庭を持ち、給食を提供するのに十分な食料を生産する一方、子供たちは庭の手入れや動物の世話を担当し、進んで農学を学んでいます。

全体的なアプローチ

　慈善活動には、その全体ではなく、いくつかの部分について支援することにより、コミュニティ全体に変革的な影響を与えるという方法もあります。例えば、「ハンド・イン・ハンド・インターナショナル」の使命は、[4] 雇用の創出を通じて貧困を減らすことです。この団体は、女性起業家にマイクロクレジット（無担保の少額融資）を提供しています。マイクロクレジットを発行する前の「川上」の取り組みとしては、まず女性がスキルを身につけ、ビジネスを立ち上げられるようにトレーニングや教育を提供します。「川下」の取り組みとしては、女性によって生産された商品が市場に流通していくためのインフラを提供しています。また、男性に対しては、なぜ女性にマイクロクレジットが与えられるのかを理解してもらい、それを支持してもらえるように、ジェンダー意識向上のためのコースの提供を行っています。

　これに対してコーダイド社[5]が行っている官民のパートナーシップを構築する活動は、全体的に支援を行う方法をとっています。36カ国で数多くの活動をしているコーダイド社は、どこで活動するにしても、立ち上げたプロジェクトに対して責任感を持ち、それを保護し、プロジェクトを成功させるために、コミュニティや地方自治体によってそれぞれのプロジェクトがサポートされていることを確認しています。

慈善活動の効果の測定

　慈善活動の効果を測定することはとても有用です。測定することにより貴重な情報が得られたり、プロジェクトの監視に役立てられたり、プロジェクトが軌道に乗っているかどうかを確認し、調整が必要な場合に警告を発したりすることがで

きます。企業が主要業績指標（KPIs）を測定する必要があるように、慈善活動の効果や効率性を測定するのは、すべての人が主要な目的に着実に集中して、それを行ってることを確認するのに重要なことです。

慈善活動の測定における最初のステップは、寄付された資金が意図した目的や対象者に対して支援されているかどうか、を確認することです。例えば、特定の地域を発展させるために寄付された資金が、反政府勢力の武装に使われたり、汚職の可能性がある「行政機関」によって流用されたり、ということがあってはならないのです。

効果を測定する方法はたくさんあり、それは単純なものから非常に複雑な仕組みまでさまざまです。定量的な成果を測定することは、数年の活動を経た後であれば比較的簡単です。本章の冒頭のインタビューで紹介したKCFIにおいて、この財団が「3万人の教師を養成したこと」は正に定量的な成果を示す良い例です。一方で、定性的な成果を測定することは難しく、より広範なデータへのアクセスが必要になる場合があります。KCFIは、生徒が定期的に試験で高得点を獲得していることを示すデータにアクセスすることで、教育プログラムの質と効果を測定することができました。

効果を測定するには常にコストがかかりますので、測定にこだわることなく、何が達成できるかについて現実的に考えることも重要です。英国で策定された「2013年版グッドインパクト実践規範（Code of Good Impact Practice）」[6]では、インパクトを測定する方法について、シンプルで洞察力に富んだ考察がなされています。そこでは、活動の規模や範囲に比例して適切な時間、労力、方法がとられたかを測定することが推奨されています。また、測定について複雑さや多大な資源の消費が懸念される場合には、物事をシンプルにすることが重要であるとも述べられています。これらの推奨事項に従うことで、貴重な時間と資源を最も必要とされる部分に集中させることができ、フィードバックや測定が得られないを理由にして、プロジェクトが放棄されてしまうことを防ぐことができます。

関与すること

チャールズ＆エリザベス・ハンディ夫妻[7]が語るように、多くの人々にとって、慈

善活動とは、単にどれだけの金額を誰に贈るかということだけではありません。また、個人的なコミットメントと積極的な関与、支援を必要としている人たちとの協力、そしてその取り組み、を持続可能なものにすることも重要なのです。

多くのファミリーにとって、慈善活動とはお金を使うだけではなく、それに匹敵するくらいの時間を使うことでもあり、個人の努力とモチベーションを捧げ、豊富な経営経験を支援対象に注ぎ込むことでもあります。ファミリーが独自の財団を設立している場合でも、公共の慈善団体に寄付をする場合でも、それぞれのファミリーメンバーは個人として活動に関与する機会があります。

｜効果的な慈善活動を行うために必要な仕組みと組織｜

慈善活動には多くの方法がありますが、そのすべてをファミリー独自の仕組みで作る必要があるわけではありません。例えば、ファミリーにできることには以下のようなものがあります。

- 国境なき医師団（MSF）[8] や赤十字[9]、地元の孤児院などの団体に一定の金額を寄付する。
- 金融機関やボードゥアン国王財団[10] などイニシアチブを持つ機関によって設定された基金など、さまざまな国のさまざまな目的に投資する慈善基金に相当額または定期的に寄付することを決定する。
- 他の慈善活動家と連携する。ウォーレン・バフェット氏は、自身の慈善活動の影響力と持続性を高めるためにビル＆メリンダ・ゲイツ財団と手を組むことを決めました。他の慈善活動家と連携する理由としては、自分の財源だけでは変革をもたらすには不十分であることや、他の慈善活動家が自分のファミリーにはない深い経験を有していることなどがあげられます。他の組織や団体に参加する際には、共通のビジョンや価値観があることを確認することが重要です。

上記のいずれの行動も、ファミリー内で、または、ファミリー評議会を通じて、あるいはファミリーオフィスを通じて計画することができます（図表9.2）。

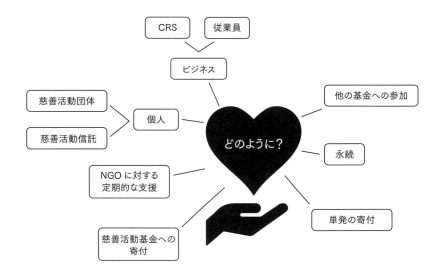

図表9.2 どのように支援するのがベストか？

ファミリー慈善活動や企業の社会的責任

　社会貢献活動は、ファミリー内、あるいはファミリー財団を通じて行われることもあれば、企業において社会的責任（CSR）の名の下に行われることもあります。ファミリーとビジネスの境界線が必ずしも明確ではないように、ビジネスとファミリーのさまざまな慈善活動の境界線もしばしば曖昧になります。これらは明確に分けることが望ましいのですが、最も重要な点は、両者の行動を整合させることであり、ビジネスレベルで行われていることがファミリーに不利益を与えることがないとすることで、その逆もまた同様です。

ファミリー財団

　独自のファミリー財団やファミリー信託（慈善活動信託または慈善活動基金とも言われます）を設立することを望むファミリーもいます。ここでは単純化のために、この種の事業体を包括して「ファミリー財団」と呼びます。そうすることで、寄付の意義が増し、寄付をよりコントロールできるようになると考えられます。そ

こでは、本章の各章で説明しているビジネスに関するものと同じように、独自の管理、ガバナンス、統制を備えた適切な構造が必要です。本章ではこれらの構造について詳しくは説明しませんが、ファミリー財団のガバナンスとマネジメントで特有とされるいくつかの具体的なポイントを紹介します。

財団理事会

財団の理事会には、財団のビジョンに沿い、ビジョンを達成するための適切な仕組みとマネジメントを確保できる、独立した理事を選任することが必要です。これは、第5章において説明したビジネスの場合と同様です。財団の理事会には、以下のような特別な任務があります。

・ 価値観や指針を提供すること（特にファミリー役員に対して）。
・ 支援活動と結果が、その価値観や指針と合致していることを確認すること。
・ 時間軸を設定すること。財団の存続期間は、資本がある限り定められた期間とすることも、創設者の存命期間とすることも、無期限とすることもできます。財団の戦略と運営は、期間によって大きく異なります。
・ 財団をクローズド（ファミリーのみが出資）とするか、オープン（第三者も出資）とするか定期的に見直すこと。
・ 組織、計画、リーダーシップ、管理、統制の面で、ファミリービジネスと同様の専門性をファミリー財団に期待すること。
・ 資金調達が困難な厳しい経済状況下でも財団が活動を継続できるように、予備資金を用意すること。2〜3年の景気低迷期間においても方向転換を余儀なくされることなく活動を続けられるような予備資金を持っていることが理想的とされます。
・ 危機的な状況に備えて、緊急時の対応計画を作成すること。
・ ファミリーと財団のイメージを管理し、保護すること。

180　第3部　ファミリーのための組織構造：ファミリーガバナンス

慈善活動財団の運営管理

　財団の財源は常に不足しがちです。財団の財源が大きければ大きいほど、財団の活動範囲を広げて、素晴らしいことを成し遂げたいという野心も大きくなります。財団の活動の有効性と効率性を最大限に高めるためには、財団の運営を組織化し、最適化することも不可欠です。それは、以下のようにすることことが望ましいと考えます。

- 各プロジェクトの意図する影響の見積りを含む戦略的な計画を策定し、実績との比較を可能にする。
- 明確な投資モデルを提案する。
- 優秀な人材を見極め、雇用するためのシステムを構築する。
- 財団の活動に付加価値を与えることができるよう、優秀な人材には十分な報酬を与える。
- プロジェクトの評価を厳密に行う。
- 税務上の効率性について評価する。
- 非政府組織（NGO）やその他の機関を審査し、必要に応じて連携できる組織に協力を求める。
- プロジェクトの選択とフォローアップのプロセスを明確にする。
- 財団が置かれている環境を常に把握し、必要に応じてプロジェクトの方向性を見直す。
- ファミリーの価値観や指針に合致した方法で慈善活動を行い、双方からコミュニケーションを取る。

｜慈善活動に関わる人々｜

　ファミリーは素晴らしくもあり複雑でもある体系を有しているため、ファミリーメンバーが一緒に働くことは時には難しく、時にはスリリングでもあり非常にやる気をかきたてるものです。ファミリーとして行う慈善活動は、活動の重要性、人々が目的に対して取り組む方法、成果に対する感情的な重要性から、ネガティブな

感情とポジティブな感情が大きく変化する可能性があることを除けば、非ファミリーメンバー間と何ら変わることはありません。

　個人として慈善活動を行うことも大変ですが、ファミリーとして慈善活動を行うとなるとさらに難易度が上がりますので、慎重に計画を立てる必要があります。ファミリーの慈善活動は、関与するすべての人々の夢や希望を考慮する必要があります。そのため、ファミリーの慈善活動を成功させるためには、ファミリーの各メンバーの願望や課題、そしてファミリー慈善活動のビジョンや使命に対する「彼らだからできる役割」を認識することが重要です。

ファミリー

　ファミリーは、自分たちの慈善活動のビジョンと使命、そしてそれを支える価値観を明確にします。環境の保護、すべての子供に読み書きを教える、マラリアの撲滅、アフリカゾウの保護、自閉症の治療法を見つける、エチオピアのすべての村にきれいな水が使えるような設備を提供するなど、どのような使命であっても、ファミリー全員がその使命のために団結すればするほど、ファミリーの結束力を高めることができます。ただしこれは簡単なことではありません。ファミリーの数が増え、枝分かれし、世代が増えるにつれ、すれ違いが生じやすくなり、時にはそれが壊滅的なものになってしまう可能性もあります。中には、ファミリー全員が支援したいとする目的を1つに絞ることができないことから、共通の慈善活動プロジェクトを望まないファミリーさえいます。

　ファミリービジネスの創業者世代によって掲げられたビジョンは、多くの場合、財団とその目的のためにファミリーを団結させるのに役立ちます。その一例が、インドのムルガッパ家であり、4世代前の創業者が、「当ファミリーは教育と健康という2つの分野で活動する」ということを表明しました。この2つの分野は、さまざまな事業や、いろいろの方法で活動するのには十分な幅を持つ分野であるといえます。

個人

　ファミリーには慈善活動を行うための使命がありますが、ファミリーメンバー一

人ひとりには異なる使命があるかもしれません。ファミリーと個人が互いに補完し合うように、慈善活動を組織化する方法はたくさんあります。財団の中で、プロジェクトを分け、それぞれを異なるグループや個人のメンバーが支援することも可能です。例えば、シンガポールのあるファミリーは、東南アジアの野生生物と総合病院を支援する財団を有しています。娘の1人が野生生物の保護活動を担当し、息子が病院に対する活動を担当しています。さらにはファミリーメンバーがファミリー財団の他に個人で財団を立ち上げることもあります。このような場合に、どのような仕組みにするかは、各個人の自由になりますので、ファミリーとは関係がありません。

女性

　慈善活動において、女性は特に重要な役割を果たすことが多くなっており、ファミリー財団を統率している例も多くみられます。インドなど一部の国では、男性がファミリービジネスの責任を負い、女性は慈善活動を担当する傾向があり、女性が慈善活動の重要な組織を率いていることが多いようです。

　女性は慈善活動のあらゆる段階に関与しています。

- ・ 時間とお金の提供
- ・ リーダーシップの提供：本章の冒頭でインタビューしたリナ・ロペス氏など
- ・ 技術的なスキルの提供：例えば、発展途上国のファミリーが経営する病院で働くために時間を提供する医師など
- ・ 資金の受領：助成金やマイクロクレジットの受領者として資金を受領
- ・ 社会起業家の支援

次世代

　慈善活動は、次世代の子供たちを早い段階でファミリーの活動に関与させるのに非常に良い方法であると言えます。子供によって興味は異なるので、決まった年齢というものはありませんが、多くの子供たちは6〜7歳頃から慈善活動へ

の参加を始め、喜んで自分たちが関わることができる活動に参加しています。例えば、中国でジャイアントパンダを保護したり、動物を保護する団体の活動に参加したり、孤児におもちゃを贈ったり、シングルマザーにベビー服を贈ったり、病気の子供たちを助けるために貯金の一部を寄付したり、などです。そして、この活動の最大の特徴は、プロジェクトにおいて意思決定がなされる際にも、ボランティア活動の中で募金をする際にも、上下関係がなく、「大人と子供」ではなく、大きな目的のために協力し合える1つの大きな家族であるということです。これは、新しい世代にポジティブな価値観を伝える方法として、とても効果があります。

　さらに、慈善活動のプロジェクトを管理したり、受託者や財団理事会のメンバーとして関与したりすることで得られる経験は、ファミリービジネスのどの分野でも、あるいは外部にキャリアを示す場合においても、役立つものとなります。アショカ[11]やワイズ[12]など多くの団体がボランティアプログラムを提供していますが、これらは多くの若者にとってプラスとなり、忘れることのない豊かな体験をすることができます。慈善活動に早くから参加することで、強くて思いやりのある未来のリーダーを育むことができるのです。

注

　1. The Foundation Center, *Key Facts on Family Foundations 2010*, February 2012.

　2. Skloot, E.(2007), *Beyond the Money - Reflections on Philanthropy, the Nonprofit Sector and Civic Life, 1999-2006*, New York：The Surdna Foundation, pp. 6-16.

　3. *Telegraph*(2010), "Children in single parent families worse behaved," October 15.

　4. Hand in Hand International; www.hihinternational.org. ※現在URLが別になっている。

　5. Cordaid; http://www.cordaid.org/en/.

　6. Inspiring Impact, *The Code of Good Impact Practice*, draft for consultation, UK, March 2013.

　7. Handy, C., & Handy, E.(2007), *The New Philanthropists*, London：Heinemann.

　8. Médecins sans Frontiéres(MSF)/Doctors without Borders; www.msforgを参照。※現在閉鎖によりURLは見られない。

　9. Red Cross; http://www.icrc.org.

　10. King Baudouin Foundation; http://www.kbs-frb.be.

　11. Ashoka; http://www.ashoka.org.

　12. Wise; http://www.wise.net.

ベストプラクティス
推奨事項

1
ファミリーは寛大な心を持った慈善活動者ですが、ファミリーの慈善活動は単純なものではありません。基本に立ち返り、以下のような基本的な（しかし難しい）質問をすることで、有意義な議論を始めることができます。
a. なぜファミリーとして慈善活動をする必要があるのか？
b. 何が必要とされているのか？そして、私たちはどのように貢献すればよいのか？
c. 慈善組織に資金を提供する、他の慈善家と力を合わせる、ビジネスを介して慈善活動する、あるいはファミリー財団を設立する、といったさまざまな方法のうち、どれが最善の方法か？
d. 革新的な社会的影響力をもたらすために考慮すべき重要な事項は何か？全体的なアプローチが良いのか、焦点を絞ったアプローチが良いのか？

2
ファミリーによる慈善活動財団や信託の形態を選択する場合、理事会や管理者が行っている業務について、それらが慈善活動の内容に沿っているか注意を払う必要があります。

3
ファミリービジネスに期待するのと同等の専門性を財団にも期待すべきです。

4
ファミリーの慈善活動に関与する人々を大切にし、個人と同様にファミリー全体、次世代と同様にシニア世代、をも満足させることが必要です。

5
慈善活動に取り組み、多くの奉仕をし、それが人々の感情に対しても適切な配慮がなされているものでれば、そこでの体験はファミリー内に平和をもたらす素晴らしいものになり得ることを忘れないでください。

6
慈善活動は、次世代にファミリーの価値観を伝え、彼らに早い段階でリーダーとしての責任を持たせることができる優れた方法です。

第10章

ファミリーオフィス、
ファミリーの富と財産管理

「私たちはプロフェッショナルとして卓越性、継続性、承継性を大切にしています。」

ピトケアン社（米国）のダーク・ユンゲ氏とサンドエア社（英国）のアレックス・スコット氏へのインタビュー

このインタビューでは、ダーク・ユンゲ氏とアレックス・スコット氏が、それぞれのファミリーが経営するマルチ・ファミリー・オフィスの進化について語っています。

ダーク・ユンゲ氏は、ピトケアン家の4代目で、元最高経営責任者（CEO）であり、現在はピトケアン社（www. pitcairn.com）の会長を務めています。ピトケアン社は、受賞歴のあるマルチ・ファミリー・オフィスであり、ファミリーの金融資産の保護や拡大を支援し、世代を超えてクライアントファミリー財産の保全を支援することに尽力をしています（ピトケアン社の100のファミリークライアントのうち40は複数世代にわたったクライアントです）。ピトケアン社は、19世紀にガラス製造業を起業した家で、現在のPPGインダストリーズ社の共同創業者であるジョン・ピトケアン氏の孫の財産と価値を保全するために1923年に設立されました。創業以来、ピトケアン社は革新的な企業として認められており、1987年にマルチ・ファミリー・オフィスへと進化を遂げました。

アレックス・スコット氏は、サンドエア社（www.sandaire.com）のエグゼクティブ・

187

チェアマンです。アレックス氏は、1994年にUAP（AXA）に売却されるまでプロヴィンシャル生命を所有していたファミリーの4代目メンバーの1人です。その後、彼は1996年にファミリーを率いてサンドエア社を設立しました。サンドエア社は、顧客の資産とリスクを管理するファミリー所有のマルチ・ファミリー・オフィスです。長期的な視点に立ち、財産を維持・拡大するための投資戦略を策定します。ロンドンとシンガポールにオフィスを構えています。

デニス・ケニョン゠ルヴィネ——**アレックスさん、ダークさん、お二人ともファミリーでマルチ・ファミリー・オフィス（MFO）を運営されていますね。ファミリーでMFOを運営することのメリットについて教えてください。**

アレックス・スコット氏——MFOとは何か一歩踏み込んで考えてみましょう。MFOは、選ばれた特別な富裕層ファミリーに金融サービスを提供するプロフェッショナルな組織です。MFOのオーナー一族はその資産の大部分を、クライアントと同じ方法、同じ手数料、同じ成果で運用することができるため、クライアントとの利害がほぼ一致するというメリットがあります。さらに、オーナー一族は、必ずしも一族の利益を追求するのではなく、クライアントが所有する資産全体のパフォーマンスに重点を置いています。例として、当社はクライアントへのレポーティング機能を強化するために、システムに大きな投資をしています。これは私たちにとって大きな投資ではありましたが、長期的な視点で十分償却可能であり、適切な投資であると考えました。

ダーク・ユンゲ氏——アレックスさんに同意します。MFOの成功には、利害の一致と価値観の共有が不可欠です。私たちは、文化（culture）、協力（collaboration）、継続性（continuity）の3つの頭文字を取り「3C」と呼びます。私たちの評判、関係する人々、人材育成の方法など、私たちが大切にするものすべてが、成功の基本原則と整合していなければなりません。また、ピトケアン家ではないレスリー・ヴォス氏に最近リーダーシップを交代し、CEOの責任を適切に引き継ぐことができたのもこの点にあります。私たちは1つのチームなのです。世代交代が重要な要素となるビジネスでは、文化の共有、協力、継続性、の重要性を個々人へ示していくことが不可欠です。結局のところ、私たちのクライアントであるファミリーが、他の誰よりもはるかにそのことを理解しています。

あなたのビジネスであるファミリーオフィスは、他のファミリービジネスと比較してみてどうですか？

アレックス・スコット氏──ファミリービジネスの競争上の優位性の1つは、比較的不安定になりがちな金融サービスのパートナーシップとは対照的に、持続可能性と安定を見据えた計画を立てることができることです。私たちが自社のMFOで実現しようとしているのは、金融サービスのパートナーシップの専門性の高さに加えて、ファミリービジネスの持続可能性と安定性を両立させることです。私たちは知的資本をベースとするビジネスを営んでいますが、それを成し遂げるのは大変難しいことでもあります。優秀な人材を惹きつけて入社してもらい、十分なインセンティブを与え、彼らが離職しないようにとどめる必要もあります。ファミリービジネスでは、ファミリー所有がもたらす安定性と、金融サービスのパートナーシップとしての専門性やダイナミズムをうまくミックスさせる必要があり、これは非常に強力な組み合わせとなります。

ファミリーオフィスの舵取りをしているファミリーが、自らの資産を投資し、自らの資金を維持しなければならないという事実が、MFOにおける投資の方法に何らかの影響を与えていると思いますか？

ダーク・ユンゲ氏──そうですね。ファミリーメンバーがMFOを率い、あるいは管理しているという事実は、MFOの成功において欠かせないものです。人材、プロセス、情熱のいずれの点においてもそう言えると思います。MFOの創業者一族がベストプラクティスを検討し続け、その知識に関してMFOのクライアントである他のファミリーと共有することは、そのファミリーが長く存続するために不可欠です。それは私たちとクライアントが、テーブルの同じ側にいて、同じ料理を食べていることを意味しているのです。しかし他のビジネスと同様に、変化を受け入れることも必要です。私たちは25年前にシングル・ファミリー・オフィス（SFO）からマルチ・ファミリー・オフィス（MFO）に移行したことにより、ビジネスモデルを拡大し、新規と既存のクライアントの両方に新たな機会を創出することができました。同様に5年前には大胆にもオープンアーキテクチャーの投資プラットフォームに移行しました。これも、ピトケアン家と私たちのクライアントとの利害が一致するものでした。

ダークさん、数か月前から、非ファミリーのCEOがあなたのMFOの舵取りをしているのは知っていますが、ファミリーオフィス（FO）の運営には、まだファミリーメンバーが在職しているのですよね？

ダーク・ユンゲ氏──会長としての私のリーダーシップに加えて、FOには日常的な経営に携わる3人のファミリーメンバーがいます。まず私の従兄弟で最高投資責任者（CIO）であるリック・ピトケアン、およびピトケアン家のオンブズマンを務めるクラーク・ピトケアンは、私と同様にピトケアン家の第4世代（G4）を代表する存在です。さらに、私の甥で第5世代のファミリーメンバーであるデイン・キストナーが、戦略プランニングの責任者を務めています。私たちは、その他に3世代を代表する5人のファミリーメンバー、非ファミリーのCEO、そして4人の独立取締役とともに、取締役会を構成しています。ファミリーのリーダーたちは、非ファミリーのCEOと非常に強固な関係を築いています。

アレックスさん、あなたのMFOのファミリーガバナンスはどのようになっていますか？また承継はどのように計画していますか？

アレックス・スコット氏──私たちは、複数のファミリーによる投資や事業を行っていますが、そのうちの1つがサンドエア社です。このため、ファミリービジネスに関心のある有能なファミリー候補者が現れれば、ガバナンス内に登用する用意もあります。現在、私たちはサンドエア社において2つの主要な委員会を運営しています。1つ目は、2人のファミリーメンバー（第4世代が1人、第5世代の議長が1人）と4人の非ファミリーメンバーで構成されている投資委員会です。もう1つは、2人の第4世代のファミリーメンバーと4人の非ファミリーメンバーで構成される運営委員会です。投資委員会には次世代のファミリーメンバーが1人いますが、それ以外のファミリーは、興味があるか、貢献するだけの能力があるか、のどちらかになるまでは他の職場においてキャリアを積むことを要求しています。私たちは、委員となる資格を客観的にコントロールするためにファミリー憲章を有しています。MFOはファミリーオーナーシップとプロフェッショナルのパートナーシップの基準や考え方が融合されたものです。後者は厳格な実力主義による選考プロセスを意味します。

あなた方のファミリーは、それぞれの会社のクライアントでもあります。あなた方のファミリーは、投資のためのリスクプロファイルを設定していますか?また、それはどのくらいの頻度でパフォーマンスをモニターしていますか?

アレックス・スコット氏——私たちは、すべてのクライアントと同様に、ファミリーのリスクプロファイルを持っています。ファミリーの投資委員会は四半期ごとに開催されます。また、この委員会は最新情報を毎月入手し他のクライアントと同様にマネージャーと投資について議論するために会合を開き、MFOに意見を述べることができます。

ダーク・ユンゲ氏——私たちのリスクプロファイルは、戦略的な投資ポートフォリオを設定するための一部の指針であります。ビジネス、信託、家計の3つのレベルで設定されています。見直しは四半期ごと、あるいは状況に応じてそれ以上の頻度で行われます。また、パフォーマンス測定に関するプロセスも充実しています。

ファミリー所有のMFOのモデルに話を戻すと、これまでファミリーがMFOを舵取りする長所について見てきましたが、一方でファミリーが舵取りを行うことに関する短所はないのでしょうか?

ダーク・ユンゲ氏——米国では、ファミリーが立ち上げたMFOは11%しかありません。その理由としては、MFOの経営は難しい仕事ですし、フリーライドというわけにもいかないためです。にもかかわらず、ファミリーメンバーと外部の専門家は、まるでファミリーが「本当の」専門家ではないかのように、実態と異なった見方をすることがしばしばあります。それゆえ、厚かましい位に、自分自身の力を積極的に証明する姿勢が必要になるのです。ファミリーがキャリアを選択する場合、どんなビジネスでもそうですが、特に金融資産のアドバイスに携わりたいという場合には外部が認める資格が必要で、可能であれば少し過剰なくらいを保有していることが重要です。私は若い頃、投資のプロフェッショナルとしてこの重要性を認識していました。私はピトケアン家で最初の公認証券アナリスト(CFA®)となり、経営陣の中で最年少メンバーとなりました。

アレックス・スコット氏——パートナーシップとしてのMFOに対する批判として重要なものに、創業ファミリーが他のファミリーよりも良い条件の取引を引き出す可能性がある、ということです。創業ファミリーにそれが許されるならば、それは詐欺

第10章 ファミリーオフィス、ファミリーの富と財産管理　191

になる重大なことであると私は考えています。私はサンドエア社がMFOになった初日から、ファミリーも普通のクライアントの1つであるのだ、といつもファミリーメンバーに言ってきました。MFOに移行することが非常に難しいSFOはたくさんあると思います。それはファミリーがより有利な取引を望んでいるからではなくSFOがこれまでのファミリーオフィスでは当たり前のような存在だったところから、多くのファミリーオフィスが1つになるという考えへの転換が難しいためだと思います。よって、ダーク氏と彼のファミリーが成し遂げた移行は、注目に値するものであると思います。

最近お二人は、他のファミリーオフィスと協力してウィグモアという団体を立ち上げました。この決断に至った経緯と、パートナーの選定方法についてお聞かせください。

アレックス・スコット氏――ウィグモアでは、オーストラリア、英国、ドイツ、米国、ブラジル、カナダの7つの有力なファミリーオフィスが、チームを組むことにより投資リサーチとマネージャー選定に、大きく貢献できると考えて提携したものです。異なる国のファミリーオフィスが協力し合うことで可能性は広がると思います。そのほとんどがファミリー所有のオフィスです。

ダーク・ユンゲ氏――私たちは、経済やマーケットがますますグローバル化していくという認識を明確に共有しています。ヨーロッパ、アジア、アメリカ大陸で見られるように、ある地域で起こった出来事は、複数の地域で影響が生じる可能性があります。ウィグモアではP2P（Peer to Peer）で知的財産を共有し、組み合わせることができます。このコラボレーションから生み出されるインサイトは、私たちの視野を広げ、助言力を増強し、それぞれのクライアントの状況に最も適した方法で利益をもたらします。

｜ファミリーオフィス｜

2005年、アイルランドで最も裕福なある男性は推定40億ユーロの財産を持っていました。その7年後の2012年に彼は破産宣告を受け、9週間の懲役を言い渡されました。[1] 財産を持つファミリーは、自分たちが持っている財産はどのように管理していようとも、それが永遠に続くものと考えてしまいがちです。しかし、

歴史を振り返ると、数か月から数年の間に一族が莫大な財産を失った例が多くあります。そして、何世代にもわたって財産を維持しているファミリーはほとんど存在しません。富を実り豊かなものとするためには、強い価値観、適切な知識とスキル、そして長期的なプランニングに知恵を絞り、その時にある富を大切に育ていく必要があるのです。財産をしっかりと管理し、成長させ、維持していくことは、ファミリーガバナンスの本質的な仕事の1つです。

｜富についての理解と富がもたらす影響｜

「お金があるという恵みには感謝していますが、それにより私という人間が変わるわけではありません。私の足はまだ地面の上にあって、ただ、少しだけ良い靴を履いているだけなのです。」とトークショーの司会者であるオプラ・ウィンフリー氏は言いました。確かに、お金があるということは多くの恵みをもたらしてくれます。すなわち、より良い医療システムへのアクセス、快適な住居、選ばれた学校や学費の高い高等教育機関への入学、経済的な不安がない生活、活動的な社会生活、家族の世話をするための資金的余裕、地域社会や世界全体を支援するための機会、などの多くの恵みがもたらされます。

多くの人が見落としていますが、財産があるということは複雑な感覚をもたらすことにつながる場合もあります。例えば、次のような否定的な態度や感情です。

- すべてを失うことへの恐怖。それは財産を使いすぎてしまうことに対しての不安や、いつかは何も残らなくなるのではないかという不安から生じ、時にはみじめさへと変化していきます。
- 孤独。これは、裕福な人々は別の階級に属しているという考え方や社会に対する態度から生じます。幼少期にそのような考え方が植え付けられると、若者は断絶や孤立を感じ、つらい思いをすることになります。
- 罪悪感と恥じらい。これは、他の人はほとんど財産を持っていないのに、自分だけ財産をたくさん持っていることから生じます。[2]
- "金持ち病"と権利意識。これは、"シルバースプーン症候群"とも呼ばれ、若いうちに遺産相続を受けると忍耐力がなくなったり、傲慢な態度を示すよう

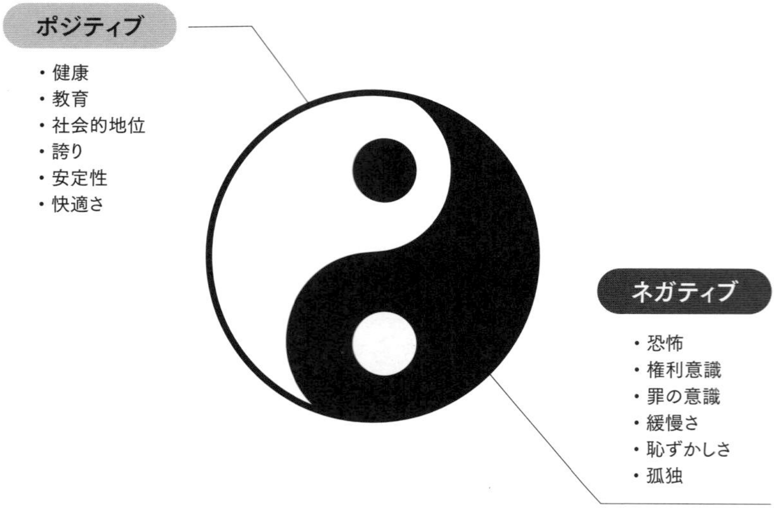

ポジティブ
・健康
・教育
・社会的地位
・誇り
・安定性
・快適さ

ネガティブ
・恐怖
・権利意識
・罪の意識
・緩慢さ
・恥ずかしさ
・孤独

図表10.1 富に対するポジティブ・ネガティブな感情

になったり、することを言います。

　陰陽学のように、富がもたらすポジティブな感情とネガティブな感情の影響は一体となって互いに影響を与え合います。富裕層のほとんどの人々は、その両方の感情が混在しています。例えば、罪悪感は、それを償うために、地域社会や慈善活動を支援する取り組みにつながり、自らの社会的役割や人生のより深い意味を確立していくことに役立ちます（図表10.1）。

　富裕層にとって最も重要な問題は、富とともに生きること、満足感を感じること、自分らしくいること、そしてその富をさらなる喜びのための出発点として利用する方法を学ぶこと、です。そのためには、まずファミリーが心を開き、富とその責任について話し合い、それをタブーとしないことから始める必要があります。そうすることで、話し合いの場が生まれ、解決策を見出すための基盤ができます。

｜財産管理｜

財産管理はデリケートかつ重要な課題であり、ファミリーは細心の注意を払う必要があります。まずは、財産は金銭的価値の存在であって、金融資本の管理だけでは十分ではないことを理解することから始まります。財産が長期間にわたって維持されるためには、財産を構成する3つの形態の資本に注意し、[3] それらを適切に管理する必要があります。

1. 人的資本：ファミリーメンバー、教育と健康、歴史、経験、ファミリー価値観。人的資本に関する主な責任は、ファミリー評議会にあります。
2. 金融資本：投資、不動産、現預金。金融資本に関する主な責任は、ファミリーオフィスにあります。
3. 社会的資本：地域社会および慈善活動。社会的資本に関する主な責任は、ファミリー財団にあります。

これら財産の3つの側面に関して調和のとれた管理と発展を成し遂げるためには、強力なファミリーガバナンスと協調性が必要です。

経済的な豊かさは多くの場合、事業全体を売却したり、株式を証券取引所に上場させたり、一部の事業を譲渡したり、キャッシュフローが潤沢になることで生まれます。このような場合に、ファミリーは財産を分割して別々の道を歩むのか、それとも一緒にいて共に財産を管理するのかについて考えなければなりません。大きな財産があるという事により幅広い投資機会を得ることができますが、財産が分割された場合には単位あたりの投資は少額となってしまうため、そのような機会を逸することもあるかもしれません。一方で、ファンドの規模が大きくなると、オフィス家賃、各種報酬、金融関連手数料などのコストにスケールメリットが得られ、また、投資先の選択に自由性や多様性が増すため、結果的にリスクを分散する機会も増えます。

｜ファミリーオフィス｜

ファミリーが財産の管理についての意思決定を行うと、利用可能な金融資産の量、自らが管理したい度合い、サービス提供者への信頼性などに応じて、ファミリーは自分たちで金融資産の管理を行うか（通常はファミリーオフィスやSFOの形態）、その管理を第三者に委託することになります。

ファミリーオフィスの類型

金融資産が増加するにつれて、ファミリーはビジネス内部の財務部門を通じて財産管理を行うようになります。その後、さらに資産運用の規模が大きくなると、資産運用の担当者を1人置くようになり、さらにそこから進むと、オフィス・SFO・MFOのいずれかの形態を用いて、より構造化された方法で財産管理を組織化していきます。

「オフィス」とは、ファミリービジネス内部に設置されるスペース（一般的な事務所、フロア、建物など）により運営される状態で、1〜2人の専任のスタッフがファミリーオーナーとその財産に関わるすべての財務、法務、税務を担当します。

「シングル・ファミリー・オフィス（SFO）」は、ある特定のファミリーの金融資産の管理に特化した独立法人であり、物理的な場所としてもファミリービジネスから離れていることが多くなっています。SFOで働く人々は非常に信頼されており、ほぼファミリー同然と考えられています。SFOは、多くの場合、財務、法務、税務の管理にとどまらず、さまざまなサービスを提供しています。例えば、次世代の育成、ファミリーの祝日の設定、ファミリーイベントや教育プログラムの企画など、より個人的な事柄にも関わることもあります。SFOの運営には高額な費用がかかりますが、オーナー一族に高いレベルの財産管理を提供することが可能となります。

マルチ・ファミリー・オフィス（MFO）は、厳選された超富裕層（UHNW）のファミリーに対して、主にオーダーメイドの財務、税務、法務サービスを提供しています。何らかの理由で（通常は特定のスキルやモチベーションの欠如、あるいはコストを考慮して）、独自のSFOを運営しないことを決めたファミリーは、通常、以下のような1つまたは複数のMFOに入ります。

- 専門家集団：通常は、元プライベートバンカーや投資の専門家が、それぞれのスキルを結集して、少数の親しいファミリークライアントに特化したプラットフォームを提供します。
- 銀行や金融機関：ほとんどのプライベートバンクには、ファミリークライアントの財産管理を専門に行う部署があります。
- ファミリー所有のMFO：自らのSFOを他のファミリーに開放してMFOにするファミリーもあります。本章のピトケアン社のダーク・ユンゲ氏とサンドエア社のアレックス・スコット氏へのインタビューでは、ファミリー所有のMFOの概要と、他の形態のMFOとの比較のポイントを紹介しています。
- ファミリーオフィスの提携：ファミリーオフィス市場の統合を見越して一部のMFOが提携し、ファミリークライアントに対してグローバルなサービスを提供しています（本章のインタビューを参照）。

ファミリーオフィスは、ファミリーのプライバシーを守りながら、慎重な対応ができるか、という点が重要になります。特にMFO利用への移行を検討する際に、この点についてオープンに議論される必要があります。ファミリーは、オフィスの管理者が慎重であり、かつ、財務情報に限らないすべての事柄を秘密にできる能力があること、を確認しておく必要があります。

｜ファミリーオフィスの組織構築と運営｜

ガバナンスシステムにおける他の組織構造と同じように、ファミリーオフィスにも独自のガバナンスとマネジメントが存在します。[4]

ファミリーオフィス委員会

「お金はただの道具に過ぎない。お金はあなたをどこへでも連れて行ってくれるが、あなたの代わりにお金という車を運転してはくれない。」[5] この言葉は、ガバナンスにおいてファミリーが果たすべき役割を示していると同時に、委任できるものと委任できないものを見極めるための素晴らしい譬えです。どんなに熟練し

て優秀なファミリーオフィスの管理者がいたとしても、やはりファミリーがファミリーオフィスという車の運転席に座り、資産運用の方向性を決め、選択した投資戦略にファミリーの価値観が組み込まれていることを確認し、その上で投資目標を設定しなければなりません。そして、ファミリーオフィスが適切に機能し、業界に課せられる厳しい規制に準拠していることを保証するための統制システムを備えているかどうか、も確認しなければなりません。ファミリーオフィスの役員会や経営陣にこれらの責任の一部を委ねることはできますが、戦略的な意思決定については常に気を配っておく必要があります。

　ビジネス内部のオフィスやSFOの場合は、たとえその委員会が外部の人間に開かれていたとしても、ファミリー主導が一般的です。一方、彼らの金融資産がMFOに預けられている場合には、ファミリーは投資意思決定から遠ざかってしまいます。その場合、外部の委員会やファミリーの投資委員会がMFOの行動や意思決定を監督することになるでしょう。

　ファミリーオフィス委員会の主な役割は、以下の通りです。

- ファミリーの経済的ニーズとその成長を予測し、それをカバーするために必要な投資リターンを見積もり、金融資本を成長させる。
- ファミリーの価値観、理念、希望する投資リスクプロファイルを明確化する。
- 長期的なファミリーの財産戦略を構築する。
- 長期的な投資視点を維持するためのインセンティブ構造を設計する。[6]
- 重要事項を扱える管理者を選定する。
- コンプライアンス遵守と不正防止のため、適切な管理体制を構築する。
- 投資とベンチマークの結果をモニタリングする。

ファミリーオフィス定款

　委員会は、ファミリーオフィスの役割、属性、業務がファミリーオフィス定款に明確に記載されていることを確認する必要があります。定款には、ファミリーオフィスのガバナンス構造、ファミリーの価値観や指針となる原則などが記載されています。

ファミリーオフィスの運営

ファミリーオフィスのCEOは、財産管理計画を担当し、オフィスが良好に機能していることを監督し、コンプライアンスの遵守とオーナー（またはクライアント）が指針としている原則の遵守に全面的な責任を負います。

ファミリーオフィスの主な業務は、以下の通りです。

1. 投資とポートフォリオの管理：CIO（最高投資責任者）を中心とする部門によって行われます。投資には、株式、債券、金融ファンドへの参加、ヘッジファンド、パッシブ投資（バイ・アンド・ホールド）などが含まれます。ポートフォリオに関する戦略は本書のテーマではありませんが、安定した財務的リターンが得られ、かつ、社会貢献するという理念に近いファンドに投資したいと考えるファミリーが増えていることは興味深い事実です。例えば、環境保全に取り組む企業に投資するグリーンファンド（ヴァージン・グリーン・ファンド[7] など）、社会起業家が率いる企業に投資するプライベート・エクイティ・ファンド（アルテラ・インパクト・ファイナンスなど）、[8] インパクトファイナンスファンドなどです。SFOでは、CIOがファミリー財団の金融資本を管理する責任を負うことが多くなっています。
2. プライベート・エクイティ、新規事業への投資、買収
3. 税務、法務、財産計画
4. 不動産および財産管理
5. 株主に対するコンシェルジェサービス
6. 管理業務

ファミリーオフィスは、その所在国によって大きく異なります。また、規模は大小さまざまで、上記の機能をすべて担っているわけではなく、さらに責任の度合いもさまざまです。それに加えて、SFOは、ファミリーメンバーへの金融教育に重点を置き、多数の内部教育プログラムを作成したり、ビジネススクールのプログラムを用意してファミリーメンバーが受講できるようにしたり、していることもあります（図表10.2）。

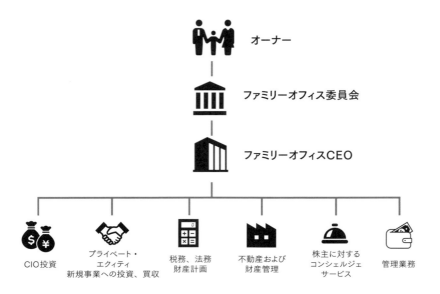

図表10.2 ファミリーオフィスの組織構造の例

次世代の責任ある財産管理者の育成

ウォートンとIESEのビジネススクールが行ったSFOのパフォーマンスに関する調査では、SFOがポートフォリオ・マネジメント以外の項目（ガバナンス、人事など）の質を重視するほど、財務パフォーマンスが向上することが明らかになりました。また、教育や後継者育成計画についても同じ結論が導き出されました。[9]

富を何世代にもわたって維持し、有意義な形で承継していくためには、価値観を持って伝えていくことが重要であり、特に教育プログラムに十分な配慮をする必要があります。ファミリーメンバー全員が同じようにファミリーの富を認識しているわけではないため、それぞれのファミリーメンバーがその富から受ける影響も異なる可能性があります。[10] 一般的に、富の創造者は富を築いたことに対する強い誇りと達成感を抱きます。一方、承継者は、自分たちは何もしていないという思いから、富を得るに値しないと感じることがあります。その結果、先に述べたようにネガティブな感情を抱くようになり、最悪の場合には薬物濫用のような自己破壊的な行動を取ってこれを埋め合わせようとする可能性があります。富の承継者が、ファミリー財産に対する責任感や管理能力を高めれば高めるほど、また、

その富によって、事業の成長、新規事業の開発、雇用の創出、地域社会への貢献、その他の慈善事業の支援などをどれだけ可能となるのかを知れば知るほど、その富に価値があると感じるようになるでしょう。そして、彼らはファミリーのために旗を掲げ、ファミリーの価値観と富を自分の子供たちに伝えていくことに誇りを感じるようになります。

　よくファミリーから、「子供にはどのくらい早くから財産に関する教育をすればいいのでしょうか？」と聞かれます。子供の成長はそれぞれ違うので、この質問に答えるのは難しいですが、一般的には、ファミリーが考えるよりもはるかに早い時期であるべきでしょう。子供がお金について質問をし始めたらすぐに準備をすることをお勧めします。就学前のプログラムから始める人もいますが、[11] やはり子供の年齢や発達段階に応じて適切な方法で行うべきです。

注

　1. BBC News, November 2, 2012.

　2. Gibson, K., Blouin, B., & Kiersted, M.(1999), *The Inheritor's Inner Landscape: How Heirs Feel, Sedalia*, CO：Trio Press.

　3. Hartley. B.B.(2006), *Unexpected Wealth - Fire Drill*, Venice, FL：Cambia Press. Hughes, J.E., J r.(2004), *Family Wealth - Keeping It in the Family*, New York：Bloomberg Pressに基づいている。Jay uses "intellectual capital" instead of "social capital" as a third form of capital.

　4. Jaffe, D., & Roux, L.(2010), FFI Certificate Program of Family Wealth Advising(FWA); www.ffi.org.

　5. Rand, A.(Russian-American novelist, 1905-1982), *Atlas Shrugged* (novel first published in 1957).

　6. Family Office Exchange(FOX)(2012), *Developing a Long-Term View for Family Wealth Strategy*; www.familyoffice.com. ※現在URLが別である。

　7. Virgin Green Fund; http://www.virgingreenfund.com. ※現在URLの内容が見られない。

　8. Alterra Impact Finance; www.alterraimpactfinance.com.

　9. Amit, R., & Liechtenstein, H.(2009), *Benchmarking the Single Family Office: Identifying the Performance Drivers*, Wharton Global Alliance.

　10. Kenyon-Rouvinez, D., Riccard, M., Lombard, T., Ward J.L., & Gabs(2007), *Why Me? Wealth：Creating, Receiving and Passing it On*, Marietta：Family Enterprise Publishers.

　11. Bodnar, J.(2005), *Raising Money Smart Kids*, Wokingham：Kaplan Publishing.

ベストプラクティス
推奨事項

1
富の問題点を認識する。
   a. 富は不安定なものであり、創り出されると同時に失われる可能性もあります。
   b. 富は慎重に、そして、強い価値観を持って育まれる必要があります。
   c. 陰と陽のように、富には多くの恵みと多くの否定的な態度や感情が伴います。それらをオープンに話し合うことが、解決への第一歩となります。

2
人的資本、金融資本、社会的資本の3種類のファミリー資本により、ファミリーの富は生み出されています。それぞれの資本を維持できるように対応していくことで、長期的に富を維持することが可能となります。

3
ファミリーが財産について最初に決めなければならないことの1つに、財産を共同で投資するのか、あるいはメンバーごとにそれをするのかというものがあります。

4
3の決定がなされれば、ファミリーは、オフィス、シングル・ファミリー・オフィス、銀行、マルチ・ファミリー・オフィスなど、自分たちの財産管理に最適な手段を選択することができます。

5
ファミリーオフィスの形式は、利用可能な財産の量、その運用コスト、ファミリーが望む管理レベル、金融・投資マネージャーに対する信頼度、などを考慮して選択する必要があります。

6
ファミリーオフィスにどんなに有能で熟練した管理者がいても、ファミリーは、ファミリーオフィスのガバナンスについて積極的に関与し、主要な戦略目標を設定し、投資リスクプロファイルを定義し、オフィスが適切に機能し、ルールや規則を遵守しているかどうかをチェックしなければなりません。

7
ファミリーオフィス定款には、ファミリーオフィスの役割を明確に示し、そのガバナンス構造も詳しく記載されている必要があります。

事業の承継に長い時間がかかるように、富の承継にも長い時間がかかります。

8 ファミリーとファミリーオフィスの重要な仕事は、責任感を持つ将来の富の管理者を育成することです。

第**4**部

ガバナンス構造の文書化：
ファミリー憲章

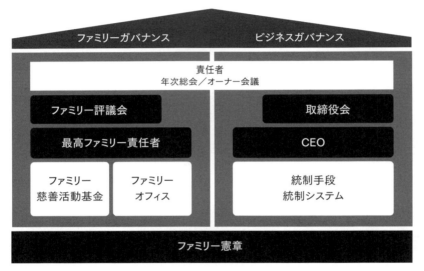

この図は、第4部がファミリー憲章を重視し、読者が理解を進めるために役立ちます。

第11章

ガバナンス・コードを活用した
ガバナンスの構築

「**仲の悪いファミリーは会社にとって災いでしかありません。**」[1]

ドイツのギュータースローにあるミーレ社の代表取締役
ラインハルト・ツィンカーン氏へのインタビュー

ファミリー事業体の専門家学会であるINTESとドイツファミリー企業協会ASUは、27人のファミリー経営者と学者で構成される委員会を立ち上げ、「German Governance Code for Family Enterprises」の第2版を2010年に発行しました。ミーレ家の4代目を代表するミーレ社の代表取締役ラインハルト・ツィンカーン氏は、この委員会のメンバーでした。

ミーレ社は100年以上の歴史を持つファミリー企業で、洗濯、食器洗い、消毒の分野において、家庭用電化製品や業務用機械を製造するグローバルブランドです。現在、世界中で1万6,000人以上の従業員がミーレ社で働いており、そのうち1万人以上がドイツで働いています。2011年6月期の売上高は約30億ユーロでした。ミーレ社の創業時の信条である「永遠により良く（forever better）」は、今も社是として受け継がれています。[2]

アレキサンダー・ケーベル=シュミット──ツィンカーンさん、ファミリー企業向けのガバナンス・コードは、ファミリービジネスの責任ある経営管理のためのガイドラインですが、

207

それは何を意味するものなのでしょうか?

ラインハルト・ツィンカーン氏――会社規模の大小、ファミリー所有企業か公的企業か、経営管理がファミリーメンバーによるものか第三者によるものかにかかわらず、すべての企業において優れたリーダーシップは必要不可欠です。良いリーダーシップとは何か、ということについては、さまざまな意見があるのも事実です。ガバナンス・コードは、ファミリー企業の関係者に指針を提供するために作成されました。オーナー一族がリーダーシップ、統制、ファミリーガバナンスのための最適な組織を構築できることを目的としています。その趣旨は、組織に優れた基本定款を制定するためのツールとなっています。

なぜガバナンス・コードの開発に参加したのですか?

他のファミリー創業者と話をしたり、また、諮問委員会や監査委員会のメンバーとして活動したりした経験により、ガバナンスがいかに重要であるかを何度も痛感してきました。しかし、残念ながら、企業にとって不利益となるガバナンス構造の例をこれまで数多く目にしてきました。そこで、ファミリー企業のリーダーがより良いガバナンスを確立するためのガイドラインを提供する必要があると認識しました。

ガバナンス・コードは具体的にどのような形で、オーナー一族をサポートすることができるのでしょうか?

ファミリー企業では、後継者問題、配当問題、長期戦略などを巡って、しばしば論争が起こります。そのため、ガバナンス・コードでは、包括的な後継者育成計画を策定することを推奨しています。この計画には、利益の何%を配当し、どの程度の利益を積み立てていくかについてのアドバイスも含まれます。また、対立する問題に対処するための基本ルールについて合意しておくことを推奨しています。これはすべてのファミリー企業に当てはまるものです。

ファミリー企業のためのガバナンス・コードから、自分たちの企業のあらゆる側面について検討し、解決策を練った後、オーナー一族は何をすべきでしょうか?

次のステップは、ファミリー憲章を作成することです。これは、ファミリーに関して規定する必要があるすべての事項を文書化するものです。それには、会社、

ファミリー、承継に関する法的契約も記載する必要があります。

ファミリー企業のためのガバナンス・コードは、ファミリー企業の多様性や複雑性を十分に考慮していないという批判がありますが、これは正しいと思いますか?

いいえ、この批判は根拠のないものです。私たちは、すべての企業や集団を公平に扱うことができる詳細なルールを作れるとは最初から考えていませんでしたし、実際にそのようなことは不可能です。私たちが意図したこと、そして私たちができたこと、実際に行ったことは、重要なポイントをあげ、関連する問題に対して可能な限り最良の解決策を見出すのに役立つガイドラインを定義することでした。したがって、このコードは包括的で詳細な規則集ではなく、むしろファミリー株主や業務執行取締役がガバナンスについて考える際の指針として利用できるマニュアルであるといえます。

コードは、起業家が起業家のために立ち上げた民間主体での取り組みです。このコードが立法当局によって採用されることにより、ファミリービジネスのガバナンスを構築する上で、ファミリー企業が享受している自由度が低下するリスクはあると思いますか?

いいえ、私はそのようなリスクが存在するとは考えていません。もし立法当局がこのコードを採用するとしたら、特定の会社規模や法的形態に限定する必要があるでしょう。そして、仮に採用したとしても、ファミリー企業には非常に多様な形態や規模のものがあるため、そのような立法プロジェクトは適切ではないでしょう。政治家もこの事実を認識しています。

立法当局がコードを取り上げなければ、単なるトレンドになり、やがて過ぎ去り風化してしまう危険性はないでしょうか?

いいえ、そんなことはないと思います。私たちは起業家たちとの多くの会話から、このコードはオーナー一族にとって実用的であり、かつ必要とされているものであることがわかりました。だから私は、このコードは10年後には真実なものとなり、その過程でコードは公正妥当なものとして認められると確信しています。しかし、現実の世界の発展に合わせて、長い年月をかけてコードを更新させていく必要があることも事実です。そのため、私たちの委員会は5年ごとに、新し

い状況や知見を反映するために、その時点で公表しているコードに更新が必要であるかどうかを評価しています。

要約すると、なぜファミリー企業において優れたファミリービジネスのガバナンスが重要なのでしょうか?

私の父はいつも、「ファミリーは会社にとって最大の資産であり、最大の負債でもある」と言っています。仲が良いファミリーは素晴らしいものですが、仲の悪いファミリーは会社にとって災いでしかありません。しかしファミリービジネスのガバナンスを適切に構築することで、対立を未然に防ぐことができます。それにより、ファミリーがその能力を最大限発揮することができ、彼らの会社への支援が非常に有効となるのです。

ファミリー企業のためのガバナンス・コードとは?

ファミリー企業の課題は、ファミリー所有の企業だけでなく、上場企業、金融投資家が所有する企業、国有企業などともまた異なります。そのため、ファミリー企業のガバナンスは、他の企業のガバナンスとは異なるのです。[3]

ファミリー事業体は、他の企業向けに開発されたガバナンス・コードに依存することはできません。例えば、日和見主義の取締役が主に自分の利益のために行動してしまうリスクなど、上場企業の典型的なガバナンス問題は、ファミリー企業ではあまり生じません(図表11.1参照)。[4] そして、ファミリー企業の株主は匿名ではありません。通常、ファミリーオーナーは、日和見主義者による権力の乱用から保護される必要はないとされています。つまり、オーナーは自ら責任を持って行動し、その状況や事業が直面している課題に合った方法で企業の組織を構築していく必要があります。したがって、ファミリー企業のためのガバナンス・コードの目的は、オーナー自身の権力の乱用や無能力さを防ぐためのチェックとバランスを確立することにあります。例としては、老舗となった起業家創業者が、自らの引退が会社の最善の利益になるにもかかわらず、そのポジションにこだわり辞任しないケースがあげられます。他の例として、CEOが事業に従事していないオーナーよりも会社の財務状況についてより多くの情報を持っている場合に、オー

上場企業[5]のガバナンスの目的	ファミリー企業のガバナンスの目的
・株主とステークホルダーに対する信頼増加	・オーナーに対する信頼増加
・経営陣が自己中心的な行動をとらないようにし株主を保護する	・ファミリー出身の不適格者とオーナー権限の乱用を排除する
・ステークホルダーへの透明性・説明責任の向上	・オーナーの責任に基づく影響力を確保する
・負債と資本の関係について常に改善する	・次世代に向けたファミリー企業の長期的な成功の確保 ・ファミリー内の紛争の可能性を低減させる ・ファミリーの結束とコミットメントを確かなものとするために、ファミリーのガバナンスを確立する

図表11.1 上場企業とファミリー企業のそれぞれにおいてガバナンスの目指すもの

ナーとの情報共有が十分にできていないケースがあげられます。すなわち、透明性と説明責任はより強化されるべきです。さらに、オーナーはファミリー内の結束力を考慮に入れる必要があります。これは上場していてファミリーオーナーが存在しない企業では、考慮されない事項といえます。これらの理由から、ファミリー企業には特別なガバナンス・コードが必要であるといえます。[6]

ファミリー企業のガバナンス・コードの目標と機能

　上場企業において、優れたガバナンスとは何か、という議論は、1992年に英国で発表されたガバナンス・コードである「キャドバリー・レポート（Cadbury Report）」が国際的に最初のガバナンス・コードとなったことから始まりました。その後、多くの国で、ガバナンスに関する具体的な規範や規制が制定されました。米国では「サーベンス・オクスリー法（Sarbanes Oxley Act、2002年）」、ドイツでは「ドイツ連邦ガバナンス・コード（German Governance Code、2013年改訂）」、ブラジルでは「コーポレート・ガバナンスのベストプラクティス・コード（Code of Best Practice of Corporate Governance、2009年改訂）」、中国では「証券会社の暫定コーポレート・ガバナンス・コード（Provisional Code of Corporate Governance for Securities Companies、2004年）」、ガーナでは「ベストプラクティスに関するコーポレート・ガバナンス・ガイドライン

(Corporate Governance Guidelines on Best Practices、2010年)」が
あります。このような例だけではなく、ほぼすべての国にガバナンス・コードはあ
りますが、これらは主に上場企業を対象としたものです。[7]

　対照的に、ファミリー企業向けのコードは、国際的にみても12程度しかありま
せん。ドイツでは、2004年に初めてファミリー企業向けの最初のガバナンス・コー
ドが策定されました。それから6年後、ドイツのINTES（ドイツのファミリー企業学
会）とASU（ファミリー企業協会）の指導のもと、ピーター・メイ教授が議長を務
めるファミリー起業家と学者の委員会がこのコードを改訂しました。[8]

　ドイツの最初のコードは、ベルギーの「Buysse Code I（2005年）」や「Buysse
Code II（2009年）、オーストリアの「ファミリー企業のためのガバナンス・コー
ド（Austrian Governance Code for Family Enterprises、2005年、
2011年）」、フィンランドの「非上場企業のコーポレート・ガバナンスの改善
（Improving Corporate Governance of Unlisted Companies、2006
年）」、スイスの「ファミリービジネスのためのガバナンス・コード（Swiss
Governance for Family Business Code、2006年）」、スペインの「非上場
会社のための優れたコーポレート・ガバナンス原則（Spanish Principles of
Good Corporate Governance for Unlisted Companies、2008年）」といっ
た他の国におけるコードのロールモデルとなりました。国際的な取り組みとして
は、欧州理事会連合会（European Confederation of Directors' Associ-
ations）による「欧州の非上場会社のためのコーポレート・ガバナンス・ガイ
ダンス及び原則（Corporate Governance Guidance and Principles for
Unlisted Companies in Europe、2010年）」、世界銀行による「IFC Family
Business Governance Hand book（2008年）」などがあります。[9]

　一般的に、ファミリー企業のためのガバナンス・コードは、オーナーがファミリー
やビジネスの状況に応じて、ファミリービジネスのガバナンスを専門的かつ個別
に組織する手段またはチェックリストとして機能します。コードは通常、すべてのファ
ミリー企業に適用される具体的な推奨事項や一般的な解決策を提供するもので
はありません。なぜなら、ファミリー事業体は非常に多様化しており、そのような
ことは不可能だからです。ファミリービジネスのためのガバナンス・コードはプロ
グラミングのコードとは異なり、ファミリー企業のオーナーがそれぞれの企業に

212　第4部　ガバナンス構造の文書化：ファミリー憲章

一般的な側面
  1. オーナーの責任ある役割に対してのコミットメント

ビジネスガバナンス：意思決定に関する権限
  2. オーナー
  3. 取締役会
  4. 経営陣

ビジネスガバナンス：資金に関する権限
  5. 利益の確定と分配
  6. オーナーシップの譲渡可能性、オーナーズグループからの離脱

ファミリーガバナンス
  7. ファミリー内部のガバナンス

図表11.2 ファミリー企業のための「German Governance Code for Family Enterprises
　　　　（2010年）」の内容

おいて堅実なガバナンスを設計するための論点を明確にしたものです。それゆえ、主な対象はオーナーであり、そのオーナーを支援するために、コードにはファミリー憲章の起草にあたって対処する必要があるとされるガバナンス関係の問題すべてが示されています。

　優れたガバナンスはより大きな経済的価値の創出を支援し、また、ファミリーや会社のステークホルダーたちの精神的な幸福に寄与します。そして、オーナーが従業員やその他のステークホルダーに対して責任を負うことを示し、[10] ファミリー企業の長期的な存続にも貢献します。ベルギーでのガバナンス・コード発案者であるバロン・ビュイス氏は、以下のように宣言しています。

　「非上場企業向けの推奨事項を盛り込んだこのコーポレート・ガバナンス・コードは、あなたがオーナーや経営者として、将来成功するために役立つガイドラインと推奨事項を集積したものです。」[11]

　多くの上場企業のためのガバナンス・コードとは対照的に、ファミリー事業体のためのガバナンス・コードは任意のものです。「German Governance Code for Family Enterprises」の内容は図表11.2に示されており、これは本章末に続きますが、ファミリーはこの中の論点を利用して、ファミリー憲章を含む独自のファミリービジネスのガバナンスを構築することができます。ファミリー憲章は、定款、相続文書、その他法的契約の基礎となるものです（図表11.3）。[12]

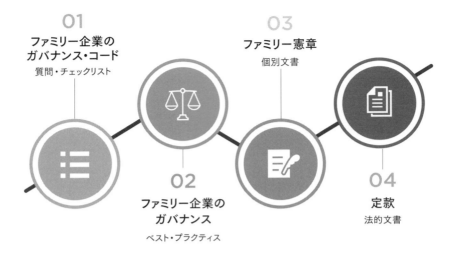

図表11.3 企業のガバナンス・コードの策定プロセス

ファミリー企業コードの質的要件

ファミリービジネスの専門家による委員会が、ファミリー企業向けのガバナンス・コードを作成する際には、「German Governance Code for Family Enterprises」に記されている4つの質的要件を考慮することが有用です。クヌート・ワーナー・ランゲ教授によると、ガバナンス・コードは以下のようなものでなくてはなりません。[13]

- 幅広いコンセンサスに基づいている。
- オーナー一族の個別の事情やニーズに基づいている。
- ファミリー企業の多様性に対応できる柔軟性がある。
- 明確で理解しやすい（図表 11.4参照）。

これらの4つの原則は、「German Governance Code for Family Enterprises」において議論されているものになります。これは、他国の委員会がファミリー事業体のためのガバナンス・コードを開発する際にも役立つはずです。

1. 幅広いコンセンサスに基づいている。	・委員会メンバーの 27 人は、さまざまなバックグラウンドを有している（ファミリーの CEO、非ファミリーの CEO、会長、取締役、一般職、オーナー、専門家） ・ファミリー企業は、法的形式、資金調達形態、規模、所有構造、組織構造などさまざまな点において異なる
2. オーナー一族それぞれの事情やニーズに基づいている。	・チェックリストの前に質問がある ・オーナーを主役としている ・ファミリー企業に関する具体的な課題を示している
・ファミリー企業の多様性に対応できる柔軟性がある。	・推奨事項は 1 つではない ・コードの質問に対して答えるかどうかはオーナーが決められる
・明確で理解しやすく、さまざまなステークホルダーとのコミュニケーションに役立つ。	・用語の統一、専門用語の回避 ・1 層式または 2 層式のガバナンスシステムを持つ国にも適用可能

図表11.4 ガバナンス・コードの質的要件「German Governance Code for Family Enterprises」（2010年）の適用

幅広いコンセンサス

「German Governance Code for Family Enterprises」の委員会メンバーの27人は、さまざまなファミリー企業のオーナー一族を代表しています。それらは法的形式（非法人事業体、法人事業体など）、資金調達形態（非上場、上場）、規模（200人の従業員から約8万4,000人の従業員まで）、所有構造（単独所有、兄弟によるパートナーシップ、従兄弟によるコンソーシアム、ファミリーの世襲）、組織構造（集中型、多角化型、国内展開、国際展開）などさまざまな点で異なります。また、ファミリー企業内でのメンバーの位置付けも、ファミリーのCEO、非ファミリーのCEO、会長、取締役、一般職、オーナー、などと異なっています。さらに、ファミリービジネスを研究している専門家もコードの制定に貢献しました。このように、本コードは幅広いコンセンサスに基づいたものとなっています。

オーナー一族の事情やニーズ

ドイツのコードでは、オーナー自らが回答しなければならない質問項目を用意しており、これに対する回答をベースに一定の提言を行っています。例えば、オー

ナーが遺言書を作成しているかや、オーナー一族が事業体で働くための条件に関して、あらかじめ特別な取り決めを行っておくことを推奨しています。また、特に事業で従事しているオーナーに対しては、年齢制限を設けること、長期的な事業承継計画を確立すること、利益の決定と分配のための適切なルールを設けること、を推奨しています。さらに、ファミリーメンバー間の結束と事業への関わりを確保するために、ファミリーガバナンスを確立することも推奨しています。すなわち、本コードは、オーナー一族それぞれの事情やニーズに基づいた取り組みを推奨しています。

ファミリー企業の多様性に対応できる柔軟性

「German Governance Code for Family Enterprises」は、ファミリービジネスのガバナンスのどの側面について規制すべきかを提言しています。ファミリー企業は多様化しており、すべてに共通する推奨事項を示すことは不可能であり、本コードでは具体的な事項に及んではいません。推奨事項は大きく2つにわけられ、すべてのファミリー企業において回答される必要があるものについては「すべき（shall）」という用語を使用し、助言的なものについては「おすすめ（it is recommended）」という用語を使用しています。例えば、小規模なファミリー企業に、監査役や取締役会は必要ありません。本コードは、オーナー一族がそれぞれの状況に応じて、利便性を考慮した上で適用できるチェックリストを提供しています。

明確さとわかりやすさ

ドイツのコードの導入部は短く、統一された用語を使用し、可能な限り専門用語を避けています。専門用語を使わずに述べることが不可能な場合には、用語を説明しています。また、同義語は明確に定義されています。さらに、このコードは、1層式（業務執行役員と非業務執行役員を含む取締役会）と2層式（経営陣と監査役会）のガバナンスシステムを持つ国にも適用することができます。

ファミリー企業におけるガバナンスの発展

　オーナー一族は、ファミリー憲章を作成する上で、ガバナンス・コードを利用することができます（図表11.3）。ファミリー企業の発展とその課題（第1章と第2章を参照）に関連して述べたように、オーナーは、ビジネスとファミリーが発展するのに合わせて、ファミリー憲章を改訂する必要があります。しかしながら、その発展のペースや取り入れるべき内容は徐々に変化していくかもしれません。そのため、ファミリーオーナーは継続的にこの作業を行う必要があります。[14] そのため、ファミリービジネスに変化があった際に遅滞なく取り入れるべき部分を認識するために、ファミリーメンバー全員が定期的にこのコードを読むことをお勧めします。

注

　1. Alexander Koeberle-Schmid kindly thanks Peter May as the initiator of the German Governance Code for Family Enterprises for his many contributions and personal help to developing our knowledge about governance in family enterprises. He also thanks Bernd Grottel for his support in developing this chapter from prior work on which they collaborated. Same applies to prior work with Peter May.

　2. このインタビューはすでに以下の書籍に掲載されていて、ドイツ語から翻訳されている。*Führung von Familienunternehmen* (Leading the Family Enterprise)by Alexander Koeberle-Schmid and Bernd Grottel, published by Erich Schmidt, Germany.

　3. 本章は以下の論文および書籍ならびにその中で言及された文献をもとに作成。Koeberle-Schmid, A., Fahrion, H.-J., & Witt, P. (eds.) (2012), *Family Business Governance - Erfolgreiche Führung van Familienuntemehmen*, 2nd edn., Berlin：Erich Schmidt; Koeberle-Schmid, A., & Grottel, B. (eds.) (2013), *Familienuntemehmen erfolgreich führen*, Berlin：Erich Schmidt; Koeberle-Schmid, A., Schween, K., & May, P. (2011), "Governance Kodex für Familienunternehmen in der Praxis - Ergebnisse einer Studie über Familienverfassungen," *Betriebs-Berater* 41, pp. 2499-2506; May, P., Koeberle-Schmid, A., & Schnitzhofer, W. (2011), "Gutes Management sichern：Ein Kodex fur Familienunternehmen," *Compliance-Praxis* 3, pp. 10-13; May, P., & Koeberle-Schmid, A. (2011), "Auf die Inhaber kommt es an," *Der Aufsichtsrat* 6, p. 81; Koeberle-Schmid, A., & May. P. (2011), "Governance in Familienunternehmen - Führung und Kontrolle situationsadaquat regeln," *Zeitschrift Risk, Fraud & Compliance* 2, pp. 54-61; May, P., & Koeberle-Schmid, A. (2011), "Governance Kodex als Leitlinie fur die verantwortungsvolle Führung von Familienunternehmen," *Der Betrieb* 9, pp. 485-491.

　4. Witt, P. (2003), *Corporate Govemance-Systeme im Wettbewerb*, Wiesbaden：Deutscher Universitats-Verlag; Witt, P. (2008), "Corporate Governance in Familienunternehmen," *Zeitschrift fur Betriebswirtschaft* 78, Ergänzungsheft 2, pp.

1-19.

　5. 訳者注：上場企業でもファミリービジネスに該当する場合には、ファミリービジネスのガバナンスコードも参照すべきであると考える。

　6. May. P., & Koeberle-Schmid, A. (2011), "Governance Kodex als Leitlinie für die verantwortungsvolle Fuhrung von Familienunternehmen," *Der Betrieb* 9, pp. 485-491.

　7. 全世界のコードの概要については http：//www.ecgi.org/codes/all_ codes.php を参照。

　8. コードの詳細については、以下を参照。http：//www.kodex-fuer-familienunternehmen. de.

　9. May, P., & Koeberle-Schmid, A. (2011), "Governance Kodex als Leitlinie fur die verantwortungsvolle Führung von Familienunternehmen," *Der Betrieb* 9, pp. 485-491.

　10. Hack, A. (2009), "Sind Familienunternehmen anders? Eine kritische Bestandsaufnahme des aktuellen Forschungsstands," *Zeitschrift für Betriebswirtschaft Special Issue* 2, pp. 1-29; Koeberle-Schmid, A., Brockhoff, K., & Witt, P. (2009), "Performanceimpliktionen von Aufsichtsgremien in deutschen Familienunternehmen," *Zeitschrift für Betriebswirtschaft Special Issue* 2, pp. 83-111; Björnberg, A., & Nicholson, N. (2008), *Emotional Ownership - The Critical Pathway Between the Next Generation and the Family Firm*, London：Institute for Family Business; Zellweger, T., & Sieger, P. (2009), *Emotional Value - Der emotionale Wert, ein Unternehmen zu besitzen*, St. Gallen：Ernst & Young.

　11. Baron Buysse (2009), Buysse Code II, Corporate Governance - Recommendations for nonlisted enterprises, p. 6.

　12. http：//www.kodex-fuer-familienunternehmen.de も参照。

　13. Lange, K. (2009), "Kodex und Familienverfassung als Mittel der Corporate Governance in Familienunternehmen," in Kirchdörfer, R., Lorz, R., Wiedemann, A., Kögel, R., & Frohn mayer, T. (eds.), *Familienunternehmen in Recht, Wirtschaft, Politik und Gesellschaft*, Munich：Beck, pp. 135-149; May, P., & Koeberle-Schmid, A. (2011), "Governance Kodex als Leitlinie für die verantwortungsvolle Führung von Familienunternehmen," *Der Betrieb* 9, pp. 485-491.

　14. May, P., & Koeberle-Schmid, A. (2011), "Die drei Dimensionen eines Familienuntemehmens：Teil I," *Betriebswirtschaftliche Forschung und Praxis* 6, pp. 656-672; May, P., & Koeberle Schmid, A. (2012), "Die drei Dimensionen eines Familienunternehmens：Teil II," *Betriebswirtschaftliche Forschung und Praxis* I, pp. 52-72; May, P. (2012), *Erfolgsmodell Familienuntemehmen*, Hamburg：Murmann.

218　第 4 部　ガバナンス構造の文書化：ファミリー憲章

ベストプラクティス
推奨事項

1　オーナー一族は、ガバナンス・コードを利用して、ファミリーやビジネスに適したガバナンス構造を見つけることができます。会社が上場していない限り、上場企業向けのガバナンス・コードは、適用すべきではありません。

2　ガバナンス・コードは、一定の品質基準を満たす必要があります。2010年に改訂されたドイツのコードは、有用なチェックリストを提供しています。

3　オーナー一族は、ガバナンス・コードのさまざまな部分について、それを適用するかどうか決める必要があります。この決定は、ファミリー企業の現状に応じて行うべきです。

4　オーナー一族は、ガバナンス・コードを利用して、ガバナンスの変更が必要かどうかを定期的に確認し、継続的にガバナンスを整備する必要があります。

5　オーナー一族は、ファミリー憲章を作成し、コードに記載されているファミリーとそのビジネスに適用されるすべての重要なガバナンスについて要約する必要があります。

ドイツのファミリー企業向け
ガバナンス・コード

ファミリー企業の責任あるリーダーシップのためのガイドライン

　これは、公表されている「German Governance Code for Family Enterprises」からの抜粋であり、アンマンのアラビア商工会議所とドイツのファミリー企業向けガバナンス・コードの委員会メンバーであるアンドレア・プリム・ブラック氏の支援により、ドイツ語から英語に翻訳されました。これは2010年6月19日に発行された第2版ですが（訳者注：2021年に第4版となっている。）、同委員会によって承認された公式の翻訳ではありません。翻訳には細心の注意が払われていますが、著者および出版社は、その使用に起因する損失について一切の責任を負いま

第11章　ガバナンス・コードを活用したガバナンスの構築　219

せんので、原文については http://www.kodex-fuer-familienunternehmen.de を
ご覧ください。

1. オーナーによる責任ある管理への関与

　一族が主要株主になっているファミリー企業は、通常、少なくとも次の世代ま
で事業を継続することを意図している。市場での競争に対応し、社会的に責任あ
る企業市民であるために、オーナーは責任ある管理に関与しなければならない。
これには、適切なガバナンス構造の確立が含まれる。オーナーは以下のような決
定と対策を講じ、それを事業とオーナー一族の中で実行しなければならない。

1.1 オーナーは、ファミリーによる所有とそのファミリー企業の観点から、自分
　　たちがどのような価値観と目標を保持していくかについて決定しなければなら
　　ない。

　　オーナーは、オーナー一族の正当な利益に加えて、他のステークホルダー、特
　　に従業員や顧客の利益をどの程度考慮し、それによって社会の発展にどのよう
　　に貢献したいかについて決定しなければならない。

　　オーナーは、利害が衝突した場合に、どのステークホルダーを優先するか、特に、
　　どの程度までビジネスの利益をオーナーの個人的な利益よりも優先させるかを
　　決定しなければならない。

1.2 オーナー、取締役会、経営陣が、事業の経済的・財務的状況を正確に評価し、
　　合意された価値観を遵守できるように、事業と情報伝達の構造が整備されてい
　　なければならない。

　　オーナーは、外部のステークホルダーに対しても、内部的な透明性を適用する
　　かどうか、また、どの程度まで適用するかを決定しなければならない。

1.3 ビジネスがファミリー企業として持続できるのは、オーナー一族の中で十分
　　な団結力を維持でき、ビジネスをファミリー企業として維持することに同意す
　　ることができた場合のみである。オーナーは、企業自体の運営と同じレベルで、
　　オーナー一族の管理の重要性を明確に認識しなければならない。

1.4 オーナーは、新たに参加したファミリー、特にパートナーや次世代のメンバー
　　に対して、オーナー一族および／またはファミリー企業のオーナーとしての責
　　任について説明しなければならない。

2. オーナー

　オーナーは、ファミリー事業体において最高の意思決定権限者である。オーナー
は自ら選んだ法的枠組みの中で価値観や目標を定め、最終的な意思決定を行う
権限を有している。オーナーがこの権限を独立した取締役会に委任している場

合、オーナーはこの取締役会の有効性について責任を負うこととなる。この責任を果たすにあたっては、特に以下の点について考慮する必要がある。

2.1 オーナーの共同責任

2.1.1 オーナーは、ビジネスとファミリーのオーナーシップの価値と目標を定義し、ビジネスをファミリーの所有のもとで維持することや、その管理と監督におけるオーナーの役割について明確に表明する必要がある。

2.1.2 さらに、オーナーは、ビジネスモデルに対する期待、特に安定性、収益性、長期的な成長性について明確に説明しなければならない。

2.1.3 取締役会の設置が法律で義務付けられていない場合、オーナーは、特に会社の経営を監視することに関して、一定の責任を任意機関に委任するかどうか、委任するとしたらどの程度委任するかを決定しなければならない。

2.1.4 オーナーは、意思決定の自律性を保証できるように自ら組織を編成しなければならない。

2.1.5 議決権は、株式の保有状況に見合ったものとする。個々のオーナーまたはオーナーグループに与えられたこの権利から逸脱するなどの特別な権利は、明確な規則と特別な理由を必要とされ、そのような規定は慎重に定められることが推奨される。

2.1.6 多数派と少数派の権利を明確に定義し、適切にバランスをとることが推奨される。

2.2 個人オーナー

2.2.1 オーナーの主な参加権は以下の通り。
- オーナー集会へ参加する権利
- 議決権を行使する権利
- アクセスと情報に関する権利

これらの参加権を行使する際には、すべてのオーナーが平等に扱われ、それぞれがオーナー集会への参加を許可されることが推奨される。平等の原則からの逸脱は慎重に規制され、明確にその正当性が説明されることが推奨される。

2.2.2 オーナー集会で誰がオーナーを代表できるのか、また、他の人がどのように議決権を行使できるのかを決定するための手引きが必要とされる。未成年者や、オーナーの権利が遺言の執行により留保されている者に対しては、その正式な代理人が意思決定に参加できるようにする必要がある。

2.2.3 ビジネスへのアクセスと情報ポリシーに関する取り決めについては、すべてのオーナーに以下の事項が許可されることが推奨される。
- 企業の経済的・財務的状況を正確に把握し、オーナーの価値観や目標が維

持されているかどうかを知ること

- 会社の事業活動の最も重要な側面に精通し、その戦略を理解すること

- 会社との絆を深めること

2.2.4 オーナーは、オーナー一族のメンバーが会社で働くことができるか、働くことができるとした場合には、その人数、さらにはどのように会社から利益を受け取ることができるか、を決定する必要がある。

オーナー一族のメンバーが会社で働く場合には、その選考プロセスと任命の決定者についての規則を設けることが推奨される。

2.2.5 オーナーは、オーナーとしての役割から生じる個々のオーナーの権利と義務を明確に定義する必要があり、特に以下の事項は必須となる。

- オーナー集会に参加すること

- 議決権を行使すること

- 会社内部の重要事項に関する守秘義務を負うこと

- 競合となる者がいないことを保証すること

- 離婚請求、遺産分割協議、相続税などの結果による影響をできる限り与えないようにすること

3. 取締役会（ここでは特に非業務執行役員の場合）

会社の規模が大きくなり、オーナーシップの複雑さが増すにつれ、法律で強制されていなくても、ファミリー企業は取締役会を構成することが推奨される。このような機関の設置により、会社の経営に対する助言や監視の質と、その客観性を向上させることができる。任意の取締役会を設定する際には、以下の点に注意する必要がある。

3.1 取締役会の任務

3.1.1 オーナーは、取締役会の任務を明確に定義しなければならない。オーナーは、特に、取締役会が以下の事項について責任を負うかどうか、また、どの程度まで責任を負うかを決定しなければならない。

- 経営陣の任命と解任、その他の人事の決定。

- 最高経営責任者（CEO）候補または執行委員会の代表者候補の決定、手続きに関する規則、執行委員会の組織に関するその他内部的な決定。

- 経営戦略、事業計画、特別な経営判断の承認。

- 年次財務諸表と利益処分案の承認。

- これまでオーナーによって行われていた意思決定を、どの程度まで取締役会に権限移譲するか。

3.1.2 執行委員会による報告の内容、範囲、様式、頻度は明確に定義する必要があ

る。オーナーが取締役会に委任することができる追加のアクセス権と情報提供権についても同様である。そして取締役会とその構成員が常に制限を受けずに業務を遂行できるように規定されなければならない。

3.1.3 内部構造や意思決定プロセスは、取締役会が委譲された職務や契約上の義務を明確に理解できるように規定される必要がある。取締役会は十分な頻度で開催され、その活動の有効性は定期的に評価されなければならない。

3.2 取締役会の構成

3.2.1 取締役会の構造、規模、構成、メンバーの能力は、会社の規模、所有構造、事業運営の複雑さに見合ったものでなければならない。

オーナーは、取締役会にファミリー以外の非執行者が存在することで、その業務の質と客観性が向上する可能性があることを考慮する必要がある。

3.2.2 オーナーは特に以下の事項を決定する必要がある。
- オーナー一族が取締役会にどの程度参加できるか、また参加させる必要があるか
- 取締役会のメンバーの選任と解任の方法
- 選出においてどのような決議が必要か
- メンバーになるための個人の資格要件
- 取締役会メンバーの任期

取締役会のメンバーがその職務に必要な能力を有し、いつでもファミリー企業とそのオーナーの利益のために確実に行動できるようにするため、注意を払わなければならない。

3.2.3 オーナーは、執行委員会のメンバーが退任後に取締役会の会長として就任することができるかどうか、そして、その場合の条件を決定する必要がある。

3.2.4 オーナーは取締役会メンバーの定年を設定することが望ましい。

3.2.5 取締役会のメンバーを選任する際には、会社と執行委員会からの独立性を確保し、利益相反が回避されるよう配慮する必要がある。

3.3 報酬と責任

3.3.1 取締役会メンバーの活動に対して、明確に定義された基準、給与金額と支給頻度に関する透明性のある情報に基づいて、適切な報酬が支払われる必要がある。

3.3.2 取締役会メンバーに潜在的に生じうる責任の根拠と範囲については、明確に定義される必要がある。

4. 執行委員会（ここでは特に執行役員制を導入している場合）

執行委員会は、法的な責任を果たし、オーナーによって定義された価値観と目

標に従って、ファミリー企業を管理しなければならない。また、執行委員会の権限と義務は、明確に定義されていなければならず、それにあたり以下のことを考慮しなければならない。

4.1 執行委員会の任務

4.1.1 執行委員会は、オーナーと、あるいは取締役会と連携して、オーナーの価値観と目標を考慮した会社の戦略的方向性を策定し、その実行を確保する必要がある。

執行委員会は、オーナーの価値観と目標に従って、法令と会社規則の遵守を確保し、機会とリスクを評価するための適切な経営体制を確保する必要がある。

4.1.2 執行委員会は、その活動内容についてオーナーおよび／または取締役会に報告しなければならない。その詳細は、直接または第3.1.2項に従って決定される。

4.2 執行委員会の構成

4.2.1 執行委員会の規模と構成は、会社の規模と執行委員会が負う責任に基づくものでなければならない。執行委員会が複数のメンバーで構成されている場合には、最高経営責任者（CEO）または執行委員会の代表者のいずれを置くかを決定しなければならない。また、CEOまたは代表者を決定するための明確な手続規定や組織体制があることが推奨される。

4.2.2 ファミリービジネスの場合、執行委員会のメンバーの選任には特別な注意が必要となる。オーナーは、オーナー一族のメンバーを執行委員会に任命あるいは解任できるかどうか、またどのような状況下で、誰がこれを決定するかを明確に決定しなければならない。これらの規則は、明確で透明性があり、客観的に検証可能なものでなければならない。

同様のことが、彼らの解雇、報酬を含む雇用契約、その他、の取り決めについても当てはまる。また、オーナー一族のメンバーと執行委員会の独立したメンバーは、平等に扱われなければならない。

ファミリー企業に複数のオーナーがいる場合は、客観性の観点から、ファミリー以外の人がファミリーメンバーに関するすべての決定を行うことが推奨される。

4.2.3 ファミリー企業には、長期的な承継計画が必要となる。これには、執行委員会メンバーに対して、拘束力のある定年制度、後継者候補の準備、選定決定、移行のための手順が含まれていることが推奨される。さらに、想定外の承継が発生した場合にどうするかを明確にした緊急時対応計画の用意も必要になる。

4.3 報酬と責任

4.3.1 執行委員会メンバーの活動には、適切な報酬が支払われる必要がある。このためには以下について、明確に定義されていなければならない。
- 報酬の決定に責任を負うのは誰か
- 報酬の決定に関する原則
- 誰が報酬の水準について知らせるか

4.3.2 執行委員会メンバーが負うべき責任の根拠と範囲は、明確に定義される必要がある。

5. 利益の確定と分配

　ファミリービジネスは、世代を超えて事業を展開していく特徴から、オーナーの資金に依存するため、利益の分配と事業への再投資を確実に両立させる必要がある。そこでは資本と流動性の基盤の確保に特に注意を払う必要があり、さらに利益の確定と分配にあたっては、以下の点に留意する必要がある。

5.1 利益の確定

5.1.1 オーナーは、年次財務諸表の作成を通じて、会計および評価の原則を明確に決定する必要があり、特に、会計上の評価原則がどのように適用されるかを決定しておく必要がある。これについては、特に慎重なアプローチをとることが推奨される。

5.1.2 ファミリー企業の年次財務諸表は、法的義務がない場合においても監査を受けることが推奨される。

5.1.3 監査人の選定および任命は、オーナーまたは取締役会の合意を得て行うものとする。

5.1.4 年次財務諸表の承認は、オーナーまたは取締役会の合意を得て行うものとする。

5.1.5 年次財務諸表の確定を行う前に、オーナーおよび取締役会は、年次財務諸表および監査報告書の内容について検討する機会を持たなければならない。
監査人は、年次財務諸表に関する協議に参加して、監査の概要、特に合意された会計および評価の原則への適合性について口頭で説明することが推奨される。

5.2 利益の分配

5.2.1 利益の分配ルールは、安定性、収益性、成長性に関して、オーナーが設定した目標と整合するように、また、オーナー一族内での対立を回避に役立つように、設計される必要がある。

5.2.2 オーナーは、財務基盤を強化するため、税引後利益のうち十分な割合が永続

的に会社に残るようにしなければならない。

5.2.3 会社の資金調達ベネフィットとオーナーへの利益分配ベネフィットの適切な
バランスを達成するため、分配および内部留保のための財務比率を明確に設
定することが推奨される。

5.2.4 加えて、利益の具体的な計算方法や分配方法は、すべてオーナーに対して透
明性を持つものでなければならない。

6. オーナーシップの譲渡可能性、オーナーグループからの離脱

オーナーは、長期的にわたってファミリー支配のオーナーシップを存続させる
ための予防策を講じる必要がある。これは、株式の譲渡可能性を制限することを
意味すると同時に、オーナー一族とオーナー個人の利益について、合理的なバラ
ンスを確保することも意味する。とはいえ、優れたガバナンスの観点からは、次
のような原則を考慮する必要がある。

6.1 オーナーは、事業のオーナーシップを、制限なく、誰に譲渡できるかについて、
明確に定めなければならない。

また、他人への譲渡が許可される条件を明確に定義し、そこから逸脱した譲渡、
つまりオーナーになることを許可されていない者への譲渡が生じた場合の法的
手続についても、明確にしておく必要がある。

この規則は、生存者間の譲渡と死亡による相続の両方に適用されるものとされ
る。

このためには、定款の要件に沿ってオーナーが遺言書を作成することが推奨され
る。

6.2 第 6.1 項による株式の譲渡可能性に制限を設けることに対する補填として、
それに逸脱したオーナーにはオーナーシップを失うことを前もって通知される
ものとする。特に、オーナーは、共同所有のファミリー企業から離脱するオーナー
に関して、以下の点を明確にしておく必要がある。

- どのような条件の下で
- どのくらいの時間的猶予をもって
- どのような評価ルールに従い
- どのような支払方法によるか

7. ファミリーガバナンス

ファミリー事業体のオーナーシップを長期的に維持するためには、関係者は会
社の利益だけを重視するのではなく、ファミリーにも配慮し、ビジネスガバナン
スに加えて独立したファミリーガバナンスを確立する必要がある。ファミリーガ

バナンスの目的は、オーナー一族メンバー内の結束と会社との関わりを強化し、長期的なコミットメントを強化することにある。オーナー一族は、これらの規律を確実に後世へ残していくことが推奨される。

　ファミリー企業とそのオーナー一族は非常に多様であるため、優れたファミリーガバナンスのための規範となるような汎用的な推奨事項は存在しない。適切な解決策は、個別に検討される必要があり、そのためには以下のことを詳細に検討しておく必要がある。

7.1　ビジネスガバナンスの規則（第 6.1 項参照）に加えて、ファミリーガバナンスでは、以下に関する規則を定義する必要がある。

　　- 誰がオーナー一族に属するか。
　　- どのような条件下で、新たなファミリーがオーナー一族に加わることができるか。
　　- どのような条件下で、オーナー一族のメンバー資格を剥奪することができるか。

7.2　オーナー一族は、会社だけでなく、ファミリーのための価値観と目標も明らかにし、それらを首尾一貫したファミリー理念として書き示しておく必要がある。

7.3　オーナー一族内、そして、ビジネスとファミリー間のコミュニケーションのためのガイドラインが確立され、お互いにそれに対応し、また、それを外部とのコミュニケーションに資することが推奨される。

7.4　会社の利益が、オーナー一族内での対立によって影響を受けないように、それを管理するためのプロセスを確立することが推奨される。

7.5　オーナー一族が大きくなればなるほど、共同で活動を実施することとなるため、その実施結果に対する責任を明確にすることが強く推奨される。これには、オーナーの能力が十分であることの確認も含まれる。

7.6　各ファミリーは、個別に本規定の構成要素を遵守することを誓約することが推奨される。オーナー一族は、これらの規則を一斉に適用し、その有効期間について合意する必要があり（例えば、5 年更新を前提とするなど）、すべての規則は、有効期限前に適格な者による過半数の賛成によってのみ、改正できるようにすることが推奨される。

第12章

オーナー一族のためのファミリー憲章： 手続きと文書化[1]

「ファミリー憲章はファミリーにより多くの規律をもたらし、公平性をもたらします。」

エジプトのカイロにあるマック・インベストメンツ社、ダニア・ベッシャー氏へのインタビュー

ダニア・ベッシャー氏は建築家であり、住宅開発と商業開発の両方のプロジェクトに従事しています。彼女は、エジプトのカイロにある自身のファミリービジネス本社屋の改修を終えたばかりです。ダニア氏は、ファミリー事業体の3代目にあたる37人の1人であり、2010年に彼女のファミリーが始めたガバナンスプロセスに関するリーダーの1人でもあります。彼女はファミリー評議会のメンバーであり、最近ではエジプトにあるファミリービジネスの持株会社であるマック・インベストメンツ社の取締役に就任しました。

1950年代にダニア氏の祖父アブドゥルハク氏と彼の兄弟によってファミリービジネスがスタートしました。1963年、アブドゥルハク氏の息子の1人であるシャハール氏はイエメンに一族の商社を設立しました。1970年代には他の息子たちも徐々に事業に加わり、最初はエジプト、後にイエメン、そして最近では南スーダンで、工業分野、飲料分野へと事業を拡大しました。その後、グループはさまざまな分野や国で大きな多角化を遂げてきました。

229

デニス・ケニョン゠ルヴィネ──ダニアさん、ファミリー憲章についての議論を始めたきっかけは何だったのでしょうか？

ダニア・ベッシャー氏──多くの子供たちに恵まれ、ファミリーが順調に成長していく中で、毎日直面する多くの問題に、感情的になってしまったり、自分たちだけのファミリーに偏ったりすることなく、対処する方法がわからないということに気づきました。そこで私たちは、家族の結束を保つためのファミリー憲章が必要だと考えました。ファミリー憲章の作成は2011年6月に開始し、ちょうど1年後の2012年6月に署名するに至りました。一方で、ファミリービジネスの内面と外面の両方からファミリーのビジョンや共通の目的を定めたかったため、2010年にファミリー評議会を設立しました。また、増え続けるファミリーの秩序やニーズを一元化するために、2012年にファミリーオフィスを導入しました。

　私たちがこれらの作業をどのように始めたかについてですが、すでに1990年代半ばからファミリービジネスのガバナンスについて話し合っていました。しかし実際には誰もそれを実践するまでには至っておりませんでした。その後、多くのファミリーメンバーがビジネスに参加していることがわかり、それを管理する適切な組織を持つべきだと感じました。そこで2007年に、私は父と一緒に、ベルリンで開催されたファミリービジネス・ネットワークのサミットに参加しました。それは、まさに目から鱗が落ちるというべき驚きの経験でした。他の多くのファミリーに会って話を聞き、自分たちが置かれている状況が自分たちだけのことではないと気づいたのです。

　2010年には、承継とガバナンスに関するセミナーにも参加し、そのプロセスに着手し始めました。ファミリーの意識が分散してしまう前に、何かを始めることが急務だと感じていたからです。

ファミリー憲章の作成に取り組むために、どのくらいの頻度でミーティングを行いましたか？

　私たちは5回のミーティングを行いました。それは隔月で、通常は2 〜 3日間のミーティングでした。最初の3回のミーティングでは、私たち14人のいとこと、私の父を加えたメンバーだけでした。このグループに参加するには、25歳以上か、大学を卒業している必要がありました。私たちは、このプロセスに専念できるグループを作りたかったのです。

4回目のミーティングでは、年長者6人全員を招待しました。私たちはそれまでの成果を発表し、彼らから意見をもらい、さらに議論を重ねました。私たち全員が一丸となってこのような問題に取り組むのは初めてのことでした。4回目のミーティングの後、私たちは信頼できる弁護士にファミリー憲章の草案を送りました。その後弁護士からフィードバックがあり、私たちはそれも考慮してファミリー憲章を完成させました。そして、5回目が最後のミーティングとなり、この時に、私たちはそのファミリー憲章に署名をしました。それは、28ページの長さで非常に包括的かつ専門的な内容でした。

議論するのが難しい議題はありましたか？また、議論を円滑に進めるために外部からの支援を受けましたか？

私たちはファシリテーターにリードしてもらいながら進めました。まず、14人のいとこ全員と年長者全員にアンケートを行い、その後、自分たちにとって何が重要なのかを明確にするためのインタビューを行いました。私の祖父には二番目の妻がいたため、最初の話し合いでは、ファミリー憲章が適用されるファミリーの定義について話し合いました。そのファミリー分家は私たちのファミリーと同じくらいの規模で、全員がイエメンにいますが、ファミリービジネスにはまったく関与していませんでした。もう1つの大きな議題は、ファミリービジネスに参加するための前提条件でした。そこではファミリーの価値観について簡潔にまとめるのが難しいため、かなり大変な議論になりました。このようなテーマで議論を重ね、多数決による投票によって最終的な決定がなされました。

議論は進めていくうちに楽になっていったのでしょうか？

最初の頃、いとこたちの多くは、私たちが何をしているのか、なぜファミリー憲章が必要なのかをまったく理解できていませんでした。皆を集めて、なぜそれが大切なのか、特に自分たちに対してもファミリー憲章が重要な役割を果たすことを理解してもらうのが大変でした。なぜなら、アラブ世界では、若い世代の意見は特に求められないことが多く、年長者が全てを決定する風潮があるからです。しかし、ファミリー憲章の作成過程で、文書が出来上がるにつれて自分たちの発言が実際に文書に書かれていることを実感し、自分たちの意見がファミリー

にとって重要であることを理解し始めたのです。これにより議論が容易になっただけでなく、自分たちが発言権を有していることを改めて認識したので、議論は白熱していきました。それはとても興味深いプロセスでした。

ファミリー憲章ができたことで、ファミリー間の客観性と透明性が高まったと感じますか？

残念ながら、地域での紛争がありましたので、署名以降に最初のファミリー集会を開催することができていないため、何とも言えません。ファミリー憲章の作成に取り組んだいとこたちと6人の年長者だけではなく、ファミリー全員がファミリー憲章の存在について知っています。しかし、その内容や意味するところを誰もが熟知しているわけではありません。今の私たちにとって最も重要なことは、ファミリー集会を開催することです。それが、ファミリーガバナンスを適切でより包括的に導入していくために必要と考えています。

とはいえ、海外で学んでいる、または、これから進学先を決める若いファミリーのメンバーからはすでに、このファミリー憲章に強い共感を得ています。そこで、私たちはファミリー憲章の施行を開始し、学生向けのガイドラインやルールも導入しました。さらに私たちは2012年1月に人事担当者を採用しました。彼女の素晴らしい仕事のおかげで、ファミリー評議会の全面的な支援も受け、策定した方針を実行することができました。また、私を含む3人のファミリー評議会のメンバーで構成される教育委員会も設け、学生の問題に対処し、若い世代に助言や指導を行うように努めています。

また、ファミリービジネスへの参加を希望するファミリーメンバーには、ファミリー憲章で定められたガイドラインを適用し始めています。さらに、人事担当者は、各子会社でのファミリーメンバーの採用を監督し、新卒で入社した従業員が社外での実務経験を積むことができるようにサポートしています。もはや大学を卒業しただけでは会社で安定した仕事ができるとは限らないのです。

ファミリー憲章はどのような方法によって、次世代に特に役立つように設計されているのでしょうか。

ファミリー憲章は次世代への指導やサポートを提供するのに非常に役立ち、また、彼らを代表するファミリー評議会を通じて経験を共有する場も提供されている

と思います。

結果に満足していますか？

嬉しいのは、若いファミリーメンバーの中にサマースクールをやりたい、課外学習がしたい、ボランティアでインターンシップをしたい、などと言っているのを聞いた時です。そのような時、私たちは成功したのだと感じます。ファミリー憲章はファミリーに規律性と公平性をもたらします。

他のファミリーに特にお勧めしたいことはありますか？

私たちよりも、20年早くガバナンスプロセスを開始することを絶対的にお勧めします。これらのガイドラインは、次の世代がビジネスに参加する前に予め整備されているべきです。私たちの場合は、第3世代のためのルールがなかったため、いくつかのジレンマが生じました。今は、第4世代のためのルールまで整備されています。

また、ファミリー内の相性の良いグループを選択して、一緒にファミリー憲章を作成することをお勧めします。そうすることで、プロセスが円滑になり、文書に信憑性と受容性が生まれてきます。私のいとこグループでは、皆がお互いをよく知っており、お互いを愛しており、彼らと多くの時間を一緒に過ごしてきたことが大いに役立ちました。その過程で、私たちは白熱した議論を交わしましたが、常にポジティブなエネルギーと尊敬の念を持って、一緒にそれを楽しむことができました。実際に、この過程を通じて私たちファミリーの絆は一層深まりました。

｜ファミリー憲章はなぜ必要か？｜

ファミリー憲章は、ファミリーの使命、ビジョン、価値観、そしてファミリーとファミリーが所有するビジネスとの関係性を説明する多くのルールやポリシーを記載した文書です。使命やビジョン、ビジネスモデルに関する重要な問題、ファミリービジネスのガバナンスに関するさまざまな論点は、通常、ファミリー憲章（時には別の名前で呼ばれることもあります）において文書化されています。ファミリー憲章は、ファミリー企業における結束、責任、内的調和、経済的・精神的な成

利　点	限　界
信頼と相互理解を深める	すべての問題を解決できるわけではない
ファミリービジネスの長期的な成功に寄与する	個別に解決しなければならない問題や課題がある場合、それを先に解決した上で憲章の作成に取りかかる必要がある
透明性を高める	本質的な問題への取り組みを回避することはできない
規律性と公平性を高める	それぞれが意見を言わなければ意味がない
確実性を高める	ファミリー憲章全体に取り組むことは大変なので、まずは1つの問題に取り組む必要がある
コミットメントと結束を高める	
ファミリーの絆を深め生活を豊かにする	

図表12.1 ファミリー憲章の利点と限界

功を得るための重要な手段となり得ます。

　ファミリー憲章は、オーナーのための戦略と組織構造の両方を定めた文書です。[2] また戦略と組織構造に加えて、オーナー、ビジネス、ファミリーのためのルールや手続きも定めています。これらは法的なものである定款に記載されている場合もありますが、ファミリー憲章は法的なものというよりは、どちらかというと道徳的な力によって拘束されるものという位置付けです。ファミリー憲章はファミリービジネスのガバナンスの原則である「責任あるオーナーシップ」と「公正なプロセス」（第1章を参照）[3] を背景として作成されることになります。通常、オーナーは、一連の共同作業となるワークショップを通じてファミリー憲章を作成します。すべての当事者が共同で文書を作成し、コンセンサスを得てそれを承認することが重要です。作成プロセスを通じて、オーナーたちはお互いのことをよりよく知り、他の人の長所と短所を知るようになり、そして学び合います。この一連のプロセスを通じて参加者はそれぞれ、オーナー、取締役会、経営者などの役割における権利と義務を理解し、尊重し、それぞれを受け入れることができるようになります。このように、ファミリー憲章を作成するメリットには、その文書が持つ効力だけではなく、その作成プロセスがもたらす相互信頼の増幅の2つであるといえるでしょう（図表12.1を参照）。

　ここで注意したいのは、ファミリー憲章のすべての内容について、法的拘束力を

持たせるために定款に記載する必要はありませんが、多くの場合そのうちの重要なものについては記載が推奨されているということです。原則として、ある事項についてファミリー間で対立する可能性が大きければ大きいものほど、それは定款に含めておくべきです。[4] 例えば、承継や分配については対立が生じやすい事項なので、定款においてこれらの問題に関する部分を明確に定義しておくべきです。

ファミリー憲章の限界[5]

ファミリー憲章はすべての問題を解決するものではないということに注意が必要です。例えば、ファミリー内に根深い対立がある場合、ファミリー憲章を作る前に、その対立を解決する必要があります。そうしないと、ファミリー憲章の項目について意見の相違が生じた途端により対立を深めてしまうことになります。

また、ファミリー憲章の方針やその他の要素について議論し作成する過程において、ファミリーメンバーが十分に自分たちの意見を述べない場合には、残念ながら出来上がったファミリー憲章の価値はほとんどありません。これは年長者を敬う気持ちが強いファミリーや文化においてよく見られることです。通常、ファミリーメンバーは年上の世代や長老が言うことに賛成します。例えば、2人の兄弟が、父親を喜ばせるために家族の調和を重要な目標の1つとしながらも、実際には一緒に仕事をするのに苦労をしているというようなことがありえます。このような場合には率直に意見を交換することにより、課題を明確にし、解決策を考えることができます。逆に意見を言わないと、実際にはそうではないのに、ルールや合意が整っているといった錯覚を生み出すだけとなってしまいます。

同様に重要なのは、多くのファミリーは一度にファミリー憲章全体に取り組むことができないという事実です。多くの場合、次のような項目から作成を始めます。

- ダニア・ベッシャー氏へのインタビューにもあるように、多くの次世代メンバーが大学進学を控えた時期に、それぞれの学生の役割などの緊急課題を明確にする。
- フランツ・M・ハニエル氏やソフィー・ラメラント氏へのインタビューにもあるように、オーナーの教育プログラムなどを適時に定める。

・上場する際に取締役会に独立した第三者の取締役を加えるなどのような、他の企業においても上場する際に必要とされている規制を定める。

　ファミリーは、多くの場合、ファミリー憲章の一部分の作成から開始し、必要に応じて別の領域を追加していきます。そして、やがてその輪が広がり、全体としてのファミリー憲章が出来上がり、署名され承認されるのです。

｜ファミリー企業におけるファミリー憲章｜

　INTES（ドイツのファミリー企業学会）とPwCドイツによるファミリー憲章に関する調査によると、ドイツではオーナー一族の約4分の1しかファミリー憲章を制定していないことがわかりました。[6] しかし、現在ファミリー憲章を有していないオーナー一族の約70%は、作成する計画を立てています。オーナーは、オーナー一族とファミリー企業の戦略及び組織構造を正式な文書に記載することが、ファミリーとビジネスの長期的な成功に貢献できると認識しています。[7]

　ファミリー憲章を作成することは、すべてのファミリーオーナーが、同じかそれに類似する意識を抱いている場合にのみ、永続的な改革につながるものです。利害や期待が相違している場合、ファミリーはファミリー憲章を作成するのに苦労し、作成できたとしても、それほど良いものにはならないでしょう。特にファミリー内において感情的な対立がある場合は、まずはその対立を調停することから始め、その後、ファミリー憲章の作成につなげるべく解決策を一緒に考えていくことが必要です。

　オーナー一族がファミリー憲章の作成を決定した場合に、主に期待されるのは、上記にあげた利点を実現することです（図表12.1）。INTESとPwCによる調査によると、ファミリー憲章は、ファミリー内の平和と安定に加えて、ビジネスへの結束や帰属意識、そしてファミリービジネスのガバナンスの向上につながることが確認されています。これは、ファミリー憲章がより高い精神的な価値をもたらすことを示しています。また同調査では、ファミリー憲章のあるファミリー企業の58%が年率で6%以上の利益率を有しているのに対し、ファミリー憲章のないファミリー企業ではそのような高い利益率を有するのは45%に過ぎないことが判

明しました。このことから、ファミリー憲章のあるオーナー一族の方が、ファミリー憲章のないオーナー一族よりも、自分たちのルールやファミリーの運営に満足していることが考えられます。つまり、第1章で概説したように、ファミリー憲章で明文化された適切なファミリービジネスのガバナンスは、ファミリーの経済的および精神的価値の向上につながると結論付けることができます。

| ファミリー憲章の作成 |

ファミリー憲章は、ファミリー企業のオーナーが、戦略や組織構造を文書化するのに役立ちます。[8] ファミリー憲章を作成する際に、オーナー一族は、ファミリーとビジネスに対する自らのビジョンと使命、会社のビジネスモデルの基本的な側面、ファミリービジネスのガバナンスについてしっかりと話し合う必要があります（図表12.2）。[9]

	3. ビジネスガバナンス	4. ファミリーガバナンス	
II. 組織 構造	・オーナーとしてのメンバーシップ、オーナーの承継モデル ・個人オーナーの権利と義務および年次総会 ・取締役会と経営承継 ・ビジネスへの従事 ・報酬および責任 ・配当およびその代替対価	・ファミリー評議会とファミリー、ファミリーマネージャー、最高ファミリー責任者 ・ファミリーの間の対立解消 ・ファミリー慈善財団 ・ファミリーオフィス ・ファミリーミーティング ・ファミリー教育プログラム ・ファミリーバンク ・ファミリーの本拠地 ・ファミリーイントラネット ・ファミリーによるプレスやメディアとの接触	III. 役割 分担
I. 戦略	1. ビジョンと使命	2. ビジネスモデル	
	・価値観 ・目標 ・歴史 ・文化 ・シンボル	・コア・コンピタンス ・財産の集中・分散 ・安定性、収益性、成長性、生産性などに関する目標 ・リスク、コントロール、コンプライアンス管理体制 ・戦略、組織、財務に関する原則	

図表12.2 ファミリー憲章の構成案

内容

　まず、オーナー一族は、ファミリー独自のビジョンと使命を確立する必要があります。これは、組織の歴史と文化を背景にして、価値観や目標を確立することを意味します。多くの場合、それらは何世代にもわたって続いていく唯一無二のものです。

　ビジョンと使命に基づいて、事業戦略を策定する必要があります。これには、安定性、収益性、成長性、生産性に関する具体的な目標が含まれます。さらに、ファミリーは、自分たちの財産を1つの会社に集中させるのか、それとも分散させるのかを決める必要があります。これにより事業体は異業種の企業を買収したり、ファミリーオフィスの助けを借りたりして、資金をさまざまな資産（株式、債券、天然資源、不動産など）に投資することができます。この決断は、オーナー一族とファミリー企業のリスク選好度だけでなく、会社のコア・コンピタンスにも依存します。これらはすべて、戦略、組織、財務に関する原則に基づいて行われます。

　戦略を立てたら、次に組織構造に関する決定を行う必要があります。これはファミリービジネスのガバナンスの中核を成すものです。ビジネスガバナンスの面では、適切なオーナーの数、誰がオーナーになれるのか、オーナーの承継モデルはどうするのか、などが主な問題となります。そして、ファミリーの組織化について、例えば、ファミリーを分家単位で編成するのか、それとも1つの家族としてとらえるのか、また、取締役会のメンバーを決める際には分家を重視するのか、候補者の適格性を重視するのか、などを決める必要があります。その後、年次総会（AGM）（第4章参照）、取締役会（第5章参照）、執行委員会、事業の承継（第6章参照）などについて決定しておく必要があります。さらに、ファミリーは、ファミリーメンバーが会社で働くことができるかどうか、働ける場合にはどのレベルで働くかを決める必要があります。また、報酬、責任、配当、そして、オーナーが自分の株式を売却したり、オーナー一族から離脱したりできる時期と条件に関する手続きも明示しておく必要があります。

　ビジネスガバナンスと同様に、ファミリー憲章はファミリーのガバナンスを扱うものです。ここでは、ファミリー評議会（第8章参照）のようにファミリーの結束と

平和の確保に責任を持つ機関を設置することが重要であり、多くのファミリーでは、最高ファミリー責任者が任命されます。その他にも、ファミリー慈善財団（第9章）やファミリーオフィス（第10章）などの取り組みも一般的です。さらに、オーナー一族は、ファミリーで過ごす週末（ファミリーウィークエンド）、ファミリー会議や集会、ファミリー教育（特に若い世代のため）、およびファミリーバンクやファミリー本拠地などの設定についても検討する必要があります。ファミリーのイントラネットは、コミュニケーションを円滑にするために非常に有用です。そして最後には、ファミリー内に紛争が起きたときに使用するその管理手順を確立しておく必要があります。

　健全なファミリービジネスのガバナンスを通じて、多くの役割が確立されます。ファミリーメンバーやオーナーは、経営者、取締役会メンバー、ファミリー評議会メンバー、最高ファミリー責任者、ファミリーオフィス責任者、ファミリー慈善財団の管理者となり、ファミリー事業体に関与することができます。ファミリーウィークエンド、教育プログラム、イントラネットの運営などには、ファミリーについて関心を持っているファミリーメンバーの積極的なサポートが必要不可欠です。このような取り組みをファミリー憲章の作成を通じて推進させることで、ファミリーメンバーが関与する方法が広がり、彼らのファミリー組織へのコミットメントと帰属意識を高めることができます。

作成過程

　ファミリーとビジネスの複雑さやオーナー間の対立の度合いにもよりますが、オーナー一族は3 ～ 8日間のワークショップを通じてファミリー憲章を作成していきます。ファミリー憲章の作成にあたっては、外部のファミリービジネス・コンサルタントのサポートを受けることが望ましく、INTESの調査では、68％のケースでコンサルタントによってサポートされていたことがわかりました。[10] その後、ワークショップの結果に基づいて、ファミリー自身がファミリー憲章を作成することができるようになります。次のステップは、ファミリー憲章の中から定款に関連する部分をビックアップし、それを定款に記載することです。このプロセスには6カ月から18カ月がかかると言われます。

第 12 章　オーナー一族のためのファミリー憲章：手続きと文書化　239

一度作ったファミリー憲章は永続するものではありません。経験上、ファミリー憲章は7年ごとに改正されるのが望ましいとされています。必要に応じて、毎年ファミリー憲章を更新するファミリーもあります。少なくとも、ビジネスやファミリーに変化があった場合には、ファミリー憲章を見直す必要があります。[11] 例えば、兄弟のパートナーシップから従兄弟のコンソーシアムへの変化があった場合にはファミリーガバナンスの問題はより一層重要になり、改定が必要となり得ます。また、事業体がファミリー主導による経営からファミリーが監視する形態へと変化すると、取締役会における非業務執行メンバーの役割は大きく変化します。同様に、国際展開、買収、合併、新規株式公開（IPO）などの場合にも、ファミリー憲章の変更が必要となることがあります。

注

　1. The author would like to thank Arno Lehmann-Tolkmitt, Peter May, Catharina Prym, and Karsten Schween from INTES for jointly developing the knowledge of family constitutions..

　2. 本章は、以下の記事とそこに記載されたタイトルに一部基づく。May, P. (2008), "Leading the family business - Why creating an owner strategy must come first for family businesses," in Buchel, B., Read, S., Moncef, A., & Coughlan, S. (eds.) (2009), *Riding the Wingsof Global Change*, Lausanne: IMG, pp. 83-89; May, P. (2009), "Familienunternehmen erfolgreich führen - Von der Inhaber-Strategie zur Unternehmens-Strategie," *Zeitschrift für Betriebswirtschaft Special Issue* 2, pp. 113-126; Schween, K., Koeberle-Schmid, A., Bartels, P., & Hack, A. (2011), *Die Familienverfassung - Zukunftssicherung für Familienunternehmen: Ergebnisse einer Studie*, Bonn: I NTES Akademie; Koeberle-Schmid, A, Schween, K ., & May, P. (2011), "Governance Kodex für Familienunternehmen in der Praxis - Ergebnisse einer Studie uber Familienverfassungen," *Betriebs-Berater* 41, pp. 2499-2506; May, P., Schween, K., & Koeberle-Schmid, A. (2011), "Inhaber-Strategie: Zukunftssicherung für Familie und Unternehmen," in Langenscheidt, F., & May, P. (eds.), *Aus Bester Familie*, 2nd edn., Cologne: Deutsche Standards EDITIONEN, pp. 16-21; May, P. (2012), *Erfolgsmodell Familienunternehmen*, Hamburg: Murmann; May, P., Schween, K ., & Koeberle-Schmid, A. (2012), "Das Strategie-Konzept für Familienunternehmen - Mit einer Inhaber-Strategie zum langfristigen Erfolg über Generationen," in *Handbuch der Unternehmensberatung*, 18. Erg.-Lfg . X/12, 3190, pp. 1-25; Koeberle-Schmid, A., & Schween, K. (2012), "Familienverfassungen individuell erarbeiten - Hinweise fur Unternehmerfamilien vor dem Hintergrund der Konfliktprävention," *KonfiiktDynamik* 1/4, pp. 320-327; May, P., & Koeberle-Schmid, A. (2013), "Führungsstrukturen in einer Familienverfassung dokumentieren," in Koeberle-Schmid, A., & Grottel, B. (eds.), *Führung von Familienunternehmen*, Berlin: Erich Schmidt.

3. Lambrecht, J., & Lievens, J. (2009), *Responsible Ownership of the Family Business*, BrusselsKortrijk: FBNet Belgium; Aronoff, C., & Ward, J. (2002), *Family Business Ownership - How To be an Effective Shareholder*, Marietta : Family Enterprise Publishers; Heyden, V.d.L., Blondel, C., & Carlock, R. (2005), "Fair process: striving for justice in family businesses," in *Family Business Review* 18, pp. 1-21.

4. Koeberle-Schmid, A., & Schween, K. (2012), "Familienverfassungen individuell erarbeiten - Hinweise für Unternehmerfamilien vor dem Hintergrund der Konfliktprävention," *KonfiiktDynamik* 1/4, pp. 320-327.

5. 出典: Kenyon-Rouvinez, D. (2007), *A Few Things that Truly Matter in Family Constitutions*, Marietta: Family Enterprise Publishers.

6. INTES研究の結果については、以下を参照されたい: Schween, K., Koeberle-Schmid, A., Bartels, P., & Hack, A. (2011), *Die Familienverfassung - Zukunftssicherung für Familienunternehmen: Ergebnisse einer Studie*, Bonn: I NTES Akademie; Koeberle-Schmid, A., Schween, K., & May, P. (2011), "Governance Kodex fur Familienunternehmen in der Praxis - Ergebnisse einer Studie über Familienverfassungen," *Betriebs-Berater* 41, pp. 2499-2506.

7. May, P. (2012), *Erfolgsmodell Familienunternehmen*, Hamburg: Murmann; May, P., Schween, K., & Koeberle-Schmid, A. (2012), "Das Strategie-Konzept für Familienunternehmen - Mit einer Inhaber-Strategie zum langfristigen Erfolg uber Generationen," in *Handbuch der Unternehmensberatung* 18, Erg.-Lfg. X/12, 3190, pp. 1-25.

8. May, P. (2008), "Leading the family business - Why creating an owner strategy must come first for family businesses," in Buchel, B., Read, S., Moncef, A., & Coughlan, S. (eds.), *Riding the Wings of Global Change*, Lausanne: IMG, pp. 83-89; May, P. (2009), "Familienunternehmen erfolgreich führen - Von der Inhaber-Strategie zur Unternehmens-Strategie," *Zeitschrift fur Betriebswirtschaft Special Issue* 2, pp. 113-126; May, P. (2012), *Erfolgsmodell Familienunternehmen*, Hamburg: Murmann; May, P., Schween, K., & Koeberle-Schmid, A. (2011), "Inhaber-Strategie: Zukunftssicherung für Familie und Unternehmen," in Langenscheidt, F., & May, P. (eds.), *Aus Bester Familie*, 2nd edn., Cologne: Deutsche Standards EDITIONEN, pp. 16-21; May, P., Schween, K., & Koeberle-Schmid, A. (2012), "Das Strategie-Konzept für Familienunternehmen - Mit einer Inhaber-Strategie zum langfristigen Erfolg über Generationen," in *Handbuch der Unternehmensberatung* 18, Erg.-Lfg. X/12, 3190, pp. 1-25; Koeberle-Schmid, A., Fahrion, H.J., & Witt, P. (2012), *Family Business Governance - Erfolgreiche Führung von Familienunternehmen*, Berlin: Erich Schmidt; Koeberle-Schmid, A., & G rottel, B. (2013), *Führung von Familienunternehmen*, Berlin: Erich Schmidt.

9. Mayが開発したモデルを適応したもので、以下のように論じている。May, P. (2012), *Erfolgsmodell Familienunternehmen*, Hamburg: Murmann; May, P., Schween, K., & Koeberle-Schmid, A. (2011), "Inhaber-Strategie: Zukunftssicherung für Familie und Unternehmen," in Langenscheidt, F., & May, P. (eds.), *Aus Bester Familie*, 2nd edn., Cologne: Deutsche Standards EDITIONEN, pp. 16-21; May, P., Schween, K., & Koeberle-Schmid, A. (2012), "Das Strategie-Konzept für Familienunternehmen - Mit einer Inhaber-Strategie zum langfristigen Erfolg über Generationen," in *Handbuch*

der Unternehmensberatung 18, Erg.-Lfg. X/12, 3190, pp. 1-25; Carlock, R., & Ward, J. (2001), *Strategic Planning for the Family Business*, Basingstoke: Palgrave; Montemerlo, D., & Ward, J. (2011), *The Family Constitution*, Basingstoke: Palgrave Macmillan.

10. Schween, K., Koeberle-Sch mid, A., Bartels, P., & Hack, A. (2011), *Die Familienverfassung - Zukunftssicherung für Familienunternehmen: Ergebnisse einer Studie*, Bonn: I NTES Akademie.

11. May, P., & Koeberle-Schmid, A. (2011), "Die drei Dimensionen eines Familienunternehmens: Teil I," *Betriebswirtschaftliche Forschung und Praxis* 6, pp. 656-672; May, P., & Koeberle-Schmid, A. (2012), "Die drei Dimensionen eines Familienunternehmens: Teil II," *Betriebswirtschaftliche Forschung und Praxis* I, pp. 52-72; May, P. (2012), Erfolgsmodell Familienunternehmen, Hamburg: Murmann.

ベストプラクティス
推奨事項

1	ファミリー憲章を作成する際には、すべてのファミリーオーナー（大規模なファミリーの場合はその代表者）が参加する必要があります。
2	ファミリー憲章を作成する際には、ファミリービジネスのガバナンスの主要な原則（「責任あるオーナーシップ」と「公正なプロセス」）を考慮する必要があります。
3	ファミリー憲章は、ファミリービジネス専門家の助けを借り、ワークショップを通じて作成される必要があります。
4	ファミリー憲章を作成する前に、ファミリー間の対立に関するすべての問題をオープンに議論することが望ましいでしょう。
5	オーナー一族は、ファミリー憲章を利用して、ファミリー間の対立が生じないようにします。つまり、ファミリー憲章は、ファミリー間の対立のない状態で改訂することが重要です。
6	オーナー一族は、明確なビジョンと使命を確立し、健全なビジネス戦略を策定する必要があります。
7	オーナー一族は、ファミリービジネスのガバナンスにおける組織構造に関連する方針に応える必要があります。
8	ファミリー憲章は、ワークショップの結果に基づいて、オーナー自身によって作成される必要があります。
9	必要に応じて、定款やその他の契約書にファミリー憲章の内容を盛り込むべきです。ファミリー間の対立が起こりやすい事項ほど、法的な拘束力を持たせておく必要があります。
10	ビジネスやファミリーに変化があった場合や、少なくとも 7 年ごとに、ファミリー憲章を改訂する必要があります。

ファミリー憲章の例

　このファミリー憲章は、シュミット＋クレメンス家（以下、「S＋Cファミリー」と記載されています。）によって作成され、ファミリー全員が署名したものです。ファミリー企業における優れたガバナンスの一例を示すファミリー憲章として、ここに転載する許可を与えてくれたファミリーに感謝します。

1. 前文

　私たちは、S+Cファミリーとして、従業員、お客様、現場、製品を大切にしています。そして、130年にわたる歴史を守り続けたいと願っています。私たちは常に革新を歓迎し、伝統を受け継いでいきます。常にシュミット＋クレメンスであることを認識し、お互いに忠実であること、そしてお互いに公平に接することを約束します。共に歩む未来を楽しみにしています！ファミリー憲章は法的契約の基礎を形成します。

1.1 メンバーシップ

　オーナーになり得る人は以下の通りです。
- 配偶者および世襲による子孫
- 7歳までに養子縁組された子孫

　S+Cファミリーのメンバーは以下の通りです。
- オーナーたち
- オーナーの配偶者（離婚の可能性が出た場合にはそのときまで）
- 登録されたパートナー
- まだオーナーではないが、後にオーナーの資格を得ることになる子供たち
- 以前はオーナーであったが自発的にオーナーシップを手放した場合の親

1.2 価値観と目的

　S+Cのファミリーオーナーシップの価値観と目的

　原則
- 私たちはS+Cのオーナーであり、会社がファミリー企業であり続けることを願う。

　私たちは会社に、以下のような"プロフェッショナル・オーナーシップ"をもたらす。
- 結束、忠誠心、積極的な参加、精神的な帰属意識、先人の功績の認識と尊重。

　私たちは会社に以下のことを期待する。

- 価値の長期的な増大と維持、適切な配当、情報共有と透明性、尊重。

S+C ファミリーの価値観と目的

原則

- S+C ファミリーは、親族関係者により形成されるコンソーシアムである。

私たちは以下のような価値観と目的を有する。

- オープンで誠実であること、前向きに議論する文化、尊重（外国文化の尊重を含む）、活力、理解（「相手をよりよく理解する」）、寛容さ。

S+C のファミリー企業としての価値観と目的

原則

- S+C は、ファミリー企業を中心としたファミリーである。

以下の価値観と目的が相互に関連している。

- 強固な独立性、持続的な価値の向上、従業員の満足、顧客の幸せ、サプライヤーとのパートナー関係、S+C ファミリーへの感謝。

S+C ファミリー内での多言語利用？

原則

- ドイツ語が私たちの主な言語であり、英語が第二言語である。

実行

- オーナーのための会社関係書類はすべて 2 カ国語で作成される。
- 子供たちをバイリンガル（ドイツ語または英語を第二言語として）で育てたいと考える。

2. ビジネスガバナンス

2.1 経営（承継）

会社経営に関与するメンバーに求められる要件は以下の通りです。

- 専門的な資格、個人的な能力、S+C ファミリーの価値観や目的への同意。

上記に関する決定

- 諮問委員会によってなされる。

ファミリーメンバーである場合の特別な取扱い

- 特別な取扱いは、それが適切であるとみなされる場合にのみ許可されること。
- 特に " ファミリーメンバーとしての協調性と適合性を兼ね備えることは、ドイツ、ヨーロッパ、および国際市場で成功する企業として位置づけられるうえで最良の基盤となる " という前提の上で承認されること。
- ファミリーメンバーが会社経営に従事することに関する決定は、諮問委員会の非ファミリーメンバーのみが行うこと。

2.2 諮問委員会

原則

- 諮問委員会は、経営を監視する役割を担う。

体制と資格

- 諮問委員会は5人のメンバーで構成される。
- ファミリーメンバーが諮問委員会と経営陣の両方を兼ねている場合は、ファミリー以外の者が議長を務め、そして委員会の過半数を占める必要がある。
- 最高年齢：70歳。
- 任期：3年、再任可。
- 特別決議方式（75%）。
- 報酬は固定とする。
- 個人的および専門的なスキル。

注：ファミリーメンバーが、ファミリー以外のメンバーと同様の専門的スキルを有していなければならない、ということはない。

職務

- 経営陣の任命と解雇、雇用契約（報酬を含む）の作成。
- ファミリー憲章に基づいて経営陣に助言し、統制する。
- 承認する取引に対して責任を負う。
- 年次財務諸表の承認。
- 監査人の選定。

2.3 経営よりも低いレイヤーの業務に携わること、オーナーや会社と関係する事業に従事すること

- 認められない。
- 例外：将来の代表取締役候補者を従事させる際には、「社外でのキャリア、固定化されたキャリアパス、アップオアアウト（一定期間内に昇進できない場合には辞めてもらう方針）のルール」が適用される。

2.4 S+Cファミリーの権利と義務

オーナー会議における権利

・オーナー会議の決議は原則として単純な多数決により行われる。ただし以下の項目は特別決議事項とする。

- 会社組織や法人格の変更、定款の変更、増資または減資、新しいオーナーの加入の承認、株式譲渡の承認、諮問委員会メンバーの選任および退任、諮問委員会メンバーの解雇、定款の規定から外れた利益配分に関する決定、その他の定款の変更を伴うすべての場合。

個人のオーナーには以下の権利がある。

・参加の権利
  - オーナー会議へ参加する権利、会社組織内のポジションへ立候補する権利、議決権、情報を得る権利、代表権。
・オーナーシップに関する権利
  - 利益分配の規制（2.6項と定款による規制を参照）、利益分配と配当、株式売却権利、契約合意解除によるオーナーシップの終了。

オーナーは、以下の事項を履行する義務を負う。

・期待されること
  - 精神的な帰属意識、積極的な参加、忠誠心（「会社が第一」、企業は生計を保証するものではない）、相続税（およびその他の税金）の準備。
・法令遵守
  - 定款に従って婚姻や相続に関する取り決めを行い、これらをファミリーオフィスに明示すること、社内の諸問題を極秘に取扱い、第三者に漏らさないこと。

2.5 報酬

社内で活動するオーナーおよびファミリーメンバーに関する報酬の原則

- 会社で積極的な役割を果たしているファミリーメンバーに支払われる報酬の水準は、市場標準に沿ったものでなければならない。
- 報酬は諮問委員会（正確には、非ファミリーメンバーによって構成される報酬委員会）によって決定される。
- 給与の構成要素とその計算方法は、年次で開催されるオーナー会議ですべてのファミリーメンバーに公表されなければならない。

2.6 利益配分と払い出し

利益配分

- 利益配分に関する決定は、オーナー会議の責任により行われる。
- 税引後の連結業績を基準として算定される。
- オーナーは想定される税負担分を最初に受け取る。
- 残余利益は以下のように配分される。

	ファミリー＝分配	会社＝再投資
規則（自己資本比率30－50%）	1/3	2/3
自己資本比率＜30%	1/4	3/4
自己資本比率＞50%	1/2	1/2

2.7 会社経営に参画する権利の譲渡可能性

- 原則として、オーナー会議での承認を得た場合にのみ、会社経営に参画する権利を譲渡することができる。
- これには特別決議による承認が必要となる。
- オーナーとなることができる者については、他のオーナーの承認なしに会社経営に参画する権利を譲渡できる場合がある（「1.1 メンバーシップ」のセクションを参照）。

2.8 オーナーとしての地位の消滅

- 正当な理由によるはく奪（例：法律上の会社の義務に明らかに違反している場合）。
- 自主的な放棄は可能（3 カ月以内に他のオーナーへの引継ぎも可）、5 年ごと（2015 年以降）、事前通知期間：24 カ月。
- 退職金の計算は適正価格とする。
- 退職金の減額割合：自主的辞任の場合：1/3、非自主的辞任の場合：1/2。
- 退職金は 5 回の均等分割払い（資金が確保できている場合には繰り上げ払いが可能、資金が乏しい場合は支払の遅延が可能）。

3. ファミリーガバナンス
3.1 相互作用

価値観	達成ガイドライン
オープンで誠実であること	課題や問題点を話し合う、賞賛する、批判する、新たな問題を迅速かつ明確に提起する
前向きな議論をする文化と尊重	個人的な批判を控える 他人の悪口を言うのを控える 他人について否定的な発言を控える
活力	「我々は笑い合う」 積極的なコミュニケーション
理解	他者の立場に身を置く アクティブリスニング（他者の話を聞く、聞き出す、興味を示す、質問をする）

3.2 対立への対処

	プロセス	内　容 （すべきこととすべきでないこと）
スタート	他のファミリーパートナーやファミリーマネージャーに問題を提起する 速やかに対処しないと手遅れになる	直接連絡できること 対立相手の背後に隠れてはならない
期間中	対立相手と共に座る 対立している問題を明確にする 内部仲職人（ファミリーマネージャーなど）を任命する 外部仲職人（調停人など）を任命する	対立がファミリー内にとどまるようにする 未解決の対立を残さない 関係のない者は対立に巻き込まない 仲介人や調停人を頼んでも弁護士は呼ばない
その後	対立が解決した場合には、関係者全員が同意する 対立が解決されたことを他の人に伝える	昔の話を蒸し返さない 恨んではいけない

3.3 ファミリー活動

ファミリーの結束力とコミットメントを促進するために行う共同活動。

何をするのか？

- オーナー会議と支援プログラム（例、部署訪問や社会活動など）を毎年開催する。
- S+C の拠点がある国やオーナーが住んでいる国（南アフリカ、イスラエル、米国）へのファミリー向けの旅行やイベントを開催する － 2 年に 1 度。

どのようにして？

- S+C ファミリー内の異なるファミリーメンバーが交替で行う。ファミリーイベントは任意参加とする、ファミリーオフィスを通じて調整をする、費用は S+C が負担する。

3.4 ファミリー教育

S+C ファミリーのオーナーとメンバーは、年齢に関係なく、ファミリー教育に参加することが期待される。

何をするのか？

- インターンシップ形式などでの実務経験。

- 会社やファミリーの歴史、文化、構造を学ぶ。
- 企業研修ツールや「オーナーとしての運転免許」(確立されたコンテンツによるモジュール) を用いる。

どのようにして？
- 可能な限り S+C の所在地で行い、それが不可能な場合に外部施設を利用(個人の居住地を含む) する。

3.5 ファミリーオフィス

何をするのか？
- 会社の株式に関連する法律・会計上の問題についての総合的なサポート(ドイツ在住のオーナーのための標準的なアドバイス)。
- 資産運用管理。
- 会社が享受している取引条件の利用(保険契約を含む)。

どのようにして？
- 中長期的には会社の通常業務と別の専任者を置き運営する。運営のための費用は会社が負担する。

3.6 ファミリーマネージャー [最高ファミリー責任者]

- ファミリーマネージャーは、ファミリーに関連するすべての活動(ファミリー活動、ファミリー教育、ファミリーオフィス)を調整し、その過程の中で必要に応じてパートナーでもある経営陣メンバーに相談することができる。
- 彼らはすべてのオーナーたちによって指名されるべきである。

第13章

ファミリービジネスガバナンスの
将来

「中国語では、「危機」と「機会」の両方を意味する言葉があります…危機は常に新たなチャンスをもたらすものであるということです。私たちのようなファミリービジネスにとって、現代は困難な時代であると同時に、新たなエネルギーと成功がもたらされる時代でもあると、私は信じています。」

ベルギーのベカルト社、ベカルトAKファミリー評議会の理事、
ソフィー・ラメラント氏へのインタビュー

ソフィー・ラメラント氏（旧姓ヴェルジ）は、ベカルト家のファミリービジネスにおける第5世代育成のためのオーダーメイドの研修プログラムである「ベカルトアカデミー」の実施について論じています。彼女は、プログラムの内容の一部を明らかにし、それがどのように実現したか、そして未来のオーナーを育てることが、なぜそれほどに重要であるかを明らかにしています。

第4世代のメンバーであるソフィー・ラメラント氏は、ベカルトAKファミリー評議会の理事、NxGenプログラムを担当するFBNetベルギーの理事、ファミリービジネスネットワークインターナショナルの理事を務めています。

ベカルト社は、鋼線加工とコーティングの世界市場における技術リーダーです。1880年にベルギー（ヨーロッパ）で設立され、現在もベルギーに本社を置いて

おり、世界120カ国以上のあらゆる市場と分野に顧客を有しています。およそ2万7,000人の従業員を擁し、2012年の総売上高は44億ユーロに達しました。ベカルトはユーロネクスト・ブリュッセル（BEKB）に上場しています。

デニス・ケニョン＝ルヴィネ——ソフィーさん、数年前、あなたのファミリーは次世代メンバーとファミリービジネスの将来のオーナーのために、特別な社内プログラム「ベカルトアカデミー」を立ち上げました。このプログラムについて教えてください。

ソフィー・ラメラント氏——私たちがベカルトアカデミーと呼んでいるのは、18歳以上の第5世代（G5）のすべての若者を対象としたオーナーシップ教育プログラムです。それは、将来の経営者のためのリーダーシッププログラムでもなければ、取締役会メンバーになるための研修プログラムでもありません。

　第一の目的は第5世代の「ファミリービジネスに関する一般的な知識」を高めることですが、それだけではなく、誇りと絆、つまり、"精神的なオーナーシップ"の感覚を強化することにも努めています。私たちの目的は、「権利」だけを持つオーナーではなく、「責任」をも持つオーナーになる方法を教えることです。つまり、責任感を持ち、常に情報を入手し、ビジネスを理解しようと試み、そのパフォーマンスを分析する方法を学ぶオーナーであり、ファミリーの価値観に共感し、優れた管理者になろうとするオーナーを指します。ビジネスの将来と、より広い意味でのファミリーの財産、すなわち、ファミリーの資産だけでなく、ファミリーの結束、価値観、文化をも守ることを目指すオーナーです。

　ビジネスが繁栄していないと困りますが、ファミリーが強く団結していなければ、それもまた危険なことです。特に激動の時代には、安定したファミリーの存在がビジネスにおいても大変心強いものです。

このようなプログラムを立ち上げようと思ったきっかけや経緯、立ち上げにかかった時間などを教えてください。

　第5世代が幼く、まだビジネスと十分な関わりがない時に最初のトライアルを行ったのですが、それはうまくいきませんでした。その間、私たちは時には会社訪問やファミリーウィークエンドなどのイベントを交えつつ、定期的な情報提供ミーティングを開催しました。また、ベカルト社の歴史やファミリーの体験談をたくさ

ん収録したDVD、インタラクティブなウェブサイトなども作成しました。それまでも積極的なコミュニケーションプログラムはありましたが、次世代のための特別なプログラムはありませんでした。

　それから10年後の2006年、ファミリーでの夕食会で、私は数人のいとこたちと話していました。そのうちの1人は私たちのファミリー評議会の議長であり、私たちは一緒にアカデミーに関するアイデアを再考しました。私たちは、第4世代の3人と第5世代の3人のメンバーで構成される委員会を作りました。プログラムの目的、核となるコンテンツ、スケジュールなどについて話し合い、新しい企画案をテストしたところ、第5世代がプログラム全体に興味を示してくれていることがわかりました。

プログラムについてもう少し詳しく教えてください。

　私たちは、年に2 〜 3回、夕方に集まり、正式なプレゼンテーションの後、ビュッフェを伴う非公式の対話型セッションを行います。これまでに、ベカルトアカデミーでは、会長、CEO、ファミリーの理事、そして現在では第5世代のメンバーが、例えば以下のように、さまざまなトピックを取り上げてきました。

- ベカルト社の製品、市場、顧客、サプライヤー、競争相手など。
- 戦略とSWOT（強み、弱み、機会、脅威）分析。
- コーポレートガバナンスおよびファミリーガバナンス：総会、取締役会、執行委員会、ファミリー評議会の間における相互作用。
- 財務：貸借対照表、損益計算書、主要財務比率に関する2回のセッション。第5世代はまた、その理論をベカルト社に適用するために、小グループでこれらの数値を分析しました。これは特に成功したセッションでした。
- 資産運用：次世代メンバーが、資産管理やプライベートエクイティに関する自身の経験について話し合いました。

　そして、自らベンチャーを立ち上げることに興味がある人もいるので起業家精神や、企業の社会的責任（CSR）、ベカルト社の信念や価値観など、まだまだ紹介したいトピックはたくさんあります。

この段階では、自己啓発を議論することも選択肢の1つかもしれませんが（あるいはメンタープログラムも）、今は第5世代が徐々に主導権を握るようになっています。

第5世代には何人のメンバーがいるのでしょうか？また、そのうち何人のメンバーがすでに研修を受けていますか？

第5世代は180人で、そのうち18歳以上のメンバーは135人です。全員が研修を受けたわけではありません。セッションごとに15 ～ 40人の参加者数がいましたが、必ずしもいつも同じ人が参加しているわけではありません。若過ぎることによる難解さから参加できない人もいれば、予定があって参加できなかった人もいるので、プログラムの一部は繰り返して実施される必要があるでしょう。

次世代メンバーがファミリービジネスにガバナンスレベルで関与するための要件は何ですか？

これまでファミリービジネスのガバナンスに、第5世代のメンバーはいませんでしたが、今後は変わるでしょう。実際のところ、ガバナンスに関与しているファミリーメンバーはごくわずかです。今のところ、一定の株式シェアを持つ各ファミリー群には、ファミリー評議会（ベカルト・アドミニストレーション・オフィス）の理事のうち2人、そして、事業に従事する1人の取締役を指名する権利があるというルールになっています。

ファミリー評議会レベルでは、聞き上手でコミュニケーション能力が高く、ファミリーを団結させることができる理事が必要です。理事はリーダーシップスキルを有しているかについて留意しながら、それぞれの分家ごとに代表者が選出されます。

取締役会においては、少なくとも35歳以上のファミリー取締役と独立取締役の両方が必要です。そのため、まだ第5世代メンバーは入っていません。人選にあたっては、能力、経験、責任、そして、特定の状況で不足しがちな専門的知識などを重視しています。

ベルギーでは、2016年末までに上場企業の取締役会に女性を30％置くことを求める新たな法が制定され、ベカルトもさらなる取り組みが必要となっています。これは、私たちのガバナンスシステム、ファミリー分家の代表、そして次世代の

将来の役割について深く考える必要があることも意味しています。もしかしたら、私たちの次世代教育プログラムに、将来の取締役に対するコーチングや指導を含める必要があるかもしれません。新しい取締役たちには、学習曲線を上昇させることが期待されるでしょう。

これまでプログラムの実施により、どのような効果があり、その結果に満足していますか？

モチベーションが向上し、知識が深まり、そして敬意や信頼感が増すなど、このプログラムの2回目の試みは間違いなく成功しています。

このベカルトアカデミーのおかげで、第5世代のメンバーは、より頻繁に顔を合わせることができるようになりました。自分たちでイベントを企画するだけでなく、50人もの大勢のメンバーが、ベカルト社の中国事業所を訪問するというファミリー旅行にも参加しました。また第5世代は、ベルギーや海外の他のファミリーと、経験やベストプラクティスを交換できるファミリービジネス・ネットワーク（FBN）のイベントにも頻繁に参加しています。

さらに重要なのは、彼らがとても積極的になったことです。彼らは、ファミリーの結束を維持し、それに加えてファミリーの統制をも維持しようする意思を、具体的に評価するための調査を開始しました。さらに、現在のガバナンス構造に関する満足度についても検証を行いました。現在、彼らはベカルトアカデミーのプログラムを担当し、ガバナンス、コミュニケーション、教育、ファミリーというテーマで知識を深めるために、4つのタスクフォースを立ち上げています。次なる課題に取り組むために、2世代で構成されるいくつかの委員会も、まもなく統合されるかもしれません。彼らに新しい役割を与え、徐々に権限を与えていく時が来ているのです。私たちは、新しいファミリーのリーダーを育成し、ファミリーの資産を発展させ続けるために、そしてビジネスを新たな方向へと導くために、ガバナンスについて再考しています。

何か追加でお話されたいことはありますか？

中国語では、「危機」と「機会」の両方を意味する言葉があります。陰と陽の考え方は、世界は対立するものではなく調和するものであり、危機は常に新

第13章　ファミリービジネスガバナンスの将来　255

たなチャンスをもたらすものであるということです。私たちのようなファミリービジネスにとって、現代は困難な時代であると同時に、新たなエネルギーと成功がもたらされる時代でもあると、私は信じています。

｜ファミリービジネスの今後の課題｜

17世紀にオスマン帝国で銅鑼の製造を始めたファミリー事業体であるジルジャン社は、今や世界の一流ロックドラマーに愛されるシンバルメーカーとなりました。これは、私たちが本書で探求し、サポートしようとしてきたテーマに関しての典型的な例です。伝統と革新の融合は矛盾するように考えられることが多いものですが、両立しえないものではありません。成功したファミリー事業体のリーダーたちは、新しい市場に参入し、新しい技術を採用しながらも、短命で終わるような一時のビジネスの流行には影響されないため、このことをしっかりと理解しています。

これを維持するためには、第1章で定義し、それ以降の章で議論したように、適切な規律と強い精神的な関与、報告体系とファミリー憲法を含む、ファミリー事業体において強固なガバナンスを持つことが非常に有効です。私たちは、本書が、ファミリー所有事業体のためのガバナンスに関する知識を広げ、それを深めることで、ファミリー企業が経済的においても精神面においても成功し、柔軟であり続け、顧客、従業員、より広い社会、そしてもちろん、企業を設立し、所有または一部を所有し続けるファミリーの利益に貢献することを願っています。私たちの提言は、多くの研究と著者たちの経験に基づくもので、それらはファミリー企業が生き残り、繁栄するために最も役立つと考えられる規律、統制、戦略を示しています。ファミリービジネスにおけるガバナンスの構造は、第1章で詳しく説明した通り、図表13.1に簡潔にまとめています。

この最終章では、急速な経済発展や、人口動態や文化が激変している時代に、ファミリー企業が直面する新たな課題について取り上げたいと思います。最初に、私たちが長年にわたって一緒に仕事をしてきた、責任感が強く進取の気性に富んだファミリー、そして、もちろん他の多くのファミリーにも敬意を表したいと思います。そして私たちは、世界経済の安定に役立ってきた、彼らの幅広い貢献を改めて認識すべきでしょう。この激動の時代において、近年に存続の危機に見

256 第4部 ガバナンス構造の文書化：ファミリー憲章

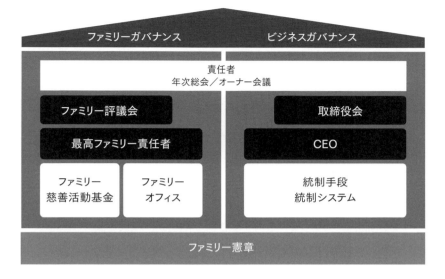

図表13.1 ファミリービジネスのガバナンス

舞われた事業体のうち、ファミリー所有のものがいかに少ないかは、驚くべきことであり、注目すべきことでもあります。

欧米では特に、「縁故主義」という言葉はいまだに軽蔑的に使われていますが、次の四半期の決算数値という短期的な結果だけでなく、次世代に対しての取り組みは、多くの企業に見過ごされてきた長期的な視点に焦点を当てることの大切さを示しています。多くのファミリー企業は、何十年、何百年もの間、革新的で柔軟性がある企業として成功を収めてきました。

2012年にボストン・コンサルティング・グループがエコールポリテクニークの経営経済研究センターと共同で行った大規模な調査では、長い時間軸で見た場合、ファミリー所有の事業体はそうでないものよりもはるかに柔軟性があり、成功していることが明らかになりました。研究者たちは、ファミリー企業の7つの主要な傾向を特定しました。[1]

- 良い時も悪い時も質素である。
- 設備投資のハードルを高く設定している。

第13章 ファミリービジネスガバナンスの将来 257

- 負債をほとんど持たない。
- 買収する企業の数が少ない（そして小さい）。
- より多角的している。
- より国際的である。
- 競合他社よりも優秀な人材を確保している。

　この調査では、売上高が10億ドルを超える企業の約30％がファミリー事業体であることもわかりました。このことは、単に新聞のビジネス面を読むだけではわかりません。なぜなら多くのファミリー事業体は、秘密主義だからではなく、成功しているからこそ、目立たないようにしているのです。しかも、その成功は、静かでプロフェッショナルな方法、すなわち、本物のサービスと誠実さに基づき、その評判によって市場シェアを拡大し、人々の口コミにより支持されているのです。このようなビジネスの成功は、バブルや一時的な流行により獲得された利益に基づくものよりもはるかに持続可能性が高いと言えます。本書において、多くのファミリーがファミリービジネスのガバナンスのさまざまな側面について話してくれましたが、彼らの素晴らしい説明によってそれも理解できるところです。最も優れたファミリー事業体は、ビジネスの流行や特定の経済理論に影響されることなく、そして、国家よりも長生きしていることすらあるのです。本書には、ファミリービジネス以外の事業体が学べることも多くあるのではないでしょうか。

｜進化するガバナンス｜

　ファミリー企業におけるガバナンスは処方箋のようなものではなく、進化し続けるものであり、そして一貫した規律を必要とします。また、ビジネスやファミリーの変化や成長だけでなく、世界が経済的、商業的、人口統計的に変化するのに合わせて、戦略や構造を適応させなければなりません。
　ファミリー企業は、自分たちがどのようなタイプの企業であるか、これからの段階でどのような課題に直面し、どのような仕組みと意思決定が必要なのか、を常に把握しておく必要があります。ガバナンスの構築は、常に進行中の作業であって、決して完成することがないプロジェクトなのです。

ファミリー企業には、今後数年間で必ず直面しなければならない課題があります。それらの課題のうち、特に重要なものとしては以下のようなものがあります。

1. 文化の変化とグローバリゼーション
2. 人口構造の変化
3. オーナーや役員としての女性の役割が増大していること
4. 少数株主の権利の増加
5. 透明性、コミュニケーション、専門的経営者等を擁する取締役会

文化の変化とグローバリゼーション

ファミリービジネスの世界で、私たちがアドバイザーとして感じ始めている文化的な傾向としては、今現在において承継を始めている世代が、これまでの世代と比べて従順ではなく、より短期志向で、より個人主義的であることがあげられます。社会や企業文化が家父長制ではなくなってきており、ファミリーもそのような新しいパラダイムに向けて進化していかなければならなくなったのです。皮肉なことに、このような事態を招いたのは、お金で買える最高の教育に資金を提供するファミリーの気前の良さであることがあります。すなわち、外国で教育を受け、2カ国語、3カ国語を流暢に操る子供たちは、父親や母親の跡を継ぐために母国に帰ることを望まないことがあります。若い世代は、一族に関してはより個人主義的な傾向が強いように考えがちですが、海外留学中で培われたつながりや、フェイスブックやツイッター（現X）などのインターネットを利用したソーシャルメディアに通じていることで、協調性や国際志向が強くなっているようです。

ここに、ファミリー企業にとっての課題が明らかになっています。それは優秀な次世代のメンバーを惹きつけ、モチベーションを維持し、定着させるためにはどうすれば良いのかということです。この課題は、ビジネスの存続と成長に決定的な影響を与えます。第6章で紹介した350年の歴史を持つヴァン・イーゲン・グループは、いくつかの示唆を与えてくれています。

人口構成や文化の変化に伴い、一族における家長の直接的な影響力が低下しているように思われる現代においては、意思を押し付けることよりも、教育を通

じて行った方が影響力を行使しやすいと考えられます。多くの場合、若い世代の高い教育水準がこれを後押ししています。ヘレウス社の例（第1章）は、ファミリー憲章を制定し、積極的なオーナーシップを奨励し、若い株主による集会、ファミリー・ウィークエンド、教育の日など、広くファミリーを巻き込んで教育する方法を数多く取り入れている良い例であるといえます。

さらに、ファミリー企業の成功によって生み出された富は、相続人間の権利意識を非常に強くする可能性があります。これが人間の本性です。このような現象の影響を軽減するためにも、価値観の教育は重要な役割を担っています。

起業家精神とグローバル資本が発達している現代において、オーナーシップの維持も1つの課題となるかもしれません。ファミリー事業体の株式を相続した人が、大学仲間が設立したベンチャー企業に投資するために、それらの株式を売却したいと思うこともあり得るでしょう。

このようなオーナーの定着に関する課題は、ファミリー企業にとって、商業的・財務的な責任だけでなく、ファミリーによる情緒的な関与が重要であることを明らかにしています。私たちが説明してきた戦略とプロセスは、長年の研究と経験に基づいたものであり、ファミリー企業が、結束し経済的成功を収める手助けとなるために実証済みの方法です。

人口構造の変化

世界の多くの地域で、人口と寿命が著しく伸びており、150歳まで生きる人がすでに誕生しているのではないか、とも推定されています。一部の国で、多くの保険数理人や医療専門家が予想していたように、長寿化の傾向は70年代や80年代に次第に衰えることなく、上昇し続けています。すべての企業や政府にとって、これは計り知れない機会と課題を生み出していますが、これはファミリー企業としても当然ながら独自の課題があります。現役世代である第3世代、第4世代の多くが事業に携わりたいと考えている場合、承継という課題はどうなってゆくのでしょうか。ディスカウント・タイヤ社の創業者ブルース・ハレ氏へのインタビュー（第2章参照）で見たように、彼の会社への熱意や関与は、年齢とともに衰えることはなく、そのエネルギーや能力も衰えることはありませんでした。彼は退職し

て休みたいといった感情的な欲求ではなく、合理的な判断をした上で、引退と承継のための準備の必要性を受け入れたのでした。

非常に元気で75歳になってもテニスをしている創業者兼CEOが、毎朝8時にデスクへ向かい、後進に道を譲る気がない場合、そのファミリー企業は、有能かつ野心的で経営経験を積み始めた30代や40代をそこにとどめておくことができるでしょうか。このような状況はますます一般化する可能性があります。高齢の創業者は、引退するのではなく、娘や息子に会社を譲り、再度新しいビジネスを立ち上げることを選ぶかもしれません。選択肢は広がりますが、中には実現が難しいものもあることでしょう。

家父長制の縮小に続くもう1つの傾向としては、義理の両親の役割の増大です。伝統的に、オーナー一族に嫁いだ者は、事業からも、ファミリー評議会などの正式なファミリーの意思決定機関からも、距離を置いていました。しかし、この考え方は変わりつつあります。今日では、義理の両親が年次総会にゲストとして招待されることも多くなり、オーナーであった父や母の死後、18歳未満の子供の代理人を務めることができるようになっている事例もあります。多くのファミリーでは、義理の親族に最高ファミリー責任者やファミリー評議会のメンバーなどの正式な役割を与えることが、新しいスキルや異なる視点の貴重な注入につながると考えています。

オーナーや役員としての女性の役割が増大していること

ヨーロッパでは、ビジネスの上位レベルに女性の代表を登用するという問題は、長年にわたって積み重ねられてきた政治的な課題でありました。その結果、2016年までに上場企業の取締役の少なくとも30％を女性にすることを義務付ける法律が制定され、施行までの期間が短いことから、ファミリー企業は準備を確実に行う必要があるでしょう。これは、取締役レベルで業務を行う意欲と能力がある女性の登用と育成が重要であることを意味します。そして、実際には、この法律の施行により男性取締役の退職や辞任につながる可能性もあり、そのためのプログラムや支援が必要になるかもしれません。多くの意味で、これは大きな変化となるでしょう。

第13章　ファミリービジネスガバナンスの将来　261

米国では、メタ社の最高執行責任者であるシェリル・サンドバーグ氏が著書 *Lean In：Women, Work and the Will to Lead* で、野心的な女性たちに対して、自分のキャリアをコントロールし、自己主張を強め、昇進や権限行使に慣れていくように促しています。繰り返しになりますが、企業の役員会においては女性の存在感がどんどん高まってきています。

他の地域でも同じような傾向があります。アジアでは、才能ある若い女性のビジネスパーソンが高い割合で活躍しています。彼女たちは強く、意欲的で、影響力があります。インドネシアなどの一部の国では、未だに女性から女性へと財産が引き継がれる古い形態の女性家長制の影響を受けています。女性の役割が生活のほとんどの分野、特に政治的には目立つことがない中東でさえも、ファミリー企業において彼女らは重要な管理職、CEO、取締役会メンバー、オーナーとして活躍しており、その役割は同等のポジションの男性と比べてやや目立たないものの、この地域でも確実に女性の力が成長していることは確かです。

少数株主の権利の増加

関連する問題として、少数株主の権利の問題があります。米国では近年、少数株主の権利が著しく増加しており、ヨーロッパでも同様の傾向が見られます。上場企業の少数株主を組織化し、保護することに積極的なグループが多数出現しており、法廷闘争においては少数株主を保護する立場に有利な判決が下されています。

中東、アジア、そしてラテンアメリカの一部でも、新しい傾向として、少数株主の権利が急速に拡大しています。世界のどこにいても、ファミリーはこれらの傾向を認識しておくべきであり、より多くの少数株主が発言権を持ち、公正で平等な扱いを受ける権利を持つようになるため、その結果として起こりうる緊張や摩擦を予測する必要があります。

透明性、コミュニケーション、専門的経営者等を擁する取締役会

現代のビジネスは、20世紀のような一枚岩の組織構造ではなく、複雑で国際

的なチームによるネットワークのようなものであると考えられます。正式な対面式の会議に加えて、バーチャルによる国際的なチームの会議や、非公式のコミュニケーションが拡大したことは、グローバリゼーションとインターネットベースのテクノロジーがもたらした自然な結果です。このような変化は、コミュニケーションに対して従前とはまったく異なるアプローチを必要としています。すべてのステークホルダーを巻き込むことが最も重要であることに変わりはありませんが、近年はより彼らが地理的に分散している傾向があり、そして、前述のように、より人々が流動的で野心的であることから、これをより大きな課題として捉える必要があります。また、オーナーは透明性の確保と公正なプロセスの遵守について大きな期待を寄せています。例えば、ハニエル家は、ファミリーのイントラネット（第4章で紹介）を構築し、コミュニケーションを維持し、若い世代を巻き込み、ファミリーとビジネスの結束を促進する優れた取り組みを行っています。成功しているファミリーでは、時代を超えてファミリー価値観を高めるために新しいテクノロジーを活用しています。

　前章で強調したように、専門的経営者等を擁する取締役会の設置は、事業運営のためだけではなく、ファミリーの利益を守るためにも不可欠であると認識されつつあります。そして、リスク選好度、投資戦略、長期目標などの重要事項を決めるために、取締役会とファミリー評議会の連携は不可欠となっています。

　そのような取締役会の設置は、起業家精神や創業者の価値観やビジョンについて厳しく取り締まるものではなく、むしろこれらを守るために役立つものであるといえます。専門的経営者等が行うアプローチにおいて、ファミリーによる情緒的な関与やファミリーの価値観の保全というテーマは、堅実な投資や財務に関する責任と同じレベルで重要であると考えます。これらは相反するものではなく、補完的に位置付けられる重要課題なのです。

｜寛大さ：変わることのない資質｜

　最後に、著者として、私たちが長年にわたって一緒に仕事をし、多くの感動を与えてくれたファミリー企業のリーダーたちに敬意を表したいと思います。私たちは、彼らの変わることのない資質の1つが「寛大さ」であると結論づけました。

時間、お金、アイデア、サービス、への寛大さ、そして、慈善財団を持つ多くの
ファミリー会社の場合には、加えて社会への寛大さです。彼らがこのような貢献
について謙虚であることは構いませんが、場合によってはファミリー企業の素晴
らしい功績を、彼ら自身のためだけではなく、より広い社会のために、認知して
もらう行動をとることも必要だと思います。

注

1. Kachaner, N., Stalk, G., & Bloch, A. (2012), "What you can learn from family business," *Harvard Business Review*, November. At http://hbr.org/2012/11/what-you-can-learn-from-family-business/ar/1 , 2013年7月8日にアクセスした。

著者について

●Dr Alexander Koeberle-Schmid

　アレキサンダー・ケーベル=シュミット博士は、経営者の家系に生まれた経済学者である。博士号は、ファミリー企業における取締役会とファミリー評議会に関するものである。

　彼は、有名なコンサルティング会社やファミリービジネス・アドバイザリー事業体で勤務した経験を持つファミリービジネス・アドバイザーでもあり、中規模から大規模の多国籍オーナーファミリーに、ガバナンス構造、経営承継、取締役会、ファミリー協議会、ファミリーオフィス、ファミリー慈善事業、ファミリー憲章などの、オーナーの戦略に関連する課題に対するアドバイスを提供している。また、紛争仲裁人や、中堅ファミリー企業の非常勤役員を務めた経験もあり、講演や講義を頻繁に依頼されている。

●Denise Kenyon-Rouvinez, Ph.D,

　デニス・ケニョン=ルヴィネ博士は、スイスのIMDでファミリービジネスに関するワイルド・グループ教授とグローバル・ファミリービジネスセンターの共同ディレクターを務めている。

　20年近くにわたり、アジア、中東、欧州、北米、南米の超大型ファミリービジネスに幅広く携わり、複雑なガバナンスや資産管理を扱うことに精通している。主な専門分野は、ガバナンス、後継者、リクイディティ・イベント（M&AやIPOなど）、オーナーシップ、財産、慈善事業などである。また、ブリーフ・セラピーとポジティブ・サイコセラピストに基づくソリューション・フォーカス・コーチングの認定コーチであり、個人の潜在能力を引き出し、パフォーマンスを向上させるパーソナル・スタイル・サーベイであるLifo®認定ライセンシーの認定も受けている。

　彼女は、ファミリービジネスに関する多くの書籍や記事の執筆をしており、その研究成果でいくつかの賞を受賞している。主な著書は以下の通り：

　A Woman's Place. The Crucial Roles of Women in Family Businesses(2008, Palgrave Macmillan)、*Why Me? Wealth: Creating, Having and Passing it on* (2007, Family Enterprise Publishers)、*Who,*

Me? Family Business Succession - A practical Guide For The Next Generation (2005, Family Enterprise Publishers)、*Family Business - Key Issues* (2005, Palgrave Macmillan)、and *Sharing Wisdom Building Values - Letters From Family Business Owners To Their Successors* (2002, Palgrave Macmillan).

　また、フランス語圏スイスにおけるファミリービジネス・ネットワーク（FBN）支部の創設者兼前会長であり、ファミリー・ファーム・インスティチュート（FFI）のフェローおよびメンターでもある。

●Ernesto J. Poza

　アーネスト・J・ポザ（イエール大学卒業、マサチューセッツ工科大学スローン経営大学院MBA）は、国際的に有名な一流の講演者であり、ファミリーが所有し、運営する事業体全般に関するコンサルティングを行っている。

　サンダーバード国際経営大学院でグローバル・アントレプレナーシップとファミリー・エンタープライズの特任教授を務めている。講演者、コンサルタント、会社役員として、戦略的思考、後継者育成、チェンジマネジメントを通じて、成熟したビジネスを活性化させるよう経営者に働きかけている。彼の活動は、CNN、NBC、NPRをはじめ、ニューヨーク・タイムズ、ウォール・ストリート・ジャーナル、フォーチュン、ブルームバーグ・ビジネスウィーク、ファミリービジネス・マガジン、エル・パイス、エクセルシオール、エクスパンジョン、エル・ヌエボ・ディアなどで紹介されている。また、ファミリービジネス・レビューとジャーナル・オブ・ファミリービジネス・ストラテジーの編集委員を務めている。

　彼は、戦略的経営、後継者育成、成長、ガバナンスについて、非上場企業やフォーチュン500企業のトップマネジメントに助言してきており、米国、ラテンアメリカ、ヨーロッパで彼がサービスを提供した企業には、次のような企業がある：

　チキータ・ブランド社（米国）、E・W・スクリップス・カンパニー社（米国）、ゴンサレス・ビアス社（スペイン、ワイン事業）、カタラナ・デ・オクシデンテ社（スペイン、保険会社）、アルミーラ社（スペイン、製薬会社）、グルーポ・アルファ社およびグルーポ・フェムサ社（メキシコ、コングロマリット企業）、エル・ヌエボ・ディア社（プエルトリコ、ニュースメディア）、ヒューバー社（米国）、マース社（米国）、

シンプトン・インベストメンツ社（米国）、など多数。

　また、大規模なファミリーオフィスや、小規模でありながら同じように素晴らしい個人経営のファミリー事業体やファミリーオフィスに対して、激動の世代交代期におけるビジネスを成功させ、ファミリーの結束を保つためのコンサルティングを行っている。

　ファミリービジネス研究分野での貢献が認められ、1996年にファミリー・ファーム・インスティチュートから史上3人目のリチャード・ベックハード・プラクティス賞を、2010年には非常に注目される国際賞を授与されている。研究分野は、ファミリービジネスの継続性、グローバルな成長機会、ファミリービジネスのガバナンス、変革のリーダーシップ、ファミリーオフィス、ファミリー・アントレプレナーシップである。

　著書に*Family Business*, 4th edition（2013, South-Western/Cengage Publishing）、*Empresas Familiares*（2005, International Thomson Ed.）、*Family Business*（2004, Thomson Publishing）、*Smart Growth: Critical Choices for Continuity and Prosperity*（1989）。

　さらにファミリー・ファーム・インスティチュートの創立メンバーであり、フェローでもある。また、いくつかのファミリー事業体の取締役を務めている。

訳者について

●平野　秀輔（ひらの　しゅうすけ）

博士（学術）・公認会計士・税理士

RSM汐留パートナーズ税理士法人統括代表社員

中央大学大学院戦略経営研究科ビジネス科学専攻（博士後期課程）修了

ファミリービジネス学会会員

Shusuke Hirano

Ph.D, CPA,CPTA

Managing Partner of RSM Shiodome Partners Tax Co.

Graduated from Chuo Graduate School of Strategic Management
doctor course

Member of The Japan Academy of Family Business

●前川　研吾（まえかわ　けんご）

公認会計士・米国公認会計士・税理士・EMBA

RSM汐留パートナーズ株式会社代表取締役社長CEO、RSM汐留パートナーズ税理士法人パートナー

北海道大学経済学部経営学科卒業、慶應義塾大学大学院経営管理研究科（EMBA）修了

ファミリービジネス学会会員

Kengo Maekawa

CPA, USCPA, CPTA, EMBA

Managing Partner & CEO of RSM Shiodome Partners Limited

Partner of RSM Shiodome Partners Tax Co.

Graduated from Hokkaido University of Faculty of Economics, and
Graduated from Keio University of Graduate School of Business
Administration (EMBA)

Member of The Japan Academy of Family Business

●瀬尾　安奈（せお　あんな）

公認会計士

瀬尾安奈公認会計士事務所所長

RSM汐留パートナーズ株式会社社外監査役

北海道大学経済学部経営学科卒業

Anna Seo

CPA

Chairwomen of Seo CPA office

Auditor of RSM Shiodome Partners Limited

Graduated from Hokkaido University of Faculty of Economics

●RSM汐留パートナーズ株式会社

RSM Shiodome Partners Limited

〒105-7133 東京都港区東新橋一丁目5-2　汐留シティセンター 33階

33rd Floor, Shiodome City Center, 1-5-2, Higashishimbashi, Minato-ku, Tokyo, 105-7133

Phone: 03-6316-2283 (main)　E-mail: inquiry-jp@rsmsp.jp

【会社概要】

RSM汐留パートナーズ株式会社は、グループ会社であるRSM汐留パートナーズ税理士法人、RSM汐留パートナーズ社会保険労務士法人、RSM汐留パートナーズ行政書士法人及びRSM汐留パートナーズ司法書士法人と共にグローバルな視点から会計・ビジネスのアドバイザリーを提供する RSMインターナショナルの日本におけるメンバーファームである。また、ファミリービジネスに関するコンサルティングサービスを行っている。

RSM Shiodome Partners Limited, a proud member of RSM International in Japan, provides premier accounting and business advisory services with a global outlook. In partnership with its group entities – RSM Shiodome Partners Tax Co., RSM Shiodome Partners SR Co., RSM Shiodome Partners AS Co., and RSM Shiodome Partners JS Co. – the firm delivers comprehensive solutions. Additionally, RSM Shiodome Partners Limited specializes in consulting for family businesses, ensuring tailored support and expertise.

【RSMインターナショナル】

RSMインターナショナル（以下「RSM」という）は、イギリスのロンドンを本部とする世界有数のグローバルネットワークで、監査・税務・コンサルティングサービスを提供する独立したプロフェッショナルファームから構成されており、世界中のクライアントにサービスを提供している。現在、RSMは世界約120カ国に860以上の拠点を有し、アジア太平洋、アメリカズ（北米及び中南米）、ヨーロッパ、MENA（中東及び北アフリカ）、アフリカの5つのエリアに約6万4,000人のメンバーを擁している。2023年度調査によると、RSMの全世界収益は約94億ドル、世界で第6位にランクインしており、米国ではBig4に次ぐ第5位である。

RSM International ("RSM") stands at the forefront of global networks, with its headquarters situated in London, UK. Comprising independent professional firms, RSM delivers top-tier audit, tax, and consulting services to clients on a global scale. Presently, RSM boasts over 860 offices spanning approximately 120 countries and a workforce of around 64,000 members distributed across five key regions: Asia-Pacific, the Americas (North and South America), Europe, MENA (Middle East and North Africa), and Africa.

In a survey conducted during the fiscal year 2023, RSM International achieved remarkable global revenue of approximately $ 9.4 billion, securing its position as the sixth-largest firm globally and the fifth-largest in the United States, trailing closely behind the esteemed Big 4.

www.shiodome.co.jp

www.rsm.global

■ **ファミリー企業のガバナンス**
　―経済的および精神的な成功を極大化する― 　　　　　〈検印省略〉

■ 発行日――2024年9月21日　初　版　発　行

■ 監　　　訳　　RSM汐留パートナーズ株式会社
■ 訳　　　者　　平野秀輔・前川研吾・瀬尾安奈
■ 発　行　者　　大矢栄一郎
■ 発　行　所　　株式会社　白桃書房
　　　　　　　　〒101-0021 東京都千代田区外神田5-1-15
　　　　　　　　☎ 03-3836-4781　Ｆ 03-3836-9370　振替 00100-4-20192
　　　　　　　　https://www.hakutou.co.jp/

■ 印刷・製本――株式会社ダイヤモンド・グラフィック社

©HIRANO, Shusuke, MAEKAWA, Kengo, SEO, Anna Printed in Japan
ISBN978-4-561-23794-5 C3034
本書のコピー，スキャン，デジタル化等の無断複製は著作権法上での例外
を除き禁じられています。本書を代行業者等の第三者に依頼してスキャン
やデジタル化することは，たとえ個人や家庭内の利用であっても著作権法
上認められておりません。

JCOPY 〈出版者著作権管理機構　委託出版物〉
本書の無断複写は著作権法上での例外を除き禁じられています。複製される
場合は，そのつど事前に，出版者著作権管理機構（電話 03-5244-
5088，ＦＡＸ 03-5244-5089，e-mail: info @jcopy.or.jp)の許諾を得て
ください。
落丁本・乱丁本はおとりかえいたします。